教育部人文社会科学研究规划基金项目"国家治理现代化中法治思维的现实价值及培育策略研究"（17YJA710019）研究成果和北京市习近平新时代中国特色社会主义思想研究中心项目－北京市社会科学基金重点项目"新时代国家治理现代化与法治建设研究"（19LLKDA003)阶段性成果。

| 光明社科文库 |

依法治国与
中国特色国家治理现代化

马振清　杨礼荣◎著

光明日报出版社

图书在版编目（CIP）数据

依法治国与中国特色国家治理现代化 / 马振清，杨
礼荣著 . -- 北京：光明日报出版社，2019. 12
（光明社科文库）
ISBN 978 - 7 - 5194 - 5534 - 7

Ⅰ. ①依… Ⅱ. ①马…②杨… Ⅲ. ①社会主义法治
—建设—研究—中国 Ⅳ. ①D920. 0

中国版本图书馆 CIP 数据核字（2019）第 209081 号

依法治国与中国特色国家治理现代化
YIFA ZHIGUO YU ZHONGGUO TESE GUOJIA ZHILI XIANDAIHUA

著　　者：马振清　杨礼荣

责任编辑：郭思齐　　　　　　　　责任校对：张晓庆
封面设计：中联学林　　　　　　　责任印制：曹　净

出版发行：光明日报出版社
地　　址：北京市西城区永安路106 号，100050
电　　话：010 - 63139890（咨询），010 - 63131930（邮购）
传　　真：010 - 63131930
网　　址：http：// book. gmw. cn
E - mail：guosiqi@ gmw. cn
法律顾问：北京德恒律师事务所龚柳方律师

印　　刷：三河市华东印刷有限公司
装　　订：三河市华东印刷有限公司

本书如有破损、缺页、装订错误，请与本社联系调换，电话：010 - 63131930

开　　本：170mm × 240mm
字　　数：270 千字　　　　　　　印　　张：16
版　　次：2020 年 1 月第 1 版　　　印　　次：2020 年 1 月第 1 次印刷
书　　号：ISBN 978 - 7 - 5194 - 5534 - 7
定　　价：93. 00 元

前　言

　　处于开放状态中的中国，人们的价值观念和思维方式逐渐向多元化发展，对自身的认知度越来越高，对政治和体制的敏感度也越来越强。在这种情况下，对人们的思想观念和行为方式等一味地强行管制和放任自流都会对社会的发展构成一定的潜在危机。从政治合法性的角度来分析，我们就会得出这样一个结论，治理对于政治生活是必要的，公共权力实施治理活动来完善国家治理体系的建设是具有合理性的。

　　全面依法治国、推进国家治理现代化有助于我国社会由传统向现代转型。我国国情特殊，转型任务异常艰巨，由农业社会向工业社会，由乡村社会向城镇社会，由计划经济向市场经济，由封闭自守向全面开放转变，无论哪一个方面的转型都非易事，更不用说这些转型要在一个国家一段时期内同时推进，而这恰恰就是我们国家当前面对的情况。社会转型期情况复杂，旧的秩序逐渐消亡，新的秩序又未完全成型，新旧特征交叉叠加，这给社会治理提出了挑战，以往的社会治理方式难以维持，客观上要求治理方式的转型。国家治理现代化正是在总结我国社会转型的经验教训基础上提出来的。国家治理现代化蕴含着自由、平等、公正、法治等现代价值理念，倡导民众参与，积极推动国家治理体系的完善和治理能力的提高，推动我国社会由传统向现代，由人治向法治的积极转型。

　　全面依法治国、推进国家治理现代化有助于实现民族复兴和崛起。考察现代大国的崛起历程，能直观地发现一条基本经验，即除了经济物质等硬实力的领先之外，这些大国强国软实力也处于领先地位，特别是从治理的方式来看，普遍有着较完善的现代法治，法治在国家治理过程中居于至上地位。深入分析不难发现，完善的法治、国家治理的现代化是这些国家强大的重要因素之一。我们要想实现民族复兴和崛起，就应该致力于推进国家治理的现代化，构建成熟的治理模式。推进国家治理现代化、实现人治到法治的转型能够坚定中国特色社会主义道路自信,促进广大人民群众积极而广泛的政治参与,激发广大人民群众建设社会主义的积极性、主动性和创造性,凝聚人心,汇集中国力量。因此,国家治理现代化和中华民族伟大复兴密切相连。

全面依法治国推进国家治理现代化有助于巩固党的执政地位。一个政党的长期执政,它的执政能力至关重要。而国家治理现代化就是我们党不断完善执政方式,提高自身执政能力的重要过程。推进国家治理现代化是巩固党的执政地位,提升党的执政水平和执政能力的必然要求,是中国共产党实现长期执政的正确决策,国家治理现代化涉及治党管党,要求全面从严党。治理方式的现代化转型推进政党建设的现代化,能够从制度上为全面从严治党提供根本之道,有助于反对腐败,建设廉洁政治。因此,国家治理现代化也关系我们党的自身发展,影响着我们党的执政地位。我国正处在由传统到现代转型的特殊历史时期,社会转型给中国共产党治国理政带来极大的挑战,对党的执政方式、执政能力提出了更高的要求。中国共产党要夯实执政基础,巩固执政地位就必须积极应对这些挑战,回应人民群众呼声。从依法治国到国家治理现代化的提出,都体现了中国共产党对治国理政的深入思考。

研究依法治国与中国特色的国家治理现代化,一是为了进一步揭示由"国家统治"到"国家管理"再到"国家治理"演进的深层逻辑和历史动因。二是澄清国家治理现代化目的是完善和发展中国特色社会主义,不是对中国特色社会主义的否定,回应治理现代化等于西方化的错误认识。三是探究依法治国与国家治理现代化的内在逻辑关系,特别是二者的核心理念及现实意义。四是为推进依法治国和国家治理现代化的顺利实现,提出相应的策略性建议。总之,尝试通过本研究为中国共产党治国理政新理念提供严谨的学理阐释和基本的实践进路。

目　录
CONTENTS

第一章

超越西方治理走向中国
特色的国家治理现代化

党的十八届三中全会提出"国家治理体系和治理能力现代化"目标以来，"治理"便成了一个热门话题，学者们试图通过各个视角对这个全新概念进行解释，以建构和完善国家治理现代化的理论体系，推动国家治理现代化的发展。对"治理"的讨论，使兴起于 20 世纪 90 年代并具有现代性内涵的西方治理理论重新回到人们的视野，西方治理理论与"国家治理现代化"的讨论和研究自然而然地被联系到了一起。然而，植根于西方资本主义土壤的治理理论是否具有中国适应性，如何看待西方治理理论与中国语境下的"国家治理"源流关系，能否用西方治理的分析框架去描述中国的国家治理等都是我们必须要正视的问题。

一、没有政府的治理：西方治理理论的模式

"治理"越来越成为当代西方公共管理理论与实践的关键词。英文中"治理"（governance）一词可以追溯到古拉丁语和古希腊语、长期与"统治"（government）一词交叉使用。到了 20 世纪 80、90 年代的西方，这两个概念却被明确地区别开来，人们赋予了治理以新的含义，其范围远远超出了其经典意义，与统治渐行渐远，甚至被视为一次革命性的变化。对全球主义者与跨国论者而言，世界已非国家的世界，它已是一个世界社会。① "治理"成为政治学、经济学、社会学、公共管理学等多个学科的关键词，不仅在学术界受到关注，在社会生活中也易于被人们所接受。治理理论是多学科综合发展与作用的结果，政治学、经济

---

① 〔美〕詹姆斯·N. 罗西瑙. 没有政府的治理——世界政治中的秩序与变革[M]. 张胜军，等译. 南昌：江西人民出版社，2001：294.

学、社会学等各个学科都为治理理论提供了发展的资源,①这种模式对当代西方的民主治理理论有着重要的影响。

(一)西方治理兴起的历史背景

国际事务的日益复杂,国内经济与社会面临的治理危机,这些构成了"治理"兴起的主要历史背景。20 世纪以来,西方资本主义国家经历了迅速现代化的历程。一方面,全球化、新技术革命为战后经济的快速发展提供了机遇,另一方面,资本主义国家历经几十年经济发展的"黄金时期"后,再度陷入经济停滞。在当时历史背景下,面对全球化趋势中维持国际秩序的迫切需要,面对国内因政府与市场失灵产生的治理危机,面对新公共管理的先天缺陷,"治理"的概念开始兴起,并被赋予了现代内涵。

1. 全球化进程加快与跨国事务治理

全球化已经成为我们能够经验到的事实。随着资本主义生产方式的革命,经济全球化开始迅速发展,"大工业便把世界各国人民互相联系起来,把所有地方性的小市场联合成一个世界市场,到处为文明和进步做好了准备,使各文明国家里发生的一切必然影响到其余各国"。② 第二次世界大战后,在全球范围内迎来了数次民族国家的独立浪潮和民主化浪潮,现代民族国家纷纷建立。新兴民族国家的独立和发展,为战后资本主义国家提供了广阔的市场,使全球化进程加快。在全球化中,每一个民族、每一个国家越来越成为整个世界不可分离的一部分。然而,资本主义世界所主导的全球化进程,又打破了民族国家的地域局限,国家之间的边界变得模糊。以全球市场为动力,将全世界的所有国家卷入这个潮流中来,分散的"民族历史"向统一的"世界历史"转向。冷战结束后,国际体系又经历了一次巨大的结构性变革,从两极格局走向多极格局。全球化进程不仅在经济领域发生,在政治、文化、教育、科技、环境、安全、人权等领域也迅速发展,全球相互依存关系与日俱增。20 世纪 90 年代以来,全球性问题日益凸显,潜伏多年的经济、安全、政治、生态和文化危机逐渐出现,各种跨国界的社会运动、货币危机、环境污染、恐怖主义、毒品贸易、艾滋病等充斥于全球议程。③ 面对纷繁复杂的国家事务,各种各样的跨国组织和社会团体涌现出来。

---

① 佟德志. 当代西方治理理论的源流与趋势[J]. 人民论坛,2014(14):23.
② 马克思恩格斯选集:第 1 卷[M]. 北京:人民出版社,2012:299.
③ 〔美〕詹姆斯·N. 罗西瑙. 没有政府的治理——世界政治中的秩序与变革[M]. 张胜军,等译. 南昌:江西人民出版社,2001:4.

全球事务的跨国性和区域性使传统的基于一国主权的公共权力失去了效力。"国家主权的减退是当今世界一大潮流。当然,国家在自身领域内仍占主导地位,国家利益、国家之间的冲突、交涉和制度仍规定着政治、军事和经济外交方面的事务。但由于运输和电子技术扩大了多中心世界中不同联合体的自主权,国家的主导地位不断削弱,而在跨越边界的大量多种交易中,国家既不能参与其中也无法施加影响。"①一旦超出主权国家的范畴,就会立即失去公共权力的支撑从而失灵。面对跨国事务和问题,其依赖的权力来源、权力主体、作用方式和价值取向都变得不再适用。因此,在当前全球变化迅猛、影响深远的时代,民族国家政府的法律和它们的条约却遭受到很多"破坏"。"虽然政府仍然在运作,在许多方面仍然至高无上,但如上所述,他们的一些权力已经被次国家集团所分享。换言之,现在政府的一些治理职能,正在由非源自政府的行为体所承担。"②在这种背景下,以往的"二分化范式理论"分析框架——如政治学中的私人对公共、政策研究中的市场对计划、国际关系中的无政府主义对主权——都不再适用于解释全球化背景下的社会问题,而提倡和主张国家与国家的合作、国家与组织的合作、组织与组织的合作的多元治理模式便成为了一种必然趋势。"全球治理之所以极大地激发了众多学者的想象力,原因既有人们对之寄托了对未来美好社会的无限渴望,也在于近数十年来国际政治经济中发生的许多重大变革和现存国际体系中的固有困境。"③因此,可以看到,全球化是"治理"被作为一种处理跨国事务的有效范式提出来的重要原因。

2. 政府与市场的"双重失灵"

除了面临"全球治理危机"外,西方国家内部也出现了治理危机。20世纪50年代至70年代,大多数西方发达资本主义国家经历了经济高速发展的"黄金时代",这个发展周期持续了近20年,直到20世纪70年代初期至80年代出现了经济滞胀,西方国家开始进入10多年的经济低速增长时期。人们将危机的原因归结为国家福利体系和国家过度干预的政策,开始对政府干预进行严厉批判,"凯恩斯主义"的神话开始覆灭。同一时期,新自由主义的思潮逐渐成为西

---

① 〔美〕詹姆斯·N. 罗西瑙. 没有政府的治理——世界政治中的秩序与变革[M]. 张胜军,等译. 南昌:江西人民出版社,2001:326.

② 〔美〕詹姆斯·N. 罗西瑙. 没有政府的治理——世界政治中的秩序与变革[M]. 张胜军,等译. 南昌:江西人民出版社,2001:4.

③ 〔美〕詹姆斯·N. 罗西瑙. 没有政府的治理——世界政治中的秩序与变革[M]. 张胜军,等译. 南昌:江西人民出版社,2001:13.

方主流意识形态,推动80年代至90年代中期西方主要资本主义国家的新自由主义改革。在新自由主义思潮影响下,欧美等国掀起了针对公共行政领域改革的热潮,通过引入市场与竞争机制,促使传统公共行政向新公共管理转变,试图借此根治"政府失灵"的顽疾。然而,引入市场机制到政府管理的尝试很快就面临质疑,市场机制存在自发性、滞后性的自身缺陷及公共产品生产的非竞争性与消费排他性、垄断与不完全竞争的存在,使得这场改革浪潮并未取得预期效果。在政治领域,新自由主义改革中促使了民主的扩展和活跃、"政府权威的衰落""民主对权威的挑战""公众信心与信赖的衰落""政党体制的衰败"等问题,"所有这些变化造成了民主政治的混乱与失衡",①"以至到20世纪70年代,国家的作用令人失望,90年代人们对市场的功能也不再抱幻想"。② 西方国家陷入了市场与政府"双重失灵"的困境。

　　从20世纪30年代国家干预主义诞生以来,自由主义与国家干预主义始终没有达成和解。虽然在这场改革中是新自由主义思潮占据上风,但现实已被改变:无论提倡国家干预还是主张自由放任,其观点、主张和理论都或多或少地受到对方制约,受到对方影响。治理理论就是在这样一种背景下,被作为一种调和新自由主义与国家干预主义、政府与市场关系的理论范式提出来的。作为20世纪90年代在西方世界逐渐流行起来的一种社会理论,治理理论的流行不仅折射出作为现代社会的转型,还意味着从20世纪以来国家干预主义为基本依托的统治体系开始动摇。超越了生产场所的福利国家主义危机让人们认识到,无论是新自由主义还是国家干预主义,都无法从根本上解决各自的缺陷,都是在政府、社会和市场三者之间做出的不完善的抉择。③ 正如鲍勃·杰索普认为的那样,"市场国家和市场的失败情势各不相同,对此采取的一种实际对策是把不同的决策方式结合起来,在不同时期各有侧重——当某种协调方式有'失败'之虞时,就转换另一种方式,并对国家协调遭失败或市场调节失败做出周期性的反应,从而创造较大的回旋空间"。④ 对政府、市场和社会关系的重新审视,对全球化趋势下地方自治、去中心化和公民参与的迫切需要,对社会转型和现

---

①　陈明明. 转型危机与国家治理[M]. 上海:上海人民出版社,2011:52.

②　〔英〕鲍勃·杰索普,漆蕪. 治理的兴起及其失败的风险:以经济发展为例的论述[J]. 国际社会科学杂志,1999(1):34.

③　王诗宗. 治理理论及其中国适用性[M]. 杭州:浙江大学出版社,2009:1.

④　〔英〕鲍勃·杰索普,漆蕪. 治理的兴起及其失败的风险:以经济发展为例的论述[J]. 国际社会科学杂志,1999(1):34.

代化进程中面临的不可治理性的焦虑,都是治理概念兴起和发展的历史原因。

3. 对"新公共运动"的继承与超越

新公共管理(New Public Management)运动的发展,也是孕育治理理论的一个重要原因。作为传统公共行政模式的替代物,"新公共管理实践模式是公共部门管理特别是政府管理中出现的一次重大突破或一次深刻的变化"。① 20 世纪 70 年代末 80 年代初,在西方发达国家治理危机的背景下,一场以"重塑政府""再造公共部门"为口号的新公共管理运动开始出现,新公共管理运动首先以传统公共行政管理——尤其是官僚科层制——为批判对象。科层制是一个组织严密的职能系统,它将权力依照职能和职位进行明确的分工和分层,呈现出等级制的矩阵关系。政府变成了一个非人格化的庞大机器,人们都按照既定的规则和程序稳定运行。在新公共管理思潮出现之前,西方资本主义国家的政府形式是科层制,科层制专注于功能和效率的提升,二战后逐渐在西方国家开始普及开来,并被视为现代公共行政的典范。然而,随着经济全球化的发展,面对新的公共治理议题和事务,以科层制建构起来的公共部门在新的社会变革中暴露出僵化、迟钝、腐败等弊病。一方面,过分对效率、程序、理性的追求,让科层制成为了一个纯粹的工具,而丧失了价值理性,尤其是民主、自由、公平、正义等价值的忽视;另一方面,科层制无情地剥夺了人的个性的自由。在科层制的结构中,每个人只是这部庞大权力机器的一个零件,人们行使着单一的职能,遵照固定的办事程序。现实的人在这个严密的金字塔等级结构中受到权力压迫,对人的个性造成灾难。在这种背景下,西方国家在批判传统科层制的缺陷中,发展和兴起了诸多新公共管理范式。"在公共行政学领域,学者所关注的协调方式不仅已经跨越公私部门泾渭分明的传统观念与制约,而是开始涉及'错综复杂的等级组织'、平行的权力网络,或是其他跨越不同政府层级和功能领域的复杂而相互依存的协调形式。"②西方国家通过"新公共运动"各具特色的价值重塑与行政实践,将公平、权利、责任等价值观念作为效率的补充,大胆提出"多元主义""成本收益""顾客导向""民主行政""公共产品购买""竞争机制"等众多现代主张,试图完成现代公共管理理论和模式的建构。

然而,作为一种 20 世纪 80 年代在新自由主义思潮中兴起的理论构想,新

---

① 陈振明.走向一种"新公共管理"的实践模式——当代西方政府改革趋势透视[J].厦门大学学报(哲学社会科学版),2000(2):82.

② 吴志成.治理创新——欧洲治理的历史理论与实践[M].天津:天津人民出版社,2003:3.

公共管理理论很快就陷入新的批评声之中。① 对新公共管理的批评主要集中在四个方面:第一,人们批评"新公共管理"是一种意识形态的思想体系,滥用经济学的假设、理论和方法。第二,对于市场化、企业化倾向,体现了改革者对市场机制的盲目崇拜。第三,私有化、分权、市场导向、放松管制、顾客至上等具体措施也存在缺陷和矛盾。"企业化政府"在理论上包含着内在的矛盾,在实践中也遇到了大量难题。例如,合同出租是市场导向的主要原则,它有利于提高效率与效益,但却模糊了公共责任的边界。分权有利于增强政府的自主性和灵活性,但也会削弱政府权威,减少政府服务。私有化有助于精简政府机构,但却对政府的公共性和责任性造成挑战;顾客至上提供了回应性、多样性的服务,但却把公民降低为一般的消费者。②

对新公共管理理论的严厉批评促成了另一个新理论——治理理论——的诞生。治理理论孕育于新自由主义和新公共管理思潮之中,不但吸收继承了新公共管理理论的核心思想,又在批判和反思中完成了对新公共管理范式和自身的超越。从这个意义上说,新公共管理的兴起,为治理理论提供了发展的土壤,奠定了治理理论的思想理论基础。

(二)治理理论的内涵

在中国传统语境下,"治理"即处理国家事务的一般行为与活动,是一个本土词汇。但随着这个全新的概念被翻译为"治理"进入中国后,传统的"治理"概念发生了一些有趣的变化,即使得"治理"同时存在着两种既有联系又有区别的内涵。本文中的"治理"指的是现代语境下的"治理",而不是中国传统语境下的"治理"。

1. 关于治理含义的理解和争议

1989 年,世界银行在报告《撒哈拉以南非洲:从危机到可持续增长》中以"治理危机"(crisis in governance)概述非洲发展问题的根源,"governance 一词首次出现。此后治理一词便广泛地被用于政治发展研究中,特别是被用来描述后殖民地和发展中国家的政治状况"。③ 在詹姆斯·N. 罗西瑙等 10 位学者所编写的著作《没有政府的治理——世界政治中的秩序与变革》中,"治理"开始

---

① 佟德志. 当代西方治理理论的源流与趋势[J]. 人民论坛,2014(14):9.

② 陈振明. 走向一种"新公共管理"的实践模式——当代西方政府改革趋势透视[J]. 厦门大学学报(哲学社会科学版),2000(2):76-84.

③ 俞可平. 治理与善治[M]. 北京:社会科学文献出版社,2000:1.

被赋予现代性内涵,这本著作也被视为现代治理理论的"开山之作"。但是,罗西瑙在著作中并没有给出"治理"一个明确的、统一的定义,他认为直接界定治理是"太过生疏、充满争议和漫无边际的。"①他更多地是通过描述性的方式阐述治理的内涵。罗西瑙将治理描述为:"由共同目标所支持的,这个目标未必出自合法的以及正式规定的职责,而且它也不一定需要依靠强制力量克服挑战而使别人服从。换句话说……治理是一种内涵更为丰富的现象。它既包括政府机制,同时也包含非正式、非政府的机制,随着治理范围的扩大,各色人等和各类组织得以借助这些机制满足各自的需要、并实现各自的愿望。"②奥托·切姆佩认为"治理"的意思是指在没有法律效力可借助的情况下办好事情的一种能力。在政府能强制进行价值分配的地方,治理就能用非强制但行之有效的方式来分配它们。格里·斯托克将治理视为"统治方式的一种新发展"。在治理中,公私部门之间的界线趋于模糊,治理所偏重的统治机制并不依靠政府的权威或制裁,并且"它所要创造的结构或秩序不能由外部强加;它之所以发挥作用,是要依靠多种进行统治的以及互相发生影响的行为者的互动"。③ 全球治理委员会把它定义为:"各种公私机构管理共同事务的诸多方式的总和,它是一种持续的过程,既包括有权迫使人们服从的正式制度和规则,也包括使人们自觉同意的非正式的制度安排。"④治理的实质是一种具有公共性质的管理及活动过程,"它包括必要的公共权威、管理规则、治理机制和治理方式。由官方或民间组织为主体,借助公共权威维持秩序,满足公众需要,最大限度地增进公共利益。"⑤

从上述关于治理的定义中可以看出,虽然没有形成关于治理的一致看法,但对治理的描述却具有一些共性,在这些描述中,频繁出现"共同目标""非正式""非强制""非政府""自觉同意""互动""过程""利益"等词汇。它有四个特征:"治理不是一整套规则,也不是一种活动,而是一个过程;治理过程的基础不是控制,而是协调;治理既涉及公共部门,也包括私人部门;治理不是一种正式

①　〔美〕詹姆斯·N. 罗西瑙. 没有政府的治理——世界政治中的秩序与变革[M]. 张胜军,等译. 南昌:江西人民出版社,2001:2.

②　〔美〕詹姆斯·N. 罗西瑙. 没有政府的治理——世界政治中的秩序与变革[M]. 张胜军,等译. 南昌:江西人民出版社,2001:5.

③　〔英〕格里·斯托克,华夏风. 作为理论的治理:五个论点[J]. 国际社会科学杂志,1999(1):19.

④　Commission on Global Governance. Our Global Neigh – borhood. Rreport of the Commission on Global Governance[M]. Oxford University Press,1995:23.

⑤　俞可平. 治理与善治[M]. 北京:社会科学文献出版社,2000:5.

的制度,而是持续的互动。"①我们可以尝试着界定治理的基本内涵。(1)治理特别看中除政府之外的组织或个人共同参与公共事务。(2)治理与政府统治存在着本质区别。(3)治理的基本前提和存在基础是"自觉同意"或拥有被认可的"共同目标"。(4)在没有正式机制、正式规则、正式机构或正式权威的情况下,治理依然能够发挥作用,并且是有效的。

2. 治理与统治这两个概念的对比与分析

对比分析治理与统治这两个概念,是深刻理解治理的另一途径。绝大部分的观点认为,治理作为"一种阐释现代社会政治秩序与结构变化的分析框架和思想体系,与传统的统治和政府控制思想和观念相区别,甚至对立起来"。② 詹姆斯·N. 罗西瑙也认为治理与政府统治并不是同义词,虽然两者都涉及目的性的行为、目标导向的活动和规则体系的含义,但区别在于,政府统治是由正式的权力和警察力量来支持其政策能够得到贯彻执行,而治理则是由共同的目标来支持的。让－彼埃尔·戈丹所说:"治理从头起便须区别于传统的政府统治概念。"③那么,治理与统治究竟有哪些区别呢? 我们可以从权威来源、权力运行向度与方式,以及价值取向上进行比较。

第一,权威主体与权威来源不同。统治的权威中心是政府,政府具有主体垄断性。统治的权威来源于政府的合法性地位及公民政治认同。治理虽然需要权威,但这个权威并非一定是政府机关。治理的权威主体既可以是公共机构,也可以是私人机构和各种社会组织,因而其权威不仅源自政治认同,还源于社会对于治理效果的目标预期、认可度,以及同社会组织、市场主体之间建立的合作与信任关系程度。

第二,权力运行向度与适用范围不同。马克斯·韦伯认为:"统治应该称之为在可以标明的一些人当中,命令得到服从。"④即统治主体对统治者的支配、控制及被统治对象对于统治主体的服从。统治的过程是自上而下的、单向的、封闭的,它运用政府的政治权威,通过发号施令、制定政策和实施政策进行强制管理,主要针对国家内部公共领域。治理是指统治者或管理者通过公共权力的配置和运作管理公共事务和调配社会的活动。因此,"在这里,重要的是公共权

① 熊光清. 治理理论在中国的发展与创新[J]. 兰州学刊,2018(6):5.
② 孙柏瑛. 当代地方治理——面向 21 世纪的挑战[M]. 北京:中国人民大学出版社,2004:19.
③ 俞可平. 治理和善治引论[J]. 马克思主义与现实,1999(5):38.
④ 〔德〕马克斯·韦伯. 经济与社会:上[M]. 林荣远,译. 北京:商务印书馆,1997:81.

力的运作形式、方法或手段,而不是统治和管理的内在依据、原则或规律"。①
治理的过程是上下互动的、双向的、开放的,其权力向度是多元的、相互的,而不
是单一的和自上而下的,它不仅针对公共领域而且能渗透到私人领域,适用范
围更为宽广。尤其对于超出国家权力边界之外的国家社会,或国家权力无法直
接触及的社区等基层领域,可以没有政府统治,但却不能没有治理。

第三,统治与治理的价值取向不同。一般而言,统治具有一定的阶级性与
专政性,以维护统治阶级的统治地位为出发点,以政治秩序与社会稳定为基本
价值取向,注重对社会成员的控制和影响,同时也兼顾社会管理职能。相对统
治而言,治理更关注公共利益的实现过程与效果,治理的目的是指在各种不同
的制度关系中运用权力去引导、控制和规范公民的各种活动,以最大限度地增
进公共利益。因此,治理则表现出公共利益性,以实现公共利益为基本价值
取向。

(三)治理理论的主要特征

随着全球化进程进一步发展,当代西方国家实际工作部门的管理者和学者
越来越接受治理的理念与模式,逐渐开始倾向于"治理"模式,突出了多中心治
理、公民治理、数字治理、网络治理、整体治理等实践的重要性。政治学领域的
民主理论越来越成为治理的灵魂,民主治理也成为当代西方国家治理的核心
特征。

1. 被认可的共同目标

治理适用于处理不同层级和领域的事务,并发挥着不同的作用。按照治理
层级划分,"治理"可分为全球治理、国家治理、地方治理、社区治理等;按照主权
划分,治理分为"国际治理"和国内治理。拥有一个被认可或自觉接受的共同目
标,是所有治理的发生前提和存在基础。詹姆斯·N. 罗西瑙将治理活动视为
一种目标导向的活动,看重"共同目标"的作用。他认为,治理是一种"只有被多
数人接受才会生效的规则体系",其关键在于人们对目标的真实的认可。反过
来说,如果没有得到多数人的认可,治理就不会发生和存在。从这个意义上说,
一旦有了治理的前提——对共同目标的认可或自觉同意,那么治理就一定是有
效的。而对于政府权力来说,即便没有达成共同目标甚至遭受人们普遍反对,
政府政策依然能够付诸实施,统治行为依旧会发生,但在这种情况下,其效果肯

---

① 徐勇. GOVERNANCE:治理的阐释[J]. 政治学研究,1997(1):63.

定是低效的。

2. 不依赖正式机制或传统权威

相比于传统的权力作用方式,治理显然适用性更强、适用范围更广。或许在高度等级制度化的国内社会,治理发挥着重要的补充作用;但在缺乏等级体制、缺乏强制性权威的国际关系领域,治理可能发挥主导性作用。①

治理是一个目标导向的活动,它并不仅依靠权威力量或是正式的机制作用迫使人们服从和遵守,而是在达成"共同目标"的前提下进行的活动。而对于"共同目标"来说,制定它的部门是否拥有权威,达成它的过程是否有正式程序,实现它的手段应该采用何种机制,都不是首要问题。首要问题是达成真实的、普遍的认可状态。需要指出的是,这里并不是说治理不需要正式的机制和权威,在很多情况下,但凡正式机制和正式权威能够成为达成共同目标的动力,那么这个治理也一定是有效的。但在部分情况下,公共机构在制度和执行政策的时候往往没有考虑民众的认可程度,而是依据自己的判断进行决策。这就是为什么,那些缺乏正式机制和传统权威的治理行为,"尽管未被赋予正式的权力,但在其活动领域内也能够有效地发挥功能",而对于既有正式机制与权威力量作为保证的政府机构来说,在某些情况(尤其是政府在执行有害政策的时候)"没有政府统治的治理比起善于治理的政府更为可取"。②

3. 治理的多中心化

多中心治理不仅深化了人们对治理主体的理解,同时也诠释了社会主体之间的公平与平等价值。治理是任何社会系统都应承担而政府却没有管起来的那些职能。这句话体现了两个观点,首先,任何社会系统有承担治理的责任与能力;其次,政府也能够承担起这个"职能",但因为某种原因并没有去"管起来"。因此,詹姆斯·N. 罗西瑙才会说:"现在政府的一些治理职能,正在由非源自政府的行为体所承担。"③各种公共的和私人的机构只要其行使的权力得到了公众的认可,就都可能成为在各个不同层面上的权力中心,政府不再完全垄断治理主体地位,社会组织、市场主体甚至普通公民等角色纳入治理主体范

---

① 〔美〕詹姆斯·N. 罗西瑙. 没有政府的治理——世界政治中的秩序与变革[M]. 张胜军,等译. 南昌:江西人民出版社,2001:5.

② 〔美〕詹姆斯·N. 罗西瑙. 没有政府的治理——世界政治中的秩序与变革[M]. 张胜军,等译. 南昌:江西人民出版社,2001:5.

③ 〔美〕詹姆斯·N. 罗西瑙. 没有政府的治理——世界政治中的秩序与变革[M]. 张胜军,等译. 南昌:江西人民出版社,2001:4.

畴,治理主体也由单一中心越来越多中心化,形成多中心治理的趋势。多中心治理是以自主治理为基础,允许多个权力中心或服务中心并存,通过协同合作给予公民更多的选择权和更好的服务,扩展了治理的公共性。① 与传统政府的公共管理模式或官僚科层制行政相比,多中心治理以自主治理为基础,允许多个治理中心并存、竞争和协作,并要求在管理过程中各参与主体之间的互动过程及治理规则与形态,从而为公民提供更多的选择和更好的服务。然而,由于政府作为国家唯一权力中心的观念被动摇,多中心趋势对传统的国家和政府权威提出一定的挑战。

"如果说19—20世纪之交的改革家们倡导建立最大限度的中央控制和高效率的组织结构的话,那么21世纪的改革家们则将今天的创新视为是一个创建以为公民为中心的治理结构作为最大创新。"② 多中心使得在共同参与治理的主体中,无论是政府、社会组织,还是企业和个人,相互之间都能被平等和公平对待。

此外,治理还拥有其他特征。例如,在治理目的上,力求实现公共利益最大化。治理能够最大限度整合政府、市场与社会的有效力量,调整利益关系、消解利益冲突、实现公共利益最大化。在治理手段上,倡导以协商合作取代行政命令。治理强调依靠国家与公民社会、政府与非政府、公共机构与私人机构之间的协调合作取代单一的行政命令,同时在管理系统内部形成能够进行自我调节的自治网络。在治理过程性上,有别于传统公共行政注重效率和新公共管理强调绩效的重要性,公共治理特别重视治理的过程,它本质上是一种以协调为基础的过程,而并非是一种复杂规则与活动的集合。

二、治理理论的贡献、限度与中国适用性

治理理论在近30年的时间内普遍流行,除了其理论本身具有创新性和丰富内涵之外,还在于它是一个具有强烈的现实指导性、实践性和操作性的学说。治理理论也存在内在缺陷,并不是完美无缺的。深入剖析治理理论的优缺点,对于形成客观的认识具有重要意义。治理理论从20世纪90年代开始就进入

---

① 彭莹莹,燕继荣. 从治理到国家治理:治理研究的中国化[J]. 治理研究,2018(3):39.
② 佟德志. 当代西方治理理论的源流与趋势[J]. 人民论坛,2014(14):9.

了中国。为应对社会转型时期的治理危机,中国学者开始关注治理理论。学者们试图将"治理"与中国现代国家的构建、政治体制与行政体制的改革联系起来,寻求公共治理的现代化之路。这种尝试取得了一些成果,但治理理论毕竟产生于西方语境,植根于资本主义土壤中,渗透着新自由主义意识形态。对于治理理论的中国适用性,我们不仅要从理论层面去论证,还要从他国的实际经验及中国的现实国情中去考察。

(一)治理理论的贡献

治理理论有三个方面的重要贡献。首先,治理理论成为在政府与市场之外的第三种选择,并且将非营利性的市民社会也纳入共同治理之中,开创了新的治理范式。其次,治理理论在现实操作层面对精英统治的现存体系造成挑战,通过多中心治理的实现,让民主治理成为可能;最后,治理理论也弥补了现代公共行政学的工具理性倾向,赋予公共行政以价值理性的光芒。

1. 政府与市场之外的第三种选择

20 世纪的历史和经验已经证明,无论为应对那些超出主权国家层面的跨国事务,还是应对国家内部越来越庞大的社会和日益复杂的公共事务,无论是国家干预主义还是自由市场主义,以往单纯依靠政府或者市场的单一主张,已经无法适应越来越复杂的现代社会的发展需求。正如玛丽－克劳德·斯莫茨所说:"关于治理的多项研究都以唯一的一个前提作为出发点,即现代社会越来越复杂、越来越分裂,是一张由大量相互差别、各自独立的社会子系统组成的网。诸多社会部门有能力组织起来,保护自己的资源,却无须考虑他们的活动在总体上将对社会造成什么后果;他们组织网络,制定自己的标准。"①

治理理论是对福利国家政策的低效和官僚化所导致的政府机构过度膨胀的反思,它不认同将政府等公共部门完全私有化和市场化,主张广泛采用私营部门成功的管理方法和竞争机制,以促进公私资源与结构的结合、社会自主网络的形成、公民的积极参与等。治理旨在强调借助政府分权、倡导多中心、多主体、协同合作、网络治理等富有现代性的主张和理念,以提高公共管理活动的绩效。从这个意义上讲,"治理是对国家—市场两分法的否弃。治理强调了国家、社会、企业之间的新组合,新组合以多种关系构成一个试图克服不可治理的网

---

① 〔法〕玛丽－克劳德·斯莫茨,肖孝毛. 治理在国际关系中的正确运用[J]. 国际社会科学杂志,1999(1):84.

络,政府因此得以使用多种新的政策工具,能力得到加强"。① 因此,从一般意义上看,治理理论开启了国家干预主义和新自由主义之外的新的公共利益实现思路,为人们在政府与市场之外,寻找到了第三种选择。

2. 对精英统治现实造成挑战

国家一直都是权威和权力的掌控者,而在国家内部,政治权力往往都是集中在一小部分人手中的,各种精英发挥着自己专属领域的特长,并掌握和运行着其专属的权力,实施着精英统治。无论在东方还是在西方,"贤人治国"的精英观念都占据了核心地位。

精英统治的存在,有其合理的一面,但也有其不合理的一面。精英统治观认为,就如同医生在疾病与健康知识方面比其他人更优越一样,对国家的治理也应该交给那些统治精英,因为他们比普通公众掌握了更多专业性的知识、技能或经验。统治精英可以成为普通民众的"监护者(guardian)"。罗伯特·达尔认为这种精英观点是民主思想的劲敌,他在《论民主》中对精英统治的合理性进行了深刻批判。"没有一个成年人必然比别人有更好的资格,从而足以被赋予全部而最高的统治国家权威⋯⋯除非在一些非常罕见并受法律约束否认的情况下,否则,每一个服从国家法律的成年人都应当被视为有足够的能力去参与民主管理国家否认过程。"②他承认在现实中,并非所有的人都是自己利益的最好的判断者,在许多事务上专家确实能够做出更好的决定,但这并不意味着能够将治理国家的权力完全交给统治精英。③ 他对"监护统治者"否认普通人管理自己的能力,鼓吹统治专家在理解普遍利益和实现方法上要高人一等的观点进行了驳斥。"专家可能有资格成为你的代理人,但并不意味着他们有资格成为你的统治者。"④此外,管理好一个国家所需的东西,比严格意义上的科学知识要多得多。良好的目标之间经常产生冲突,并且资源是十分有限的,无论是个人还是政府,都需要再权衡判断。管理国家不仅需要知识,还需要抗腐蚀能力,需要对各种巨大诱惑的坚强抵制能力。

然而,精英统治虽然有着极大的缺陷,并且也经常被抨击,但现实却是:即便在现代民主社会,精英统治仍是一种十分流行的统治主张和制度形式,并在

---

① 王诗宗. 治理理论及其中国适用性[M]. 杭州:浙江大学出版社,2009:188.

② 〔美〕罗伯特·A. 达尔. 论民主[M]. 李风华,译. 北京:中国人民大学出版社,2013:62 - 64.

③ 〔美〕罗伯特·A. 达尔. 论民主[M]. 李风华,译. 北京:中国人民大学出版社,2013:59.

④ 〔美〕罗伯特·A. 达尔. 论民主[M]. 李风华,译. 北京:中国人民大学出版社,2013:61.

现实中成为大多数国家的政治现实和制度性安排。精英治理的终结并不是一个理论问题,而是一个实践问题,或者说是一个历史实践的问题。问题不在于观念,而在于现实。因为在现代社会,是无法施行像古希腊时期雅典民主政治那样的直接民主的,只能实现代议制民主。然而被称为最优民主制度的代议制,其本质也是精英统治,代议制国家的广大民众仍然是"被统治者",并不能直接参与管理国家的过程。治理理论的出现,无论是在观念上,还是在现实方法上都对精英统治的现实造成了挑战和冲击。"现在,人类社会正处在一个历史性的转型过程中,治理者与被治理者之间的界线正在消融,一种合作治理的局面正在出现,它将意味着人类最终结束精英治理的历史,只有这时,真正民主的社会才会到来。"①合作是不需要任何精英的,而且在合作中也不会产生精英,合作治理将是一切精英治理的否定形态。在多主体、多中心的治理模式形式后,政府将不再是唯一的治理主体,政府最高权的威垄断性将被打破,因而将政府作为垄断性统治工具的政治精英将受到削弱。

3. 赋予公共行政以价值理性

治理不仅是民主、平等、正义等价值观念的倡导者,更是价值理性的实践者。自威尔逊开创公共行政学以来,公共行政学一直在效率和价值间顾此失彼。制度化、有效性和价值性是公共行政的基本哲学逻辑。1887 年,威尔逊在《政治学季刊》中首次提出行政与政治的区别并主张将他们二者分离的主张:"行政管理的领域是一种事务性的领域,他与政治的领域的那种混乱和冲突相去甚远。……行政管理是置身于'政治'所持有的范围之外的。行政管理问题不是政治问题。"②之后,资本主义国家行政与政治的二分理论开始出现。弗兰卡·J. 古诺德在威尔逊的基础上进一步发展了这个理论,并在《政治与行政》中提出,政治是国家意志的表达,而行政是国家意志的执行。"在所有的政府体制中都存在着两种主要的或基本的政府功能,即国家意志的表达功能和国家意志的执行功能。这两种功能分别是:政治与行政。"③马克斯·韦伯为了克服传统公共行政低效、混乱、腐败的诟病,基于理性设计,提出了更具专业化、高效化、职业化的科层官僚制度。官僚制体现了现代社会对于行政效率、法制和专业性的诉求。然而,官僚制严格的纪律、严明的制度和规范的程序只带来了有

---

① 张康之,张乾友. 论精英治理及其终结[J]. 北京行政学院学报,2009(2):1.
② 彭和平,等. 国外公共行政理论精选[M]. 北京:中央党校出版社,1997:14.
③ 〔美〕弗兰卡·J. 古诺德. 政治与行政[M]. 王元,译. 北京:华夏出版社,1987:12.

限的效率提升,但却引起了行政机构的膨胀和僵化。

随着治理这种新范式的出现,为工具理性与价值理性的分歧找到了融合的契机,这种状况得到了一定的改善。弗里德里克森指出,治理一词弥合了政治—行政或者政策—行政之间的差异。现代理念中,行政中既有政治的成分,政治中也有行政的因素。或许可以这么认为,由于治理理论在民主制度方面的贡献,政治与行政的二分法被实质性地打破了。① 从统治到管理再到治理,权力的结构与运作实现了范式上的转变,共同参与、多中心、非正式权力与协商合作的主张,让公共利益的达成不再仅仅依赖于传统的政府权力,而是依赖于政府、社会组织和个人的共同参与。

(二)治理理论的限度

任何理论都有发展的可能性,任何理论也都不是完美的,即便是治理理论也不例外。治理理论的限度主要表现在三个方面,首先是治理的“阶级性”,它表明“治理”并非是一种超阶级的理论模式,而仍然受到统治阶级意志的控制;其次,在资本主义制度下,由于缺乏共同利益的生存土壤,因而“治理”所倡导的“共同目标”是很难真实达成的;最后,历史和当代的资本主义周期性危机表明,“治理”和国家干预主义、自由市场主义等应对危机的手段一样会面临“失灵”,因而只是一种危机后的修复措施,而不是预防或者应对措施,它虽然在一般性国际或公共事务中能发挥有效作用,但面对由资本主义社会的基本矛盾引发的周期性危机时也会无济于事,并不是一种完美的理论模式。

1. 无法摆脱的“阶级烙印”

治理理论自诞生起,就力图摒弃旧的国家观念,与“统治”划清界限。治理理论的倡导者认为,不依靠国家权力或正式规则,而通过多中心、共同目标、友好协作、非正式机制等手段一样能实现治理的目的。不仅如此,在对统治与治理的对比分析中,列举了诸如权威来源、权力作用方式、价值取向等方面的区别。那么,“治理”真的是一种超越传统治理形式,与“统治”完全不同的存在吗?事实上,如果从更深层次的角度去分析,就能发现,治理并非是单纯地从“统治”演变而来的新概念,相反,治理是介于国家统治和管理职能之间的一种倾向性平衡。在实质上,治理也是一种“统治”,它具有阶级性。

首先,治理并不能完全脱离于国家权力而存在。治理的倡导者们虽然强调

---

① 王诗宗. 治理理论及其中国适用性[M]. 杭州:浙江大学出版社,2009:190.

缺少正式权威和权力一样能达到治理的目的,但他们并没有否定正式权威和权力的作用。在罗西瑙对治理的定义中可以看出,他只是认为"治理并不一定要借助强制力量让人服从,而并没有否定权威存在的必要性"。① 在一些社会事务、地方事务中,治理或许能够发挥作用,但在内政外交、经济改革、国防安全、社会稳定、民族团结和意识形态等领域,"治理"既不能取代政府行使强制力,也无法代替市场充当"看不见的手"。因此,大部分的治理活动是无法也不能实际脱离正式权力和正式规则而发挥效能的。实际上,这些活动的发生,仍然处于国家权力所维持的社会秩序中,并且在不违背国家意志和法律规范的基础上发生的。试想在一个政治混乱、社会动荡、任何行为都不受法律约束的环境中,"治理"是不能有效运作的,相反,它本身就是一种特殊的权力运作形式或政治管理过程。

其次,治理作为一种特殊的权力运作形式或政治管理过程,那么他就必然具有阶级性。任何国家都有阶级性,因而是阶级统治的工具。无论多么特殊的权力运作形式或政治管理过程,其实质都是一种阶级国家的行为,体现着统治阶级的意志,维护着统治阶级的利益。治理的动机、目的和形式也会随着统治阶级的更迭而发生变化:资产阶级国家的治理渗透着资产阶级的利益诉求,无产阶级国家的治理则反映着无产阶级的价值追求。这样来看,治理无非是统治阶级运用国家机器,调解社会矛盾与冲突、维持特定的政治秩序并实现特定阶级利益的一种"特殊手段"。这种"特殊手段"可能与传统国家管理形式不尽相同,但其蕴含的阶级属性不会凭空消失,其作为统治阶级实现阶级利益的工具性质也不会改变。脱离阶级性去谈治理,只会陷入唯心主义的泥沼之中。

从本质上来说,统治与治理都是一种特定的国家行为,因而统治与治理在本质上具有一致性,而非对立性。他们之间的差异只表现在形式和手段层面。相对于统治来说,治理在表面上掩盖了国家的阶级性与统治职能,用一种更为温和的方式实现着统治阶级的意志。正如格里·斯托克所说:"统治是在民族国家层次上运作以维系公共秩序、便利集体行动的正式而制度化的过程。而治理意味着统治的含义有了变化,意味着一种新的统治过程,意味着统治的条件已经不同于以前,或是以往的方法来统治社会。"但是,"说到底,治理所求的终归是创造条件以保证社会秩序和集体行动。因此,治理的产出和统治并无任何

---

① 〔美〕詹姆斯·N. 罗西瑙. 没有政府的治理——世界政治中的秩序与变革[M]. 张胜军,等译. 南昌:江西人民出版社,2001:294.

不同之处。如果有什么差异,那也只在于过程"。①

2. 虚伪的"共同目标"

"共同目标"被认为是治理的前置性条件,即所有的治理,都应该通过正式或非正式的形式促成"共同目标"的确定。治理之所以是有效的,是因为治理存在的前提被多数人接受和认可,治理被视为一种"被多数人接受才会生效的规则体系"。然而,对于如何才能达成"共同目标",及"共同目标"的基础是什么,西方治理理论的学者们并没有给出确切的答案。

马克思主义认为,人们结成社会关系的基本动因是为了实现自己的利益需要,"把他们联结起来的唯一纽带是自然的必然性,是需要和私人利益。"②由此可见,"个人目的"反映的是单个人的利益诉求,而"共同目标"则反映的是结成特殊社会关系的人们的共同利益诉求。而治理所主张的沟通、协商、合作等机制,都是实现这个共同利益的手段和过程而已。一言以蔽之,"共同目标"的存在基础,就是共同利益,这是"共同目标"背后的深层逻辑。然而,在资本主义国家——准确地说是在生产资料私有制的国家——不仅难以实现共同利益,相反,各阶级之间的利益矛盾和冲突构成了最主要的社会问题。

由于在资本主义制度下,生产资料私有制存在,作为统治阶级的资产阶级利益与作为被统治阶级的劳动人民的阶级利益是根本对立的。利益矛盾的不可调和在现实中表现为不同社会阶级、不同利益集团的不同政治主张和利益诉求。正是因为存在利益矛盾,在现实生活中,统治阶级经常强调社会共同利益,并将自己标榜为社会公共利益的代表。对于这种现象,马克思早就指出:"每一个企图取代旧统治阶级的地位的新阶级,为了达到自己的目的就不得不把自己的利益说成社会全体成员的共同利益。"③这种"虚伪"的共同利益,只能缓解冲突而无法消灭冲突。这种情况下,共同利益、共同目标只能是一种奢望和幻想。

"利益集团是资本主义国家中的特有现象,是人们根据特定利益要求,为了影响政治决策而结成的社会群体",④对政治决策具有重要影响。虽然拥有着共同利益,但各个利益集团之间,也存在利益矛盾和利益冲突。因此,从实质上看,治理只能算作一种缓和资本主义国家与社会之间、统治阶级与被统治阶级

---

① 〔英〕格里·斯托克,华夏风. 作为理论的治理:五个论点[J]. 国际社会科学杂志,1999
(1):19.

② 马克思恩格斯文集:第1卷[M]. 北京:人民出版社,2009:42.

③ 马克思恩格斯文集:第1卷[M]. 北京:人民出版社,2009:180.

④ 王浦劬. 政治学基础[M]. 北京:北京大学出版社,2006:56.

之间、各利益集团之间的矛盾的手段,其最终目标是达到调节利益冲突、维护资产阶级统治的目的。在资产阶级为统治阶级的国家中,"共同目标"注定是利益矛盾无法解决的一种代偿结果,永远也不可能实现和达成真正的"共同目标"。这种共同利益是虚假的,其本质上仍是统治阶级的利益。

3. 经济危机与"治理失灵"

2007 年,由美国次贷危机引发的金融危机席卷全球,全球经济陷入普遍衰退,直到 10 年后这场金融危机的余波尚未彻底清除。不只是美国,自 2008 年以来,欧盟国家也受到波及和影响:冰岛首先遭到影响并面临国家破产,2009 年后,希腊出现债务危机并扩散到多国,虽然国际货币基金组织及欧盟各成员国先后出台了一系列救助措施,但并未起到实质性作用。① 2017 年 3 月,英国在经历了长期的挣扎和困境后,实质性地退出了欧盟组织。从 1951 年"欧洲煤钢共同体"的建立再到 1991 年《马斯特里赫特条约》的签订以来,欧盟从未陷入此等困境。

自 20 世纪以来,现代西方国家政府的政策历史几乎就是一部采取各种预防和治理措施与经济过冷作战的历史。在这场持久战中,不时会有某位经济学家或总统踌躇满志地宣传:"我不相信衰退是不可避免的。"然而,常常是余音绕梁之时,经济过冷却出人意料地发生了。② 无论是危机前,还是危机后,无论是政府干预、市场注资还是既强调政府,又强调市场和社会组织共同参与的"治理",都没能阻止危机的蔓延。面对周期性危机,似乎一切的手段都"失灵"了。

早在一百多年前,马克思、恩格斯就指出了资本主义周期性的生产危机现象。马克思指出,这种现象是由资本主义经济制度的基本矛盾——生产社会化与资本主义私有制之间的矛盾引起的。从这个意义上讲,治理在本质上与国家干预主义、新自由主义、新公共管理等流行的社会理论是一样的,本质上是资本主义国家对其基本矛盾的调试手段,现实上表现为对经济危机或社会危机的回应或者补救性措施。因此,治理绝非克服政府失灵和市场失灵的良方,更不是解决资本主义根本矛盾的办法。

(三)治理理论的中国适用性

自治理理论在国外兴起并引入中国后,中国学者对"治理"产生了极大兴趣

---

① 郎珈艺. 欧债危机的原因及其对欧元区经济的影响探究[J]. 对外经贸,2013(8):31.
② 周思源. 西方国家如何治理经济过冷[M]. 北京:电子科技大学出版社,2000:12.

并寄予了厚望。如同一位学者所说："如何恰当地使用源自西方的政治概念与理论模式已经成为 21 世纪中国学术研究的历史命题。"①对于治理理论的适用性,不仅要从我们国家的情况来讨论,借鉴别国经验的启示,还要从社会制度、民主程度、文化传统和政府角色等具体的、现实的国情中去考察。

1. 社会制度不同

无论从何种角度比较,中国的社会主义制度与西方的资本主义制度之间都存在显著差异。中国施行的是生产资料公有制,而西方国家施行的是生产资料私有制,这是造成中西方政治上层建筑不同的根本原因。而文化传统、历史背景、现实国情等因素也导致了这些差异的扩大。试想,在一个社会制度系统中运行良好的理论,在另一个完全不同的制度系统中也能发挥作用吗? 这是作为一个具有很强现实性指导意义的公共行政学理论不得不面对的最大问题。

此外,抛开政治制度、经济制度、社会制度等方面的巨大差距不说,仅从意识形态的角度,就让这个先天带有资本主义意识形态的理论难以在中国语境下长久生存。治理作为一种西方国家原生概念,提倡的弱化政府权威、去中心化、非正式规则等主张,是缓和国家与社会矛盾的手段,是西方新自由主义与保守主义相互妥协的产物。虽然治理一直主张其与统治的区别,但从本质上来说,治理也是一种特定的国家行为,治理也有阶级统治的属性。"从表面上看,治理只履行了国家的管理职能而并未显露出政治统治职能,但治理作为一种阶级国家的国家行为,必然地也会被打上统治阶级的烙印,只是相比统治而言,治理刻意弱化了它的阶级属性,模糊了政治统治与政治管理的边界,掩盖了政治统治职能而突出了政治管理职能。"②因此,带有资本主义和新自由主义意识形态特征的治理理论,是很难在不被改造和本土化的前提下,在以马克思主义为主流意识形态的社会主义中国立足生根的。

2. 民主发展水平不同

治理主张民主治理、多中心治理等理念,强调公民参与、公民合作,因而是在西方社会较高的民主水平、公民较高的政治素质及政府积极的、开放的政治态度等基础上提出的。资本主义国家有着民主的历史传统。希腊雅典时期就存在着民主制度与思想,进入工业文明后,由于生产力的发展,使得后工业时代

---

① 王向民."没有政府的治理":西方理论的适用性及其边界——以明清时期的南方社会组织及其公共服务为例[J]. 学术月刊,2014(6):138.

② 刘秀伦,庞伟. 超越西方治理与走向中国特色的国家治理现代化[J]. 重庆邮电大学学报(社会科学版),2015(2):20.

的公民文化形态已经跳出以生存为取向的、传统的价值观,更多强调自我表现和世俗理性。现代民主思潮和民主制度得以确立并长足发展,这样的公民文化传统,使得当代西方的公民有着更好的意愿参与到政府管理当中来,并且能够理性地表达自己的意愿。从本质上看,社会主义民主比资本主义更彻底,但由于我国社会主义发展的历史还比较短,民主发展程度还比较低。虽然改革开放后中国的社会主义民主取得了长足发展,但由于历史传统与发展阶段的限制,我国民主水平发展还不够充分,民众进行政治参与的自觉性、主动性普遍较低,大部分民众既缺乏政治参与的意识,也缺乏政治参与的经验与动力,我们应当承认和正视这方面的差距。

3. 历史传统不同

由于各个民族的传统文化存在区别,生长于西方民族文化土壤中的西方治理必然与中国传统治理存在天然差异。作为现代概念的治理起源于西方国家的 20 世纪 80 年代,但是作为传统概念的治理却是各国都有的。虽然传统的治理观念和行为模式似乎正在经历现代化的过程,其内涵在被逐步改变,但绝不能忽视历史传统对于一个国家的持久影响力。历史传统的影响是根深蒂固的,甚至是本质性的。欧洲国家主要受到基督教文化影响,自由主义、有限政府、法治、公民社会是其赖以生长的传统,而治理的主张与这些传统是一脉相承的。中国及其周边国家主要受到儒家文化的影响,中央集权、人治、德治的传统悠久。尤其与西方传统不同的是,在中国古代,一直延续的是人治基础上的德治传统。国家治理并不是依靠法治推行,而是在人治的基础上,将君主的个人意志与伦理道德在相互关联中发挥效力,是一个典型的伦理本位社会。直到中国现代国家建立起来之前,国家的治理逻辑仍然是一条腿走路,即依靠伦理道德进行国家的统治。① 因此,不同的历史传统所带来的惯性,也对治理理论的中国适用性带来挑战。

4. 政府角色定位不同

欧美发达国家往往都具有"弱国家—强社会"的特点,政府的角色仍是"守夜人",其地位和作用是很有限的。即便经历了国家干预主义盛行的时代,当代西方发达国家始终奉行自由主义原则,公共权力的运用受到宪法和各项法律的严格控制与约束,各种大型企业、利益集团和独立于政府之外的公民社会都具有影响政策的能力,一直在社会中扮演着重要的角色。一方面,中国并没有资

---

① 谢岳. 法治与德治:现代国家的治理逻辑[M]. 南昌:江西人民出版社,2003:76.

本主义国家那样的利益集团存在,而国家的经济命脉和重要行业均为国有企业。在公民社会——社会组织方面,数量较少,规模较小且发育程度较低,大多对政府依附性较强,缺乏独立性。因此,无法简单脱离政府甚至代替政府角色成为治理主体;另一方面,作为一个发展中国家,中国正走在民族复兴的路上。这样的历史阶段和国情,要求中国政府的角色是现代化建设的引导者和策划者,在推进改革开放、发展社会主义民主法治、保障国民经济稳定增长、维护民族团结与社会稳定、改善民生、减少贫困、保障人权等方面,都要发挥重要的引领和指导作用。

历史已经反复证明,不顾本国国情而照搬照抄别国"成功"的理论、制度和模式,不仅带不回"成功",反而会加速"失败"。20 世纪 80 年代中期的"拉美模式"和 90 年代苏联施行的"休克疗法"的失败,都是脱离本国国情的情况下,套用西方国家成功的制度和主张造成的。俄罗斯和东欧国家 20 世纪 90 年代经济社会的失败转型再次表明,照搬照抄别国"成功范式"的经验和理论是不可取的。事实说明,任何"共识"、任何"经验"、任何模式对任何国家只能参考、借鉴,不能照抄照搬。一个国家的发展模式是由该国的具体情况决定的,是靠该国人民去创造的。① 任何理论的诞生,都有其渊源和背景,与特定国家的传统、制度、发展水平等密切相关。离开了这些背景,治理理论就像无本之木,无缘之水,不仅达不到理想的效果,甚至可能事与愿违,南辕北辙。② 换言之,治理理论有其实践针对性和理论针对性。因此,从严格的结构意义上说,治理理论主要还是针对西方政治和行政实践及理论,将治理概念用于讨论非西方国家的问题是不符合逻辑的。③

三、走向中国特色的国家治理现代化

治理理论的限度及适用性问题,使得我们必须结合我国国情和现实需求,建构起中国特色的国家治理理论,基于新的分析框架下去剖析和解释国家治理的实践过程,推进国家治理现代化目标的实现。2013 年 11 月,在党的十八届三

---

① 刘宝三. 关于"中国模式"的几点思考[J]. 江汉论坛,2009(4):68.
② 佟德志. 当代西方治理理论的源流与趋势[J]. 人民论坛,2014(14):23.
③ 俞可平. 敬畏民意:中国的民主治理与政治改革[M]. 北京:中央编译出版社,2012:91.

中全会《中共中央关于全面深化改革若干重大问题的决定》中,将"完善和发展中国特色社会主义制度,推进国家治理体系与治理能力现代化"确定为全面深化改革的总目标,"国家治理现代化"的概念被正式提出。"国家治理现代化"作为一个中国化的整体性概念,它的提出意味着中国长期的渐进式改革已转变为结构性改革的新境地。

(一)国家治理现代化的提出背景与演进逻辑

国家治理现代化具有丰富的内涵,其提出遵循一定的现实逻辑与理论逻辑,是中国改革开放的顶层设计和长远目标,彰显突出的中国特色。

1."国家治理现代化"的提出背景

国家治理的现代化,就是在中国特色社会主义制度下,以推进国家治理体系与治理能力现代化为基本内容,以维护国家稳定、促进公共利益为根本目的,由党和政府引导社会及市场主体采取协商合作的方式,共同管理国家事务的持续过程。国家治理作为一种"新概念"和"新目标",它必然也是在中国当前现代化建设的实践过程和现实背景下产生的。当今中国,国内与国际错综复杂的形势互相牵制,机遇与挑战并存。国内大局就是"两个一百年"的奋斗目标和实现中华民族伟大复兴的中国梦;国际大局就是为我国和平发展稳定争取良好的外部条件,维护国家主权、安全、发展的利益,促进共同发展。① 高瞻远瞩地审视和回应国内社会和国际社会中发生的新变化,统筹好国际、国内两个大局,是探索国家治理现代化的逻辑起点。

社会转型时期带来的各种社会问题和矛盾。40 多年来,我们始终践行"向前看"和"发展才是硬道理"的理念,坚持用发展来解决发展中的问题。但当我们慢下脚步"向后看"的时候,却发现在改革中那些曾被忽视、被遗忘、被搁置的问题并非在发展后就消失了。相反,许多问题和矛盾在慢慢累积和演变,旧的问题复现、新的问题产生,甚至出现新旧问题交织的严峻情况。尤其是近十几年来,由于社会转型的加快,转型时期的社会问题日益暴露和凸显。"社会转型是社会、经济、政治、文化的结构分化重组、递升跃迁的历史运动,是整个社会由僵滞走向变革、由封闭走向开放、由落后走向文明的现代化过程。"②改革开放

---

① 永远的朋友 真诚的伙伴—记中国国家主席习近平非洲之行[N]. 人民日报,2013 – 04 – 01.

② 王永进,邬泽天. 我国当前社会转型的主要特征[J]. 社会科学家,2004(6):41.

引发了中国社会的转型,不仅包括"计划经济体制向市场经济体制、农业社会向工业社会的转型,还包括封闭半封闭社会向开放社会、伦理社会向法理社会的转变。结构转型和体制转型同步并行,相互交织"。① 由于中华文明不曾间断,因而传统文化、地域文化和民族文化的影响根深蒂固,加之人口数量庞大,使得中国的社会的现代化转型具有高度复杂性、艰巨性和长期性。社会转型引发各种社会问题、社会矛盾日益凸显,城乡差距、贫富差距拉大,利益矛盾激化,官民矛盾突出,传统的社会伦理和价值体系受到冲击,群体性事件时有发生。"解决转型治理危机的最好途径不在于是否能够选择一套完美的制度体系,而在于现行体制是否能够自我调整以应对来自转型的治理危机。"②因此,为了应对转型危机,我们需要对现行的国家治理体系和治理能力进行现代化改造与升级。

利益藩篱和阶级固化给全面深化改革带来阻力。引起利益格局变动的三个要素,即收入分配制度的合理性、公共政策的公平性及公权约束的有效性是引起利益格局变化的根本原因。三者如果出现问题,则形成利益格局的扭曲。利益固化就是一个社会中的利益呈现出刚性的稳固态势,形成难以改变的利益格局,社会上强者恒强,弱者恒弱。利益固化和阶层固化不仅损害社会公正,阻塞社会流动,还会诱发社会冲突,影响社会问题,甚至会让改革停滞、发展减缓,对党和政府的合法性造成严重损害。中国社会目前隐约出现了与代际更替、人员流动相反的趋势,这就是阶层固化所导致的结果。利益固化、体制僵化,最终的结果就是发展动力的消失。③ 时间已经证明,中国当前的经济增长减速不是简单的周期性现象,不能单纯依靠逆周期的需求管理来解决,而应该找准深层次原因,寻找新的增长动力。国家治理能力和治理体系的现代化,对于打破利益藩篱、调整利益格局、激活改革动力而言,有着重要意义。

快速的发展对国家治理体系和治理能力提出了新要求。虽然中国目前所面临的各种转型危机对现有国家治理体制产生了巨大压力,但远不及"崩溃"和"瓦解"的夸张程度。但不得不承认,过去40多年的改革,不仅形成了一种粗放型的发展体制和方式,还形成了粗放型的政府管理体制和方式。这种旧的政府体制、管理形式已经不能满足于社会的发展要求了。在经济方面,随着市场经

① 郑杭生. 改革开放30年:快速转型中的中国社会——从社会学视角看中国社会的几个显著特点[J]. 社会科学研究,2008(4):9.
② 陈明明. 转型危机与国家治理[M]. 上海:上海人民出版社,2011:44.
③ 加强对改革重大问题调查研究 提高全面深化改革决策科学性[N]. 人民日报,2013 - 07 - 25.

济的进一步确立,市场已经在资源配置中起决定性作用。但是,政府通过行政手段、指令性计划调节经济管理的情况仍然较多,宏观调整的方式、效果有待提升;在公共产品和公共服务的供给上,虽然已经提出了服务型政府的发展目标,但是由于体制机制尚未健全,地区发展的不平衡,权力观念尚未转变,同时面对公共事务的日益复杂,民众对于公共服务和公共产品的需求水平越来越高,使得距离服务型政府还有很长的距离;在政府主体方面公共行政管理体制、机制、方式已经不再适合新形势的需要。

传统的管理和治理模式已经难以适应新的社会需求。治理主体上,政府作为国家权力的唯一代表,处于垄断的地位。然而,由于面对日益庞大的社会事务,在效率没有实质提升的情况下,必然导致政府机关越来越臃肿和庞大。自改革开放后,施行了多次大部制改革,逐步减少合并职能重叠的国务院直属部委,但是相对于其他发达国家,机构臃肿、各自为政、职能交叉不定的现象仍然比较明显;管理方式上,无论是行政执法机构,还是各种监管机构,都崇尚进行粗暴的直接干预,过度依赖用行政权力去解决各种问题,然而其效果却并非总是理想;价值取向上,过度追求行政效率,尤其是地方政府刻意追求 GDP,过度依赖或者强化经济发展的作用,而对于社会公平、正义、民主、法治的价值有所忽视。总体来说,"政府职能转变还不到位,对微观经济运行干预较多,社会官僚和公共服务仍比较薄弱;部门职责交叉、权责脱节和效率的问题比较突出;政府机构设置不合理,对权力的监督机制不够完善。滥用职权、以权谋私、贪污腐败现象仍然存在"。① 因此,"政府的行政管理体制改革仍然是一项长远而紧迫的任务,是中国治理改革的核心内容"。②

国家治理现代化为中国发展争取有利的世界环境。当今世界,各个国家之间的利益休戚相关,一荣俱荣,一损俱损,任何国家都不可能脱离全球化的趋势独善其身。外交是内政的延续,国家治理现代化与法治强国的道路必须把国内社会和国际社会结合起来。2011 年的《中国的和平发展》白皮书提出不同制度、不同类型、不同发展阶段的国家相互依存、利益交融,形成你中有我、我中有你的命运共同体,命运共同体的道路势在必行。中国必将以更加开放的胸襟和更加积极的态度加强与各国的合作,为中国的发展创造良好的外部环境。

---

① 党的十七届五中全会精神宣传提纲[J]. 求是,2011(1):8 – 19.

② 俞可平. 敬畏民意:中国的民主治理与政治改革[M]. 北京:中央编译出版社,2012:40.

习近平总书记强调,我们必须"努力把自己的事情办好,同时也要处理好中国和外部世界的关系"。① "要把中国的机遇转变为世界的机遇,把世界的机遇转变为中国的机遇。"②"两个转变"提出了以各国利益交汇点架通合作桥梁的可能性,把我国利益和他国利益之间以利益交汇点作为合作共赢的基础是统筹两个大局的崭新视野。我们要从中国梦与世界各国的梦相通相连,中国的命运与世界各国的命运息息相关的高度来看待现阶段国家治理现代化转型中遇到的诸多阻碍。

正确处理国内社会的矛盾必须首先要对国际环境审时度势,做出准确的判断。当今世界正处于加快演变的历史时期,和平发展依然是时代主题,同时,全球治理体系经历着深刻的变革,中国经济迅速崛起使"中国威胁论""国强必霸"的声音不绝于耳。和平发展的道路还充满各种未知因素,这些挑战在多大程度上阻碍了中国的改革开放事业,能否通过各项创新性的政策将这些外部挑战适时地转化为中国发展的战略机遇,当国家之间的利益出现矛盾冲突的时刻,能否通过对话协商,避免全方位对抗,从而拓展战略空间,为国内的发展提供良好的外部环境。在这样的背景下来审视国家治理现代化的命题,就会发现,国家治理方式由传统向现代的转型在我国处于这样的时空方位下尤其具有特殊意义,是我们深入参与全球化,主动承担国际责任的重要条件。

坚持走和平发展道路,推动各国在命运共同体的合作共赢。中国坚持走和平发展道路,同时也推动各国在命运共同体的合作、共赢中构建民主法治、公正合理的国际政治经济新秩序,让发达国家和发展中国家都能共享世界发展带来的红利。中国将大力推进国际关系民主化、法治化,与各国共同维护全球正义。在世界和地区事务中主持公道,更加有为地参与全球问题的解决,继续通过平等协商处理矛盾和分歧,既通过维护世界和平来发展自己,又以自身发展促进世界和平,使得持续发展的国际法治环境进一步优化,使得国内法治、国际法治、全球法治有效衔接。我们尊重发展的差异,尊重文明的多样性,在自己发展的过程中绝不损人利己、转嫁危机。在金融危机、全球气候变化,以及恐怖主义、跨国犯罪问题上承担更多的责任。"推动国际政治经济秩序朝着更加公正合理的方向发展。"积极主动地参与命运共同体的建设,用实际行动对国际社会做出贡献,从而创造条件使得自己的和平崛起得到国际社会的认可。

---

① 习近平在莫斯科国际关系学院的演讲[N].人民日报,2013-03-24.
② 习近平在中央政治局第三次集体学习时的讲话[N].人民日报,2013-01-30.

2.“国家治理”的演进逻辑

作为全面深化改革的总目标,国家治理体系和治理能力的现代化成了社会热词。然而,人们对于“国家治理”这个新概念的认识,难免不会联想到产生在20世纪90年代由西方国家提出的“治理”观念。于是我们会陷入一个不可避免的思考和疑问,即中国语境下的“国家治理”与西方的“治理”有无关联? 前面的章节我们已经提到,在治理理论进入中国后,“治理”一词便同时存在着两种内涵。一种是传统的治理意义,另一种具有西方治理理论的意义。那么,“国家治理”究竟该以本土词汇的内涵去理解,还是以外来词汇的内涵去理解?“国家治理”是治理理论的演化,还是延续自中国国家治理的传统? 要回答这些问题,需要我们对国家治理的词源演化及国家治理的实践发展轨迹进行考察。

“国家治理”在中国源远流长,通过对中国古代的优秀传统文化的梳理不难看出,“治理”在中国传统观念中就有“治国理政”之意。① 进入现代社会,国家治理继续沿用治国理政的含义,并随着社会的进步与发展,以及面临各种问题,不断丰富这一内涵。景跃进以实证研究的方式,考察了自1978年以来的6部党代会报告、5部党章修改,以及39次中央全会通过的54个“决定”等党的重要文件。分析结果显示,在这些重要文件中,“治理”一词共出现了219次。在出现的时间和运用的范围上,治理的使用频次不断上升,使用范围也逐步扩展。虽然从这些考证中没有得出能够直接解释“国家治理”含义的答案,但他却给了我们两条关键性的结论。第一,“治理”在正式文件中被使用的频次越来越高,地位不断上升;第二,传统“治理”的概念在20世纪90年代之后被融入了西方内涵,正在经历“中国化”的过程。1979年“治理”一词首次在党的重要文件中出现时,其所指对象是与生产相关的自然界。1985年的《关于制定国民经济和社会发展第七个五年计划的建议》添加了社会维度,而1988年十三届三中全会通过的一份文件又增加了经济秩序的维度。1997年党的十五大报告,将“治理”提升到了政治高度,提出“依法治国,是党领导人民治理国家的基本方略”,后续的文件中,陆续出现了公司法人治理、腐败治理、乡镇治理、全球经济治理、城乡治理、国家治理、政府治理和第三方治理等新概念。从“治理”一词的演化态势可以清晰地看出两条发展脉络:一是自然环境治理的对象越来越丰富;二是从自然环境的治理扩展到对社会领域、经济领域和政治领域。与此同时,“治理”一词从全会文件进入党代会报告,再进入党章直至跻身于改革的总目标,其

---

① 黄亚果,周希贤. 新时代国家治理的法治逻辑[J]. 重庆社会科学,2018(7):74.

地位越来越高。① 20 世纪 90 年代后,治理的含义发生了一个重要变化和转折。在此之前,"治理"的含义是本色的、原生的。而 20 世纪 90 年代后期,由于在西方学界兴起的"Governance"一词被译为了"治理",使得治理在同一个词壳中被关进了西方治理观念的内涵。② "治理"的含义产生了交集和融合。"Governance"理念一旦进入汉语的治理之壳,两者便不可分割地纠缠在一起,由此开启了一个双重演化的进程——汉语"治理"的现代化和"Governance"的中国化。③ 由于两种含义的治理在交叉使用,在学术文献中,很难直接分辨出两者的区别和界限。

3. 准确理解"国家治理"的深刻含义

综合学者们的分析,我们认为,国家治理的概念既不是源自西方治理理论,也不是传统语境下一般意义上的"国家治理"。从历史角度看,狭义的"治理"定义一直存在。如何有效地运用政治权力,实现政治权力的根本服务目标是不同国家形态必然面对的任务。广义的"治理"定义是一个现代现象,至少从系统性角度看是近代以来的产物。④

第一,国家治理是一个诞生自中国本土但又经历了不断发展的新概念。国家治理现代化是一个具体的政策目标和一整套系统的实施方案,而不仅是一套理论体系或理论学说。虽然"国家治理现代化"的概念是新提出的,但实际上,中国的国家治理改革早已开始,只是未作为总结性、系统性的概念在正式决议中提出。我们可以基本认定,"作为全面深化改革的总目标,国家治理的现代化,这一新的概念毫无疑问是中国共产党的首创,而绝非对西方治理理念的照抄照搬"。⑤

第二,国家治理并不能按照传统治理去理解,它是受到包括治理理论在内的各种先进理论思想影响的基础上,内化创新的结果。"对于中国的国家治理概念,既不能完全套用西方治理理论的分析框架去解读,也不能以传统的治国理政思维去理解……要实事求是地承认,对现代国家治理系统深入的专门研究,最初起源于西方发达国家。我们不能因为发达国家率先进行了'少一些统治,多一些治理'的政治变革,并且对治理问题首先进行了研究,发展起了各种

① 俞可平. 推进国家治理与社会治理现代化[M]. 北京:当代中国出版社,2014:143-144.
② 俞可平. 推进国家治理与社会治理现代化[M]. 北京:当代中国出版社,2014:146.
③ 俞可平. 推进国家治理与社会治理现代化[M]. 北京:当代中国出版社,2014:150.
④ 杨雪冬. 论治理的制度基础[J]. 天津社会科学,2002(2):44.
⑤ 杨雪冬. 全球治理[M]. 北京:中央编译出版社,2015:1.

治理学说，就认定这只是西方的理论或实践，……它只要反映了人类社会的共同规律，无论最初在哪个国家或地区出现，它们最终都会在其他国家和地区发生作用，并成为人类文明的共同价值。"①因此，国家治理是在党领导人民治理国家的伟大历程中，不断总结实践和理论经验，不断吸收各民族优秀治国经验和理论的基础上形成的，是国家治理模式上的伟大创新。

第三，国家治理的对象是与人民生活相关的各领域的事务。国家治理涵盖政治、经济、文化、社会、生态等方方面面，在范围上远远超越了西方国家治理所特指的"公共领域"。需要注意的是，国家治理过程中运用国家制度体系履行的社会职能，即进行的社会治理，也是与国家治理紧密联系着的，是受国家治理的制约与限制，是由国家授权、许可或认可的，而不是处在国家治理之外、完全独立的，其本身也是国家治理的一个部分。②

国家治理是一个诞生自中国本土但又经历了不断发展的新概念，国家治理的理论逻辑出自马克思主义国家学说，历史逻辑出自中国的改革进程，实践逻辑出自我国改革开放的历史过程，是马克思主义国家理论的最新发展。③ 国家治理现代化将是每个国家所面临的持久运行方式。只要国家还存在，就不可能像西方国家所宣扬的"历史终结论"，其国家治理方式的"最优治理模式"既不存在也不可能。

（二）国家治理现代化的内涵、特征与重要意义

国家治理的现代化，涉及众多发展议题，具有鲜明的特色，关系到社会主义事业的前途和民族复兴伟大目标的实现，是新时代全面深化改革的总目标之一。

1. 国家治理现代化的深刻内涵

国家治理体系的现代化与国家治理能力的现代化，是国家治理现代化的主要内容。国家治理体系是规范公共权力、维持公共秩序的一系列制度程序，包括经济、政治、文化、社会等领域的体制机制及法律法规安排，是"一个以目标体系为追求，以制度体系为支撑，以价值体系为基础的结构性功能系统"。④ 国家治理能力则是国家管理社会各方面事务的能力，包括治党治国治军、改革发展

---

① 杨雪冬. 全球治理[M]. 北京：中央编译出版社，2015：2.
② 刘振江. 论习近平国家治理思想的内在逻辑[J]. 马克思主义研究，2017（3）：40.
③ 王浦劬. 科学把握"国家治理"的含义[N]. 光明日报，2013 – 12 – 29.
④ 何增科. 理解国家治理及其现代化[J]. 马克思主义与现实，2014（1）：12.

稳定、内政国防外交等各个方面的能力,其核心是国家各个治理主体履行各自功能的能力。① 国家治理体系与治理能力作为同一政治过程——国家治理中的两个方面,是相辅相成的关系。国家治理体系关注的是国家治理的制度性框架,国家治理能力则强调要切实发挥国家治理体系的具体功能。② "有了好的国家治理体系才能提高治理能力,提高国家治理能力才能充分发挥国家治理体系的效能。"③

　　综合起来看,国家治理的现代化,就是在中国特色社会主义制度下,以推进国家治理体系与治理能力现代化为基本内容,以维护国家稳定、促进公共利益为根本目的,由党和政府引导社会及市场主体采取协商合作的方式,共同管理国家事务的持续过程。国家治理现代化是一个目标,是一个过程,也是一种结果。国家治理现代化是一个国家的制度和制度执行能力的集中体现,是对建设服务型政府、法治型政府、廉洁型政府和民主型政府等理念的整合与升华,这个定义包含了四方面的内涵。第一,国家治理现代化需要在中国特色社会主义制度的基础上进行,这是基本前提。第二,维护国家和促进公共利益是国家治理现代化的两个价值取向。从根本上说,国家治理的目标就是要让人民幸福、社会和谐、国家富强。第三,国家治理现代化要求正确处理政府与社会的关系,并且引导市场主体、社会组织共同参与国家事务。国家治理是基于国家、社会、市场相互关系的重新思考,也是对国家内部进行结构性动态调试的过程,同时需要创新社会治理、增强社会活力、实施政社分开,要求社会各方面广泛参与公共事务,凡适合由社会组织提供的公共服务和解决的事项,都应该交由社会组织承担,以实现政府治理和社会自我调节、居民自治的良性互动。④ 第四,现代化是国家治理的发展方向。现代化是国家治理发展的目标和方向。要彻底实现国家治理的现代化,就必须要适应时代变化,"既要改革不适应实践发展要求的体制机制、法律法规,又不断构建新的体制机制、法律法规,使各方面制度更加科学、更加完善,实现党、国家、社会各项事务治理制度化、规范化、程序化。"⑤

　　国家治理现代化的实现依赖于政府、社会与市场各方的积极合作。一是公共权力运行的制度化。即在政府治理、社会治理、市场治理等方面,要有完善的

①　中共中央关于全面深化改革若干重大问题的决定[N]. 人民日报,2013 - 11 - 16.
②　王浦劬. 科学把握"国家治理"的含义[N]. 光明日报,2013 - 12 - 29.
③　习近平. 切实把思想统一到党的十八届三中全会精神上来[N]. 人民日报,2014 - 01 - 01.
④　马寅秋,周福志、韩金伟. 学习中共十八届三中全会精神[N]. 团结报,2013 - 11 - 16.
⑤　习近平. 切实把思想统一到党的十八届三中全会精神上来[N]. 人民日报,2014 - 01 - 01.

制度安排和规范的公共秩序。二是依法治国得以落实。法治是贯穿现代国家建设的基本路径,赋予以宪法为首的法律以国家最高权威,规制多元行为主体的行为,让它们各司其职、各谋其政。三是政府权威的确立。权威是政府力量的来源,也是实现社会稳定的有力保障,丧失了权威的政府,就失去了维护政治秩序的基本能力,也丧失了控制改革方向的能力。四是公民社会的发展。公民社会是制约公共权力、保障个人权利的重要屏障,没有公民社会的培育和发展,就没有成熟的社会组织及现代公民作为多元主体,治理主体的多元化与自治网络就得不到充分实现。五是民主政治的发展。民主是国家治理现代化的本质特征,也是区别于传统国家治理的根本所在,它既是国家治理现代化的基础条件,亦是其追求的终极目标。

2. 国家治理现代化的鲜明特色

在中国这样一个坚持社会主义制度、处于社会转型时期、传统文化与现代文化相互影响的国家里,必然产生不同于其他国家发展模式和国家治理模式。基于中国特色的社会主义制度、坚持走中国特色的社会主义道路,是中国国家治理的最鲜明的特色。

政党在国家治理中扮演重要角色。中国不实行多党竞争,而推行中国共产党"一党执政"与其他民主党派进行"多党合作"和"政治协商"的政党政治体制,共产党是唯一的执政党,其他党派参政议政。从国家治理结构看,中国呈现一种"以党领政"的治理结构。中国的治理主体已经多元化,但是在所有治理主体中,最重要的是中国共产党的各级组织。各级党组织是国家的核心治理主体,政府机构、企事业单位及社会组织是协同治理主体。① "一党领导多党合作"的政治体制确保了政治稳定和国家团结。中国拥有强有力的政党组织领导和动员系统、高效的政府执行系统、有效的中央协调系统。这样的制度安排在集聚力量、发挥国家整体效应、促进政府积极作为、实现国家集体意志方面,具有明显功效。② 通过党领导政府,中央政令能够贯彻实施,国家政策能够长期执行。

政府在国民经济中起到重要作用。中国实行公有制为主体、多种所有制混合发展的经济制度。公有经济在国家的重要领域、关键行业控制着经济命脉,发挥着主导作用,在国民经济中占据重要地位;同时,其他所有制经济共同发

---

① 俞可平. 敬畏民意:中国的民主治理与政治改革[M]. 北京:中央编译出版社,2012:95.

② 燕继荣. 中国治理体制的特点及其优势[N]. 人民论坛,2016(15):54.

展,在其他领域也发挥着重要作用。中国 40 多年高速增长的背后,与政府对经济的积极引导、宏观调整有着密不可分的关系,政府这只"看得见的手"在经济发展中发挥着重要作用。例如,与西方国家对经济发展的消极干预不同,中国每隔五年都会制定中长期的《国民经济与社会发展纲要》,在产业结构调整、重点行业布局、培育创新机制、优化资源配置及农业与城市建设等方面进行主动的战略性规划。按照国民经济和社会发展的实际需要,进行资源倾斜与政策支持,从而确保了国民经济的健康运行和高速发展。

植根于中国治国理政的文化传统。每个国家和民族的历史传统、文化积淀、基本国情不同,其发展道路必然有着自己的特色。中国特色社会主义植根于中华文化沃土、反映中国人民意愿、适应中国和时代发展进步要求,有着深厚历史渊源和广泛现实基础。"独特的文化传统,独特的历史命运,独特的基本国情,注定了我们必然要走适合自己特点的发展道路。"①推进国家治理现代化,决不能照搬西方的治理理论和治理模式,必须依循中国的国情选择合适的路径。习近平指出,一个国家选择什么样的治理体系,是由这个国家的历史传承、文化传统、经济社会发展水平决定的。我国今天的国家治理体系,是在我国历史传承、文化传统、经济社会发展的基础上长期发展、渐进改进、内生性演化的结果。②

生长在中国特色社会主义制度体系中。西方的国家治理是在资本主义制度的框架下进行的,而中国则坚持走中国特色社会主义道路。党的十八届三中全会提出的"国家治理现代化",其完整表述是"完善和发展中国特色社会主义制度,推进国家治理体系和治理能力现代化。"2017 年 10 月,在党的十九大报告中,习近平总书记再次强调:"必须坚持和完善中国特色社会主义制度,不断推进国家治理体系和治理能力现代化,坚决破除一切不合时宜的思想观念和体制机制弊端,突破利益固化的藩篱,吸收人类文明有益成果,构建系统完备、科学规范、运行有效的制度体系,充分发挥我国社会主义制度优越性。"③这一表述优先强调"中国特色社会主义制度",既是对国家治理现代化的政治定位,亦表明了中国改革必须遵守的基本政治原则。④ 国家治理源于中国共产党的长期执

---

① 习近平总书记在全国宣传思想工作会议上发表重要讲话[J]. 前线,2013(9):5.
② 习近平. 改进完善国家治理体系 我们有主张有定力[N]. 人民日报,2014 - 02 - 18.
③ 习近平. 决胜全面建成小康社会 夺取新时代中国特色社会主义伟大胜利——在中国共产党第十九次全国代表大会上的报告[N]. 人民日报,2017 - 10 - 28.
④ 赵中源,杨柳. 国家治理现代化的中国特色[J]. 政治学研究,2016(5):30.

政实践,同时以科学的马克思主义为指导,坚守中国特色社会主义旗帜、道路和制度等政治原则,符合中国国情、富有中国特色。因而,中国特色社会主义制度赋予了国家治理最鲜明的中国特色。

以现代化作为国家治理的发展目标。与西方治理不同,我国明确地将现代化作为国家治理的发展目标。这样主要出于两方面考虑,其一,让国家治理的发展方向是明确的、清晰的,不至于走上错误发展道路;第二,说明国家治理缺乏现代性。改革开放 40 多年过去了,中国的经济总量已经跃居世界第二,综合国力空前提升,现代性的基本特征是法治社会和公民意识。① 因此,这两方面的考虑,意味着我们必须要实现国家治理的现代化,并且要走对方向。

3. 实现国家治理现代化的重要现实意义

国家治理的现代化,涉及社会稳定、改革动力、政府职能转变、经济增长和民主政治发展等诸多议题,是实现经济社会持续发展、实现民族伟大复兴的基本要求。

应对转型危机,维持社会稳定。任何时候,稳定都是第一位的,正如亨廷顿所言:"首要的问题不是自由,而是建立一个合法的公共秩序。人当然可以有秩序而无自由,但不能有自由而无秩序。"②社会的稳定,是经济、科技、文化繁荣与发展的基本前提。在中国的现代化进程中,由转型危机所带来的不稳定因素不断累积增长,社会不稳定因素急剧增长。"现代性孕育着稳定,而现代化的过程却滋生着动乱。"③不仅是中国,第三次民主化浪潮让许多国家进入社会转型进程。有些国家能够应对转型危机,但另一些国家却让转型危机演变为了治理危机。因此,问题不在于是否可以避免社会转型危机,而在于社会转型危机急剧发生的时候,国家治理体制是否具备将危机控制在制度可承受范围之内,并快速进行自我矫正和自我调试。转型危机如果不能化解和控制,就将积累和演变为全面的治理危机,让国家陷入衰退。④ 国家治理的现代化的首要任务,就是通过国家治理体系的不断完善,从而增强危机适应能力、危机治理能力和自我矫正能力,从而在转型危机的阵痛中,维护国家长治久安与社会稳定。

---

① 林巍. 现代化与现代性[J]. 中国翻译,2016(2):120.
② 〔美〕塞缪尔·P. 亨廷顿. 变化社会中的政治秩序[M]. 王冠华,译. 上海:上海世纪出版集团,2008:31.
③ 〔美〕塞缪尔·P. 亨廷顿. 变化社会中的政治秩序[M]. 王冠华,译. 上海:上海世纪出版集团,2008:31.
④ 陈明明. 转型危机与国家治理[M]. 上海:上海人民出版社,2011:44.

突破利益藩篱,增强改革动力。40多年的改革,不可避免地使部门利益逐渐固化。利益固化不仅让社会贫富差距逐渐扩大,还降低了改革的动力,成为阻碍改革的主要障碍。要打破这种局面,就必须以更大的政治勇气和智慧,不失时机深化重要领域改革,攻克体制机制上的顽瘴痼疾,突破利益固化的藩篱。① 正如习近平总书记所说:"增长动力从哪里来? 我的看法是,只能从改革中来,从调整中来,从创新中来。"②通过国家治理的现代化,能够从制度层面打破阻碍经济增长和改革发展的瓶颈,通过继续改革、利益调整和制度创新,构筑公正、合理、开放、畅通的社会流动通道,冲破利益固化的藩篱,增强改革动力。

加快职能转型,提升政府效能。政府是国家的代表,是推动改革进程、实现改革目标的核心力量。对于政府而言,重要的"不在于它们政府的形式,而在于它们政府的有效程度"。③ 因此,加快政府职能转型,提升政府效能,就成为了国家治理现代化的首要任务。一方面,制度的优劣决定了实现公共利益的能力,没有强有力的政治制度,社会便缺乏确定和实现自己共同利益的手段。国家治理的现代化能够带动政府治理的现代化,优化政府组织结构,转变政府职能,创新行政管理方式并且完善和发展政府制度。另一方面,与以往通过政府内部驱动的封闭式行政体制改革不同,国家治理现代化为行政体制的改革指明了发展方向、确立了改革目标、提供了改革动力。按照现代化的治理理念,法治和有效是衡量政府现代化的两个重要标准。因此,必须在依法治国的基础上,提升政府公共治理能力,努力朝着法治型、服务型政府方向进行转变。

完善经济体制,保持经济增长。当前,我国实行的是以公有制为主体、多种所有制经济共同发展的基本经济制度。经济领域的体制机制障碍还比较多,"经济体制改革任务远远没有完成,经济体制改革的潜力还没有充分释放出来"。④ 经济体制是改革重点,通过国家治理的现代化,从根本上改变束缚生产力发展的经济体制,健全现代市场体系和宏观调控体系,加快转变经济发展方式。建立起充满生机和活力的社会主义经济体制,促进生产力的发展。此外,妥善处理国家与市场的关系是保持经济增长的重要条件,而协调政府和市场的

---

① 加强对改革重大问题调查研究 提高全面深化改革决策科学性[N]. 人民日报,2013-07-25.

② 深化改革开放 共创美好亚太——习近平在亚太经合组织工商领导人峰会上的演讲(节选)[J]. 中国翻译,2014(1):124.

③ 〔美〕塞缪尔·P. 亨廷顿. 变化社会中的政治秩序[M]. 王冠华,译. 上海:上海世纪出版集团,2008:1.

④ 习近平. 切实把思想统一到党的十八届三中全会精神上来[N]. 人民日报,2014-01-01.

关系既是国家治理发展的基本要求,也是既是国家治理现代化的核心内容。从目前政府主导市场经济发展的理念及运作方式来看,如何兼顾政府宏观调控与市场配置资源的关系,还面临不少挑战。在某些经济领域,政府仍然采用直接的行政手段干预市场运作,在某些经济领域市场还没有发挥出在资源配置中的决定性作用。因此,通过国家治理现代化的发展,厘清国家与市场的关系,关系到经济发展的前提。经济发展也是实现国家治理体系和治理能力现代化提供强大的经济基础,①是国家治理现代化的内在动力,没有经济的持续良性发展,国家治理现代化的目标就无法实现。

促进民主法治,培育社会自治。民主与法治,是衡量国家治理现代化的两个重要标准,是国家治理现代化的价值追求。首先,国家治理现代化,意味着依法治国的方略得到普遍的实施,法治权威上升为最高权威,公共权力受到法治的合理约束,权力能够在法治轨道上运作。其次,国家治理现代化不仅仅是行政体制的革新,还强调社会共同参与,要求广大人民群众能够共同参与到国家事务的管理中来。民主是社会主义的生命,没有民主就没有社会主义。因此,社会主义民主是社会主义国家治理必须遵循的治理原则。国家治理要贯彻民主原则、健全民主制度、丰富民主形式,从各层次、各领域扩大公民有序政治参与的实践。② 广大群众参与管理国家社会事务,不仅意味着民主参与水平的提升,还为实现高度社会自治提供必要的基础。过去,中国主要通过党的组织和政府机构来提供统一的制度和服务,这种状况在今天已经不能满足多元化的社会需求,而现代国家的经验表明,政府并不是制度、规则和公共服务的唯一供给者。对于社会基层的许多公共事务、公共服务和公共物品而言,社区平台、社会组织、社会企业等各类不同的社会主体所提供的制度供给和管理规则可能更加行之有效。通过创新国家治理机制,创造社会组织发展的条件与环境,进而充分动员社会、市场主体参与到公共治理中来,让政府、社团、社区、企业、个人等所有利益相关者共同参与、协同行动,实现国家与社会良性互动与治理结构的均衡。

促进公平正义,增进人民福祉。促进社会的公平正义、增进人民福祉是国家治理现代化的出发点和落脚点,是国家治理现代化的根本目的和归宿。改革开放以来,我国经济社会发展取得巨大发展,但社会上仍存在大量有违公平正

---

① 冯留建. 马克思主义国家理论与中国国家治理现代化[J]. 马克思主义研究,2014(3):39.

② 朱大鹏. 社会主义正义观视阈中的国家治理[J]. 当代世界与社会主义,2014(4):70.

义的现象,人民群众的公平意识、民主意识、权利意识不断增强,对社会不公问题反映越来越强烈。国家治理现代化,一方面能够通过推广政府购买服务、引入竞争机制等措施,努力提高公共服务和产品的供给能力、效率与质量,提供和发展民众所需的物质基础;另一方面,能够通过创新制度安排,国家在资源的二次分配、三次分配中可以努力克服人为因素造成的社会不公平和非正义现象,保证人民平等参与、平等发展的权利,增进人民福祉。

(三)中国特色的国家治理体系对西方治理理论的超越

改革开放 40 多年来,中国的综合国力急剧增长,举世瞩目。中国不但成功抵御了 1997 年的亚洲金融危机及 2008 年的国际金融危机,还在全球经济陷入普遍衰退的时候依然保持强劲的增长动力。中国的崛起引发了人们对发展模式和制度优势进行比较的兴趣,一时间,"中国模式"和"北京共识"等概念逐渐流行起来。"可能在美式资本主义与欧式民主社会主义(福利国家)体制之外开创第三条发展道路。"①实际上,中国模式就是中国特色社会主义制度及其优越性的集中体现,就是在国家治理方面取得了阶段性成果的现实体现。在国家治理现代化的进程中,只要坚持走中国特色社会主义道路,不断发挥和扩大社会主义制度的优越性,中国就一定能实现对西方治理模式的超越。这种超越,并非单纯意义上治理模式的简单比较,而是在当代中国的历史发展阶段,更适用于中国国情和特殊需要的发展模式。

1. 发挥社会主义制度的内在优越性

社会主义制度优越性的根源不在于制度设计,而在于生产关系——即实现了生产资料的公有制。通过社会主义改造,中国消灭了剥削阶级,实现了生产资料的全民所有,从本质上实现了广泛的、真实的"共同利益",消除了利益矛盾和利益冲突的根源,使得个人、社会和国家的利益能够高度一致,实质性地结成"共同利益"的共同体。基于此,社会主义制度的优越性表现在三个方面。

社会主义将消除两极分化、实现共同富裕视为最高追求。生产资料所有制是生产关系的核心,财富和收入的分配关系是生产资料所有制关系的表现。在以私有制为基础的资本主义及其之前的社会形态,普遍存在着阶级剥削,因而只能实现极少数人富裕而大多数人贫穷。② 社会主义国家则有着完全不同的目

---

① 燕继荣.中国治理体制的特点及其优势[J].人民论坛,2016(15):54.

② 何干强,蔡万焕.论公有制是共同富裕的经济基础[J].社会科学辑刊,2013(2):86.

标追求。1992年,邓小平在南方谈话中指出:"社会主义的本质,是解放生产力,发展生产力,消灭剥削,消除两极分化,最终达到共同富裕。"①正如邓小平说的那样,社会主义最大的优越性就是共同富裕,这是体现社会主义本质的一个东西。共同富裕的崇高追求,符合最广大人民的利益,因而在国家治理现代化的建设过程中,能够获得最广大人民的支持和参与。这是社会主义制度优于其他制度的根本原因。

社会主义为更高形式的民主奠定了基础。民主被视为社会主义的生命,没有民主便没有社会主义。从古希腊、古罗马城邦制国家的奴隶制民主,到西方资产阶级社会的代议制民主,虽然出现过形式多样的民主形态,但民主本身所烙下的阶级印记并没有消失,阶级性仍体现着民主的本质。从根本上说,民主只是统治阶级维护其政治统治的手段和形式。在这种社会历史形态下,民主只属于少数的统治阶级。马克思、恩格斯在《共产党宣言》中直截了当地指出:"现代的国家政权不过是管理整个资产阶级的共同事务的委员会罢了。"②列宁更是尖锐地指出资产阶级统治下的民主国家也无非是阶级镇压的机器,资产阶级"不得不伪善地把实际上是资产阶级专政,是剥削者对劳动群众的专政的民主共和国说成'全民政权'或者一般民主、纯粹民主"。③ 因此,无论资本主义的民主制度进行何种形式的优化与改良,民主的阶级性决定了它永远无法翻越挡在真正民主政治道路前的这道藩篱,在全社会实现最真实、最广泛和最彻底的民主。由于消灭了生产资料的私有制,劳动人民成为国家的主人,因而从本质上说,社会主义能够实现最广泛的、最普遍的、最彻底的民主。如同列宁说的那样,无产阶级要发展无产阶级新型民主,创建比资本主义制度"好千倍的民主制度,即第一次成为供穷人享受、供人民享受而不是供富人享受的民主。"④虽然当前社会主义民主还处在发展阶段,但社会主义制度已经为未来实现更高形态的民主奠定了坚实的基础。

社会主义可以"集中力量办大事"。相比于资本主义,可以明显看出中国在集中资源、凝聚民心、群策群力,避免冗繁拖沓、议而不决和低效涣散等方面的巨大优势。"社会主义国家有个最大的优越性,就是干一件事情,一下决心,一

---

① 邓小平文选:第3卷[M]. 北京:人民出版社,1993:373.
② 马克思恩格斯选集:第1卷[M]. 北京:人民出版社,2012:402.
③ 中共中央马克思恩格斯列宁斯大林著作编译局. 列宁选集:第3卷[M]. 北京:人民出版社,2012:684-685.
④ 罗许成. 全球化与当代马克思主义国家理论[M]. 杭州:浙江大学出版社,2009:14.

做出决议,就立即执行,不受牵扯。"①无论是三峡大坝、青藏铁路、港珠澳大桥这些超级工程的建设,还是1998年的抗洪抢险、2008年的汶川抗震救灾,都显示出我国社会主义制度的巨大优越性,即能够集中力量办大事,动员和组织全国人民不断创造伟大的业绩。不仅如此,随着综合国力的日益增强,中国在国际事务中的话语权和主导权也迅速扩大,"一带一路战略""亚洲基础设施投资银行"等对外战略的前瞻性布局,让中国在国际舞台上发挥着越来越重要的作用,这些背后也是社会主义制度巨大优越性的现实体现。

然而,我们也要看到,中国特色社会主义制度的发展和优势的体现将是一个漫长的历史过程。② 正因如此,我们推进国家治理现代化,才需要坚持中国特色社会主义道路自信、理论自信和制度自信。要有坚如磐石的精神和信仰力量,不断改革创新,解放和发展社会生产力,同时激发全体人民的积极性、主动性、创造性,为社会发展提供有利条件,更能在竞争中赢得比较优势,把中国特色社会主义制度的优越性充分体现出来。③

2. 坚持由中国共产党领导人民治理国家

推进中国特色的国家治理现代化,实现对西方治理模式的超越,关键在于坚持党的领导,发挥中国共产党的政治优势。中国的崛起,让"中国模式"在世界流行。我们必须坚持走中国特色社会主义政治发展道路,坚定党的领导,在这个基本前提下推进中国特色的国家治理现代化。

共产党是广大人民最根本利益的代表者和实现者。在党和人民群众的关系上,中国共产党一直强调走"群众路线",即党始终保持同群众的密切联系,以人民的利益为出发点和归宿,代表群众的根本利益,这是党的性质的要求和力量来源,也是执掌和运行国家权力的基础。习近平总书记强调:"推进任何一项重大改革,都要站在人民立场上把握和处理好涉及改革的重大问题,都要从人民利益出发谋划改革思路、制定改革举措。在全面深化改革进程中,遇到关系复杂、难以权衡的利益问题,要认真想一想群众实际情况究竟怎样?群众到底在期待什么?群众利益如何保障?群众对我们的改革是否满意?"④因此,代表

① 邓小平年谱(1975 - 1997)[M]. 北京:中央文献出版社,2004:1195.
② 郑云天. 邓小平论中国特色社会主义制度优势[J]. 社会主义研究,2013(4):76.
③ 习近平. 切实把思想统一到党的十八届三中全会精神上来[N]. 人民日报,2014 - 01 - 01.
④ 习近平. 切实把思想统一到党的十八届三中全会精神上来[N]. 人民日报,2014 - 01 - 01.

最广大人民群众根本利益的性质,决定了共产党必然会得到人民的拥护和认可,这是有效推进国家治理的根本条件。

共产党超越特殊利益,肩负历史使命。无论执政方式、价值追求还是理想信念方面,中国共产党都与西方选举型政党有着根本差异。西方两党制和多党制国家的政党谋求成为执政党是为了主导和独占国家权力,并为其所代表的利益集团谋取最大的政治和经济利益。与西方政党组织不同,共产党的执政地位是历史的选择、人民的选择,没有自己的利益,也不代表特殊群体的利益。《党章》规定,中国共产党的政治使命是带领全国各族人民把我国建设成为一个富强民主文明和谐美丽的社会主义现代化强国。"中国共产党的政治基础不是某种阶层或者团体的特殊利益,而是整个国家和民族的利益;不是眼前利益,而是长远利益;不是在市民社会意义上的财产利益,而是历史责任和政治使命。正是这种政治使命,使得国家超越于市民社会,具有了独立的意志和尊严。"①由此可以看出,中国共产党敢于肩负起事关中国前途命运的历史责任,在领导中国改革、推进中国社会进步中体现出了非凡的人民意识、忧患意识和进取意识。在理想追求上,中国共产党不仅有着远大的共产主义理想追求,并且有能力把理想追求付诸实践。

以坚持人民性为根本。法治中国建设及国家治理能力的提升要以坚持人民性为根本。人民性是中国共产党区别于其他政党的根本标志,是党的性质和宗旨的根本体现。坚持人民性是社会主义法律区别于传统社会法律的根本所在。法律在封建社会是用来剥削和压榨的利器,法律本身是依据封建地主自身需求制定的。在古代法律本身就是不公正的,"刑不上大夫",百姓却要忍受沉重的苛捐杂税,法律作为一种惩治工具更多是只针对平民百姓,而权贵却常常可以逍遥法外。社会主义法律与此相反,始终将维护最广大人民群众的根本利益作为法律设立和执行的出发点和落脚点。党的十九大报告指出:"坚持以人民为中心","人民是历史的创造者,是决定党和国家前途命运的根本力量。"②我国宪法第二条规定,一切国家权力属于人民。人民依照法律规定,通过各种途径和形式,管理国家事务,管理经济和文化事业,管理社会事务。中国特色社会主义法治的本质是人民民主,即人民当家作主。人民是国家的主人,人民是

---

① 强世功.中国宪法中的不成文宪法——理解中国宪法的新视角[J].开放时代,2009 (12):24.

② 习进平决胜全面建成小康社会夺取新时代中国特色社会主义伟大胜利——在中国共产党第十九次全国代表大会上的报告[N].人民时报,2017-07-28.

全面依法治国的主体和力量源泉。坚持人民性,首要的是将实现人民群众的根本利益作为法治中国建设及国家治理的价值追求。所立所依之法都以保障人民的根本利益为出发点和落脚点,实现程序正义和结果正义。在国家治理中,将涉及群众根本利益的问题作为国家治理的重要着力点,真正为群众提供良好的政治、经济、文化、社会和生态环境,使群众真正成为改革发展过程的参与者和结果的享受者。同时,拓宽人民参与渠道,使群众能真正了解和感受法治建设及国家治理的过程,真正成为国家发展的主人。

党的长期执政,保障政策连续性。西方资本主义国家采取的多党制或两党制的政党制度,其实质是代表不同利益集团的政党为争夺国家权力的一种政治机制。由于利益分化比较严重,资产阶级各政党之间,必然处于互相竞争、互相倾轧的关系。① 这种政党轮换、相互竞争的状态一方面对于调整利益格局、缓解利益冲突能起到比较好的作用,但另一方面也使得执政理念分歧较大、中长期的国家政策难以长期施行。执政党在执政期间出台的引以为傲的政策法令、施政纲领,在另一个党派上台后往往被迅速撤换。一个生动的事例就是,民主党奥巴马政府在任期间倾注全力推行的《医保法案》和《跨太平洋伙伴关系协议(TPP)》,在共和党特朗普上台后被彻底废弃,奥巴马政府的政治遗产几乎所剩无几。"即使他们抱有关于世界秩序的宏大构想,但关于国家经济社会发展的长远目标在他们那里是付之阙如的。"② 与此相反,中国共产党作为唯一的执政党,依法长期执政,这就决定了重要的国家大政方针是不会轻易改变的,如"两个一百年"奋斗目标、依法治国基本方略、改革开放基本国策,以及由此而形成的各类重要"方针""战略"和"决定"。政策方针的连续性,为党在国家治理中制定中长期发展战略、构建远大宏伟蓝图提供了可能。

只有中国共产党才能发挥社会主义制度的优越性。邓小平曾说,党的领导本身就是中国特色社会主义制度优越性的集中体现。在中国这样的大国要把十几亿人的思想和力量统一起来建设社会主义,如果"没有一个由具有高度觉悟性、纪律性和自我牺牲精神的党员组成的能够真正代表和团结人民群众的党,没有这样一个党的统一领导,是不可能设想的,那就只会四分五裂,一事无成"。③ 在保持国家正确发展方向的前提下,中国采行一党执政多党合体治理

① 刘延东. 历史必然性・伟大独创性・巨大优越性——论中国共产党领导的多党合作和政治协商制度[J]. 求是,2006(13):14.

② 赵中源、杨柳. 国家治理现代化的中国特色[J]. 政治学研究,2016(5):31.

③ 邓小平文选:第2卷[M]. 北京:人民出版社,1994:341.

方式,对于贯彻国家意志、保持国家建设的一贯性确实具有明显的优势。① 美国学者弗朗西斯·福山也认为,中国有着悠久的选贤任能传统,无论是党内还是政府系统在官员选拔上都重视政绩。中国的制度化在大多数方面是高水平的,比如集体领导体制、领导人的定期更替、官员的精英化、政令自上而下的有效贯彻等。中国的治理方式是其他国家的范例。② 在全面深化改革的关键时期,在"两个一百年"奋斗目标的历史阶段,在中华民族伟大复兴的壮阔历程上,如果没有一个坚强的领导核心,没有一个能超越自身利益、团结最广泛社会成员的政党,是无法带领中国走向伟大民族复兴、完成伟大历史使命的。

4. 汲取传统文化中丰富的治国理政资源

19 世纪以前,中华民族是屹立东方的世界第一流强国。中华传统治国方略具有鲜明而强烈的民族特色,形成了相对独立而完整的治理体系,是在治理国家与社会过程中经受住历史实践检验的宝贵经验。世界上许多古老文明都曾中断或消失,而唯独中华文明绵延至今未曾中断,并且在新的历史时期焕发着强大的生命力。

党的十八大以来,党和国家高度重视传统文化的当代重要作用,站在比以往更高的角度看待中华文化,将中华文化视为中华民族的"根"和"魂"。习近平总书记多次表明,要高度重视中国优秀传统文化,并将其作为治国理政的重要思想文化资源,"中华文化积淀着中华民族最深沉的精神追求,是中华民族生生不息、发展壮大的丰厚滋养"。③ 中华传统文化和思想的血脉至今流淌在中国人心中,许多思想至今仍然对治国理政的观念产生着深刻影响。在国家治理的目标上,崇尚大同社会的理想。在《礼记·礼运》中最先描绘大同社会"天下为公","使老有所终,壮有所用,幼有所长,矜寡孤独废疾皆有所养","谋闭而不兴,盗窃乱贼不作,故外户而不闭"的美好愿景。千百年来,"大同社会"都是中华民族的最高的理想与价值追求。近代以后,无论是康有为《大同书》中"无邦国、无帝王、人人平等、天下为公"的大同世界,抑或是孙中山为实现"天下为公"而对民主共和制度的艰难探索,天下为公的大同理想始终活跃在中国人的精神世界中。甚至从某种意义上看,当代中国走上社会主义发展道路,也与广

---

① 燕继荣. 中国治理体制的特点及其优势[J]. 人民论坛,2016(15):54.

② 李海,贾绘泽. 国外学者论中国特色社会主义民主的优势与走向[J]. 毛泽东邓小平理论研究,2015(5):87.

③ 严书翰. 我国意识形态工作的纲领性文献——深入学习和全面把握习近平总书记"8·19重要讲话"的要点[J]. 中共中央党校学报,2013(5):40.

大人民对共产主义远大理想与"大同社会"价值追求高度契合的认可密切相关。在国家治理的价值取向上,主张民本主义。以民为贵、民贵君轻的民本主义思想,在中国历朝历代的治国理政思想和实践中都是核心内容。《尚书·五子之歌》提出:"民为邦本,本固邦宁。"《管子·牧民》提出:"政之所兴,在顺民心,政之所废,在逆民心。"孔子的富民、利民、教民,孟子的"民贵君轻",荀子的"君舟民水",管子的"修法安民"等学说都是当今"以人为本"思想的活水源头。在国家治理手段上,强调无为思想。无为指经过有为的思考,以时势、趋势的判断做出顺势而为的行为。无为而治,并不是强调消极避世,而是主要想消解统治者对百姓过度的管制和控制,顺应自然的变化规律,使事物保持其天然的本性而不人为做作,从而达到"无为而无不为"的境界,即现代语境中社会的高度自治状态。道家的"无为"思想,实现了从治理手段到治理目的的升华,着眼于万事万物的总体和谐,具有极大的超越性。

古人关于治理国家与社会的深邃见解与切身体验,是我们得天独厚的丰富思想资源。这些弥足珍贵的精神财富,对实现国家治理现代化建设有着重要意义。就国家治理的目的而言,大同社会的理想与国家治理要实现最广大人民群众的利益、减少贫富差距、实现共同富裕、建立完善的社会保障体系的奋斗目标是高度一致的;就国家治理的手段而言,"无为"思想与国家治理强调精简政府机构、转变政府职能、减少行政审批并且扩大和完善社会的自治机制,实现社会的自治的主张是一致的。对于现代国家来说,坚持民本思想,不仅能够善待民意、约束专制权力,还能维护、保持了国家稳定,巩固了民族团结。民本思想揭示了深刻的治国经验,预示着中国共产党执政必须走"群众路线",代表人民的利益和要求,而国家治理现代化的价值追求、奋斗目标和最终归宿也只能是实现最广大人民群众的利益。

(四)法治中国建设及国家治理能力提升的政治逻辑

建设法治中国,实现国家治理能力现代化是中国共产党在审视历史传统,分析现实条件,立足未来发展做出的战略选择,符合政治发展的基本规律,是对治国理念的创新和发展。

1. 中国共产党实现由革命党向执政党转变的理性选择

建设法治中国,提升国家治理能力,实现国家治理能力现代化是中国共产党实现由革命党向执政党转变的理性选择。实现由革命党向执政党的转变,是立足国情,在把握未来发展机遇的基础上做出的战略选择,决定着党的执政成效和执政合法性,是实现党的先进性的前提。由革命党向执政党的转变内在地要求实现执政理念、执政思维、执政能力领导能力、执政方式和领导方式的现代化。其中,最根本的就是推进执政党建设的法治化进程,在法治化中实现政党的现代化转型。党员干部是社会潮流的引领者和社会重大问题的决策者,决定着社会发展的根本趋势和整体水平。只有不断丰富党员干部的法治知识、提高法治思维能力、增强运用法律的能力,以法治为根本依托,国家治理能力现代化才可能实现,法治中国建设才有希望。建设法治中国、实现国家治理能力的现代化内在地要求保持中国共产党的纯洁性,永葆其政治本色。党是中国人民和中华民族的先锋队,始终代表最广大人民群众的根本利益。要依法治党管党,从根本上把握人民群众的需求,在实现人民群众的根本利益中推进国家治理能力现代化的实现。

2. 实现国家治理能力现代化是政治文明建设的重要内容

建设法治中国,提升国家治理能力,实现国家治理能力现代化是政治文明建设的重要内容。实现国家治理能力的现代化,在坚持走中国特色社会主义政治发展道路,贯彻中国共产党科学执政、民主执政、依法执政基本要求的情况下,还应当符合顺应现代社会的治理特点和基本要求。党的十八届三中全会首次提出国家治理能力现代化的概念,这是我们党执政为民理念的重大创新,它要求实现党的领导、人民当家作主、依法治国的有机统一。我们不但要强化执政党领导地位,还要进一步实行政治民主,充分尊重和保证人民群众的国家主人地位,使各级党政工作人员真正成为人民的公仆,使政府成为人民满意的政府。人民群众能否在公共利益维护、公共政策制定、公共权力监督上发挥主要作用,是衡量国家治理能力建设的重要依据。必须加快制定和完善人民群众参与国家事务的法律、制度体系,加快协商民主制度建设,支持非政府公共组织的发展,畅通各种参政议政的渠道,让社会各种力量凝聚成深化改革的合力,形成执政党、政府、社会、民众共治共管的局面,推进社会主义现代化国家建设。

3. 正确处理改革发展稳定的关系的保障

依法治国为维护社会稳定,正确处理改革发展稳定的关系提供保障。改革发展与稳定的关系是政治建设的核心问题,只有正确处理三者的关系,政治的持续发展才能得以实现。稳定是改革的一个底线,二者的关系处理得当,就能总揽全局,保证改革顺利发展,取得发展的预期效果。保持社会稳定的基础是党的正确领导、法律的强制保障和广大人民群众的大力支持和广泛参与。坚持依法执政,充分合理依照法律运用好人民赋予的权力,提高党和政府在人民群众中的威望,使人民群众看到党和政府治理国家的决心,党和政府有能力带领人民群众实现中华民族伟大复兴,把梦想变成现实。我们党执政必须坚持全心全意为人民服务宗旨,把人民的利益放在一切工作的出发点和落脚点上,使人民群众的利益得到保障,只有这样,人民群众才能真正参与到国家治理中来,党的执政地位才能稳固。所以,稳定和国家治理都不能离开依法治国这个根本目标,只有在法治的前提下,才能真正保证社会的稳定,实现国家治理能力现代化的目标。在依法治国的前提下,正确处理好改革、稳定与法治的关系,是社会主义现代化建设和国家治理能力现代化的重要组成部分。

第二章

国家治理现代化与
"强国家—强社会"关系模式

国家治理现代化的构建是一项艰难而复杂的长期工程,涉及众多政治变量的转换和多重结构关系的调整,其构建不可能一蹴而就。如何在新的历史条件下,重新构建"国家—社会"关系模式以推进国家治理体系和治理能力现代化发展,是我们当前面临的重要研究课题。

政党、国家和社会是政治发展的基本逻辑变量,三者之间关系的良性变迁和动态平衡是政治发展的实质规定。"强国家—强社会"模式是"国家—社会"关系中的最佳状态,能够充分发挥社会各种力量参与到国家治理过程中。国家治理现代化需要提升社会在"国家—社会"关系中的地位和独立性,实现"国家—社会"的正和博弈,构建"强国家—强社会"的新型关系模式。

一、国家治理现代化与"国家—社会"的关系界定

在新中国成立初期,我国的社会结构形成了国家与社会高度重合的一元格局,改革开放后,一元格局慢慢被"政府—市场—社会的格局"所取代,从新中国成立以来"国家—社会"关系的历史演变过程可以看出"国家—社会"关系的不同意义。

(一)新中国国家与社会关系的演变历程

自秦帝国统一中国后,就形成了国家与社会高度统一的"大一统"体制,这样的封建体制绵延了数千年。晚清以后,西方现代文明的进入使封建国家与社会的关系出现了变化,中国的资本主义萌芽有了进一步发展,但发展程度很有限。1912 年中华民国建立,但由于封建势力和地方割据势力的存在,很长时间

都没有形成实质性的全国性政权,国家对社会的控制比较宽松,给民族资本主义发展创造了有利条件,国家与社会达到了一定程度的分离,但仍没有形成一个相对独立的社会。新中国成立以后,国家与社会的关系又发生了很大变化,其间经历了以高度集中的经济和政治体制为主的"国家—社会"一元格局时代,及以市场经济为特征的"政府—市场—社会"新格局时代。

1. 新中国成立以后"国家—社会"一元格局的形成

新中国建立后,面对国内外特殊的历史环境,并受到苏联模式的影响,国家与社会的关系格局发生了历史性变化。1956 年社会主义改造完成后,党和政府开始积极探索社会主义中国的发展道路,在经济发展方式、社会矛盾处理及社会关系的改造上采取了种种措施,计划经济体制与国家全能主义的倾向逐渐成为中国社会的发展框架。① 政治上,形成了基于共产党领导的中央集权体制。1954 年,第一次全国人民代表大会召开后,通过了新中国首部《宪法》,在法理层面赋予了中国共产党的执政合法性,确立了中国共产党长期执政及党对国家的领导地位。这一政党制度的确立,逐渐发展成为"党政合一"的政治体制。② 从革命党向执政党转变的共产党,在其几十年的革命斗争实践与伟大胜利中奠定了足够的合法性基础,使其获得了空前的政治权威与政治认同。经济上,建立起了以社会主义公有制为主的计划经济体制。随着 1956 年社会主义"三大改造"的基本完成,我国的生产关系、阶级状况和社会矛盾相继发生了变化。农业、手工业进行了集体合作化改造,资本主义工商业进行了国有化改造,从而完成了将生产资料私有制向社会主义公有制的历史性转变,以公有制为主的社会主义经济制度正式确立,商品经济被计划经济逐步取代。此外,文化领域也发生着变化,文学、艺术、教育、学术、体育、宗教等文化领域,也被纳入政治国家的范围之内,受到政治的影响和干预。

此外,传统的社会组织逐渐被取代和消灭。1950 年,国家颁发《社会团体登记暂行办法》,开始对民间社会组织进行清理整顿。在经历了合作化、集体化、国有化运动之后,新中国成立前产生的各类经济组织、社会组织几乎完全消失。城市中的私人企业、商会、政治社团被改造和取缔,转变为国营企业等单位组织。在新的社会结构中,"单位"既是生产组织也是就业场所,还是社会控制与社会整合国家权力的一部分。农村中原来长期存在的庙会、宗亲会、祠堂、乡贤会、民团等农民自发成立的民间组织失去了生存根基,转变为生产队、合作

---

① 马燕敏. 国家与社会关系演变趋势展望[J]. 人民论坛,2014(26):59.
② 俞可平. 敬畏民意:中国的民主治理与政治改革[M]. 北京:中央编译出版社,2012:85.

社、公社等生产组织,乡村社会完全置于国家权力的控制之下,国家权力成功延伸到农村地区。工会、共青团、妇联、工商联等带有半官方性质的"群众组织"和"人民团体"得以保留,但也受到不同程度的影响。"国家通过各种手段占领了大部分社会领域,社会不再拥有能够自由地、真正地为其讲话的机构和组织,可以说民间社会已不复存在了。"①在经历了国家与社会关系的深刻变革后,国家在政治上进一步巩固了中央集权,在经济上取代市场获得了对全社会资源的分配与控制权。在社会生活上,更是包揽了社会成员意识形态在内的一切活动空间,国家与社会的一元化格局形成,"使得城市社会与农村社会都经历了一个被重新改造和回归国家的过程"。②

2. 改革开放后"政府—市场—社会"新格局的发展

在新中国成立初期和社会主义探索时期,建立计划经济体制与全能主义的国家体制,形成国家与社会高度统一的格局有其历史必然性。这一体制的确立,为巩固新生的无产阶级国家政权,奠定社会主义现代化的发展基础起了重要作用。然而,当这种社会高度国家化和政治化的体制从非常态固化为一种常态时,问题便显露出来了。当一个系统内的各种异质性要素被消灭殆尽后,系统必然会趋于稳定或静止。同样地,当"国家—社会"高度重合的一元格局形成时,国家不仅掌控了政治权力,还垄断了生产资源与公共领域的时候,社会流动及人们自主生活空间就会丧失,社会发展的动力和创造力便会遭到扼杀。国家和民族陷入僵化而失去活力,政治、经济、文化、科技等各个领域发展都趋于缓慢甚至停滞。

1978 年前后,党和国家的历史命运面临着"向何处去"的疑问。在这一特殊历史转折的十字路口,老一辈革命家们做出了"改革开放"的政治决断和战略抉择,党的十一届三中全会掀开了中国改革开放伟大进程的序幕,让新中国的历史进入了崭新的一页。通过国家主导的改革,中国的经济和政治环境又发生了巨大变化,逐步改变了先前以政治原则统一各领域的结构方式和运行机制,为中国社会的重新生长提供了条件。

在政治领域,实行政治体制改革,国家从许多领域撤出。国家的重心从"阶级斗争为纲"转向经济建设后,便主动从社会经济领域和社会生活领域撤出部分权力,并进行了政治体制改革,进一步明确了政府的权力界限和职责范围,管

---

① 邹谠. 二十世纪中国政治:从宏观历史与微观历史角度看[M]. 香港:牛津大学出版社,1994:142.

② 马燕敏. 国家与社会关系演变趋势展望[J]. 人民论坛,2014(26):59.

理转向服务,推行法治与党政分离,向地方分权。政治体制的改革为市场与社会的繁荣发展奠定了坚实的制度基础。

在经济领域,计划经济体制逐步向市场经济体制转变。经济体制改革成为推动社会进步的中坚力量,家庭承包联产制在农村的兴起,使得农民的生产积极性空前高涨。随着经济体制改革的进一步发展,商品经济逐渐恢复,经济组织开始涌现。尤其是1992年开始的市场经济体制建设,使得市场从计划经济的控制中脱离出来,为社会注入了新的活力。市场经济创造了新的财富,追逐财富的动机让农村到城市的人口流动加快。人们不再满足于原先的宗族血亲关系或"单位""小队"的生产关系,基于商品经济和市场经济的社会关系——经济关系开始形成。人们不仅在物质生活方面的水平得到提升,精神生活的需求也开始增长,文学、艺术、电影、音乐等领域出现新气象,社会活力重新被激活。

在社会领域,1978年后,我国社会组织数量开始出现拐点,在数量上开始增加。20世纪80年代,由于社会组织在发展过程中出现了一些乱象,一些组织出现了营利倾向与政治化倾向。政府颁布实施《社会团体登记管理条例》后,针对社会组织的上述问题进行了整顿,数量有所减少,但在1992年下半年之后继续增长,直到1998年10月重新修订的《社会团体管理条例》颁行,才进一步规范了社会组织的管理,但社会组织的数量又有了一定程度的减少。① 在历经了数次快速增长与减少后,中国的社会组织在21世纪迎来了大发展时期。到2013年,全国共有社会组织54.7万个,2015年年底,全国社会组织数量达到66.2万个。②

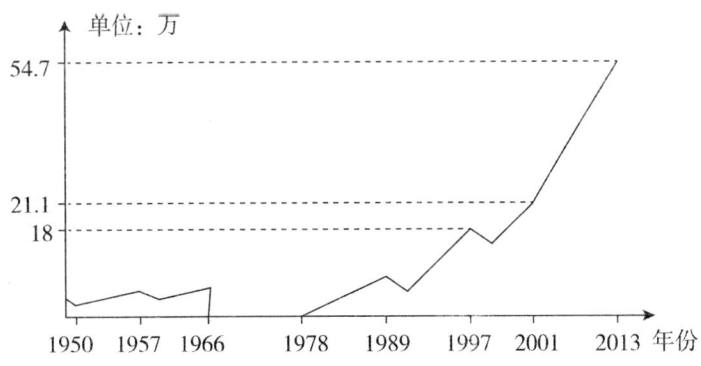

图1−1　我国社会组织演进的量变拐点③

① 潘修华. 我国社会组织的演进历程、现状与发展路径[J]. 党政研究,2017(2):111.
② 中华人民共和国民政部. 2015年社会服务发展统计公报,2016.
③ 潘修华. 我国社会组织的演进历程、现状与发展路径[J]. 党政研究,2017(2):111.

改革开放使得市场和社会得以在国家政治生活中脱离出来,并释放出强大的创造力和生命力。随着改革开放的不断深化,国家与社会高度重叠的一元结构逐渐又开始分离,并在市场经济这个强劲引擎的推动下,形成了"政府—市场—社会"的三分格局关系。中国不仅出现了基于生产关系而形成的"市民社会",还出现了现代意义上非生产性的"公民社会"。"公民社会"的迅速成长,对中国的政治生活产生了重大影响,反过来推动了中国的民主化、法治化进程。①

(二)"政府—市场—社会"关系界定对国家治理现代化的意义

根据历史唯物主义的经济基础与上层建筑关系理论,实现国家治理现代化,实质上就是要使上层建筑适应当前生产力发展的要求和未来经济社会的发展趋势,保证经济社会健康发展。当代中国的经济基础是社会主义市场经济,上层建筑的主体是执政党——中国共产党领导下的各级党委和政府,实现国家治理现代化就是使政府的职能、作用与市场经济发展的要求相适应,与人民当家作主的要求相适应,也就是正确界定政府、市场和社会的关系。

1. 协调"政府—市场—社会"关系是国家治理现代化的核心内容

实现国家治理现代化,须厘清其内涵及标准。对此,有学者从西方新公共治理理论出发,认为衡量一个国家的治理体系是否现代化至少有五个标准:一是公共权力运行的制度化和规范化;二是民主化;三是法治;四是效率;五是协调。② 有学者强调,从中国的实际出发,中国的国家治理理论应从历史的角度,从执政党的领导、人民民主与依法治国之间关系的角度来理解国家治理现代化,并主张基于中国的国情、社情与民意,立足于新的历史起点,注意与西方国家社会制度的差异,在完善和发展中国特色社会主义制度的前提下构建国家治理体系,实现国家治理能力的现代化。③ 还有学者纯粹从制度的规范化、程序化来理解国家治理现代化,认为"所谓国家治理体系和治理能力的现代化,就是使国家治理体系制度化、科学化、规范化、程序化,使国家治理者善于运用法治思维和法律制度治理国家,从而把中国特色社会主义各方面的制度优势转化为治理国家的效能"。④ 还有学者认为,国家治理现代化是一个包括多重治理现代

---

① 俞可平. 敬畏民意:中国的民主治理与政治改革[M]. 北京:中央编译出版社,2012:89.
② 俞可平. 民主法治:国家治理的现代化之路[J]. 民主与法制时报,2013 – 12 – 23.
③ 姜晶花. 以中国路径实现国家治理[N]. 社会科学报,2013 – 12 – 19.
④ 江必新. 推进国家治理体系和治理能力现代化[J]. 红旗文稿,2013(22):22.

化的体系。它既包括经济、政治、文化、社会、生态文明、国防军队和党的建设等不同领域的治理,也包含了政府治理、政党治理、市场治理、社会治理、基层治理、小区治理、第三方治理、源头治理等各个方面的治理。① 以上这些论述,大多是就国家治理的标准或形式而展开的。从一般意义上说,任何一个公民社会认同的合格的政府,其管理目标是追求最低的管理成本、最优的经济发展与社会的稳定。因此,政府体制的设置、权力的分配及运行机制须围绕三个目标进行,即经济发展、社会和谐与管理高效。只有达到这三个目标,我们才能说真正实现了国家治理现代化。从当前来说,要促进经济发展,就必须激发市场经济的活力,处理好政府与市场的关系;要实现社会和谐,就要实现全社会的公平公正,这需要依法治国,发扬民主,保障公民合法权利。对于实现政府的廉洁高效,国外的经验表明,政府应从具体事务中尽量抽身,把社会能做好的事情交给社会,把市场能做好的事情交给市场,动员社会组织参与政府决策,善于借助社会组织的力量来约束市场的违规,最终实现让政府"掌舵"而非"划桨",做"裁判员"而非充当"运动员"。因此,实现国家治理现代化主要责任者是政府,其内容是形成现代化的国家治理体系和国家治理能力,其核心是正确处理、协调政府、市场和社会的关系,实现三者之间的良性互动,使之成为国家治理现代化的核心实质内容。

2. 理顺"政府—市场—社会"关系是国家治理现代化的实践要求

国家治理现代化的目标是根据经济社会发展过程中应对未来发展矛盾所提出的,是经济社会发展的需要。协调处理政府、市场和社会的关系,也是对经济社会发展需要的根本总结。市场经济的全面发展,出现了一系列新的社会矛盾,对政府管理提出了新挑战、新任务。

3. 国家治理现代化需要政府、市场和社会之间的良性互动

现代政府是社会管理的主要责任承担者,以国家强制力保障法律得以执行,保证社会秩序的正常运行。但是,政府不能代替市场配置资源,更不能用政府行为代替市场行为。"政府通过国家行为直接提供商品和服务以及改善人民福利的做法注定是要失败的,政府只能依靠市场,为市场提供条件,并通过有效的公共政策支持市场运作,这样才能实现真正的发展和繁荣,并改善人民福

---

① 虞崇胜. 坚持"三者有机统一":新时代国家治理现代化的黄金法则[J]. 当代世界与社会主义,2018(4):33-42.

利。"①政府在提供公共产品的过程中,也存在效率低下、成本过高的弊端,极易被某些利益集团所利用,陷入权力寻租而成为某些利益团体谋求私利的工具。而要让政府在更好地发挥作用的同时又避免这些弊端,就需要政府与社会、市场相互合作,与社会组织相互协作,主动接受社会组织监督,杜绝和制止腐败现象发生。

市场经济作为一种经济模式,就是让价格、供求、竞争等市场要素的相互作用来调节经济活动。市场在发展经济方面具有优势,能够使经济活动遵循价值规律的要求,适应供求关系的变化,通过价格杠杆和竞争机制的功能,把资源配置到效益好、有市场需求的环节和部门中去。良性竞争能够给企业以压力和动力,实现优胜劣汰,促进技术和管理的进步,从而促进生产与需求之间的及时协调。但市场本身也存在一些不足,市场机制的自发作用容易造成经济失衡和周期波动,导致资源浪费,市场规律的作用也会引起贫富差距扩大和分配两极分化等现象。对于发展经济,市场具有优势,而在环境保护和公共物品的提供方面,政府应承担起责任。要保证政府作为社会公共秩序和社会公平的维护者,尽量减少公共开支并提高政府的效率,还需要有第三方力量,这就是社会。社会是一个较为笼统的概念,在这里是指在政府之外的社会组织——具有公益性、非营利性、独立性、民间性等属性的组织。其作用主要有两个方面:一是实现公民自治,减轻政府的工作压力;二是监督和参与政府决策,保障政府决策的科学性和公正性。社会组织能起到凝聚社会力量、监督公共权力行使、调解社会矛盾、维护公共利益的作用。通过上述分析可以看出,市场、政府与社会组织各有自己的优势和缺陷,只有合理确定各自的活动范围、职责权限,实现三者的良性互动,才能真正实现国家治理的现代化。

二、从分离到回归:国家与市民社会关系发展的启示

无论是从西方还是从东方的历史发展来看,国家与社会的关系经历了从一元到二元的历程。18世纪市民社会的概念产生之后,人们习惯于将政治领域的"国家"与社会领域的"社会"区分开来。这样区分国家和社会的根据,来源于欧洲资本主义发展过程中国家形成的历史经验,人们将其解释为下层社会力量

---

① 毛寿龙. 西方政府的治道变革[M]. 北京:中国人民大学出版社,1998:1.

积极限制上层国家权力的过程。马克思、恩格斯通过切身观察 19 世纪以来欧洲资本主义国家迅速崛起的历史背景,总结巴黎公社的实践经验,创立了基于历史唯物主义的国家理论。在《共产党宣言》《哥达纲领批判》及《家庭、私有制和国家的起源》等系列经典著作中,对国家的起源和异化、国家与市民社会的关系等内容都作了深刻而严谨的论述。马克思关于国家与社会关系的学说,对于我们认识国家与社会的本质、理解国家与社会的关系,从而获取构建理想的国家与社会关系具有重要的指导意义。

(一)凌驾于社会的力量:国家的起源及异化

黑格尔与马克思在重新考察和定义"市民社会"的概念后,逐渐认识到国家与社会的对立关系,国家与社会的关系及其本质才被发现。事实上,在资本主义生产方式萌芽之前,国家与社会处于高度重合的一元结构,国家与社会的界限是模糊的。在不同历史时期,国家与社会的关系有着不同表现,但两者之间并没有明确的划分,而只是简单地将两者关系界定为国家融于社会或社会融于国家。① 因此,国家与社会虽然都已经长期存在,但人们普遍认为国家与社会是一个不可分割的整体。国家作为一个重要的力量实体,能够被人们所感知,其地位当然要远高于社会。因而,要对国家与社会的演进关系进行考察,就必须了解国家与社会一元结构形成的历史过程。按照马克思主义国家学说的观点,社会是先于国家存在的,国家是产生于社会之上的力量。因此,国家与社会关系演进的逻辑起点是国家的起源。对于国家—社会关系的考察,需要先了解国家的起源、本质和异化的过程。

1. 国家的起源与一元格局的形成

国家起源的问题,从很古老的时候人们就开始讨论,至今形成了诸多不同的解释。比较有影响力的大致可归为神意论、契约论、群演论和阶级论等。② 在这些关于国家起源的理论中不乏众多有价值的见解,但缺乏科学论证与现实支撑。相比而言,建立在人类历史发展和历史唯物主义基础上形成的阶级论,被看作比较接近于史实的国家起源说。

马克思恩格斯从考察社会阶级对立的历史中,揭示了国家起源的过程。他们认为,社会分工、私有制和阶级出现后,人类社会出现了第一次的社会利益分

---

① 张卫海."国家—社会"关系视野下的中国社会建设研究[D]. 苏州:苏州大学,2014:11.
② 韩东屏. 国家起源问题研究[J]. 华中师范大学学报(人文社会科学版),2014(4):61.

化。在这种社会分化的过程中,原来的公共权力与制度体系已经失去了维系的基础,奴隶主阶级为了继续维系自己的阶级统治从而实现奴隶主阶级的利益,就迫切地需要一种新的"特殊的公共权力"。这个新的公共权力就是国家。恩格斯在《家庭、私有制和国家的起源》这篇文献中对国家做了如下经典的定义:"国家是社会在一定发展阶段上的产物。国家是表示:这个社会陷入了不可解决的自我矛盾,分裂为不可调和的对立面而又无力摆脱这些对立面。而为了使这些对立面,这些经济利益互相冲突的阶级,不致在无谓的斗争中把自己和社会消灭,就需要有一种表面上凌驾于社会之上的力量,这种力量应当缓和冲突,把冲突保持在'秩序'的范围以内;这种从社会中产生但又居于社会之上并且日益同社会脱离的力量,就是国家。"①从恩格斯对国家的定义中可以看出:第一,社会利益分化导致了"不可调和"的利益冲突,是国家起源的根本原因。第二,社会先于国家存在,在国家产生之前就有了社会,而国家是社会发展到一定阶段后的产物。第三,国家的直接目的是"缓和冲突""维护秩序"。它是调和阶级利益矛盾的产物,是系统地使用暴力并强迫人们服从的阶级镇压机器;第四,国家产生于社会,但又逐渐与社会相脱离成为一种凌驾于社会之上的独立力量。这就意味着,从国家产生伊始,便具有了超越社会的强大权力,是一种"超自然怪胎",是社会无法抗衡的力量。②

通过对国家起源的考察,我们认识到,在资本主义生产关系产生之前,国家诞生后就迅速成为一个强大的独立力量,并凭借其掌握的力量,反过来凌驾于社会之上并占据了绝对主导权。在这种历史背景下,国家与社会既没有明确的界限,也没有平等的关系,国家与社会的关系模式只能是国家吞并社会,社会或者个人只能依附于国家,受其控制和压迫。因而,国家与社会的关系是高度重合、高度统一的。从国家形成开始,国家与社会一元格局的趋势就开始形成。

2. 国家职能的二重性

国家虽然因利益矛盾发生而产生,但不会因利益矛盾的化解而消失。因为只要生产资料私有制继续存在,利益矛盾就不可能真正消灭,国家存在的基础也不会消失。当国家作为一种独特的力量形成后,必然被占有生产资料的人们所掌控,成为他们的私人暴力工具,用以继续发挥作用。基于这个推论,马克思在国家起源理论的基础上,提出国家职能二重性的观点,即国家必然具有政治

---

① 马克思恩格斯选集:第4卷[M]. 北京:人民出版社,2012:563.
② 张卫海."国家—社会"关系视野下的中国社会建设研究[D]. 苏州:苏州大学,2014:11.

统治和社会管理这两项基本职能。

从马克思、恩格斯关于国家起源的论述中可以看到,国家建立最初的目的是为了"防止社会自己被毁灭",即为了使这些因经济利益互相冲突的阶级不至于在无谓的斗争中把自己和社会消灭,才需要国家的力量。换言之,在国家运用强制力消灭冲突和矛盾的时候,所消灭的主要是冲突本身,而非制造冲突的"对立面"。虽然冲突可以被暂时消除,矛盾也能得到缓解,如何在利益矛盾无法根本解决的前提下,防止社会再次陷入这种无休止的"无谓冲突"中,显然就只有一种办法,即在消灭冲突之后,构建一种新的秩序。在这种新的秩序下,社会成员的行为能够受到国家权力的约束和控制,避免其失控。建立并维系这种控制和约束关系的途径是,"把政治权力转化为政治权威,并建立权威与服从的关系"。① 这种关系,通常被我们称为政治统治关系。统治关系的实质,就是依靠国家的强制力对所有社会成员进行约束和控制的能力。这种关系的建立,让占有权力的阶级成了"统治阶级",让其他阶级变成了"被统治阶级",统治关系的实质也可以看作占据国家权力的阶级对被统治阶级的统治秩序。因此,国家必然体现着统治阶级的意志,维护着统治阶级的利益,国家具有强烈的阶级性,行使着政治统治职能。

然而,统治阶级的目的显然不仅仅在于建立统治关系。"统治关系"能够确保实现长期有效而稳定的政治统治,确保统治阶级的政治权威和地位,但并不能直接实现经济利益。一方面,统治阶级的最终目的不仅是要建立统治关系,还要依靠政治统治去实现阶级利益。另一方面,对立阶级的利益矛盾也并未得到根本性解决,利益冲突依然可能会被重新激化。因此,尽可能地降低利益冲突的发生,在维持统治阶级对整个社会的统治关系与控制的基础上,为了进一步实现和扩大统治阶级的利益,国家必须履行社会管理职能,对社会进行有效管理,以便更好地协调、实现和发展社会利益。恩格斯指出:"一切政治权力起先都是以某种经济的、社会的职能为基础的。"②作为社会公共事务管理权力的正式代表,国家必须履行这种职责,并且国家的"政治统治到处都是以执行某种社会职能为基础,而且政治统治只有在它执行了它的这种社会职能时才能持续下去"。③ 也就是说,国家必须运用其强制力来行使某些公共职能,确保阶级利

---

① 王浦劬. 政治学基础[M]. 北京:北京大学出版社,2006:118.
② 马克思恩格斯选集:第3卷[M]. 北京:人民出版社,2012:54.
③ 马克思恩格斯选集:第3卷[M]. 北京:人民出版社,2012:559-560.

益的实现和扩大。只有在进行社会管理中才能维持政治统治关系,国家才具有普遍承认的合法性。这使得国家除阶级性之外,也具有社会性的特性。由此可见,社会管理行为是国家社会属性的直接体现。国家不仅是政治统治机构,也是社会管理机构。兼备政治统治职能和社会管理职能,这就是国家职能的二重性,也是阶级国家的逻辑起点与价值根基。

3. 国家的异化

在论述了国家的双重职能之后,马克思还发现了国家异化的过程。国家异化的具体表现为国家权力的垄断性、神秘性和缺乏社会公众的监督性等形式。从国家诞生的起因来看,国家的诞生是具有明确的目的性的,这个目的就是为了保护全社会的共同利益(消灭冲突,防止社会被自己毁灭)。国家因此演化出了政治统治职能和社会管理职能。然而,马克思却发现,随着国家权力被统治阶级所掌控,国家开始越来越脱离社会控制。因"消灭冲突"和实现"社会利益"而存在的国家,并没有完全履行自己的社会职能,反而变成了权力集团借以实现其阶级利益、获取超额物质财富的手段和工具。① 因此,社会公共管理职能往往因为统治阶级追求自身利益而产生异化。

在马克思看来,从诞生开始,国家本来就是作为社会的异化力量而出现的,其产生后自身也经历了异化的过程。无论是封建君主国还是资产阶级共和国,都存在着国家与社会严重分离的状况,国家脱离社会而存在,国家权力为部分官僚阶层所把持,这就使国家与社会之间出现异化。于是,官僚阶层从社会的公仆变为社会的主人,国家权力成为官僚阶层谋取私利、获取超额物质财富的工具,国家公共权力变成了私有财产。原本处于统治地位的国家沦为保护市民社会私人利益的工具,国家从目的沦为手段是国家异化的开端。② 这样,当权力成为利益的代名词,政治权力必然成为官僚膜拜的对象,而获取政治地位也成为官僚梦寐以求的目标。马克思在《法兰西内战》中指出:"社会起初用简单分工的办法为自己建立了一些特殊的机关来保护自己共同的利益。但是,后来,这些机关,而其中主要的是国家政权,为了追求自己特殊的利益,从社会的公仆变成了社会的主人。"③马克思认为,在官僚政治条件下,产生国家异化的根源就在于国家和社会的严重对立,在这种对立之中,国家政治权力演变为权力直

---

① 谭培文,张百顺. 马克思主义国家异化理论及其当代启示[J]. 理论学刊,2010(5):4.

② 张晓. 论国家——市民社会框架下的国家异化问题[J]. 宁夏党校学报,2018(3):57 - 61.

③ 马克思恩格斯选集:第3卷[M]. 北京:人民出版社,2012:54.

接持有者的私人财产,但公众却无法对权力进行有效监督,因而国家异化的根源就是专制。① 要防止国家权力过度异化,就必须加强监督。

(二)从分离到回归:市民社会的理论与现代转型

资本主义生产方式的诞生使国家与社会的一元格局被打破了,国家与社会开始走向分离。"市民社会"(civil society)概念是描述国家和社会相分离的现实反映,它是近代欧洲资本主义发展的产物。因此,要了解近代"国家—社会"关系的演变,就必须回到"市民社会"的理论分析框架中去。"市民社会在西方是一个渊源久远但其内涵又不断变化的概念。② 在黑格尔与马克思之前,洛克首先提出了"国家—社会"关系的自由主义理论框架。洛克把国家看作一种工具,而不是目的。他强调国家的作用在于保持和完善市民社会,而不是侵略它。洛克的观点强调了市民社会的独立性,并且形成了市民社会先于国家、独立于国家的自由主义传统。洛克虽然已经意识到国家与社会的对立关系,但并未对他们做出明确的区分。直到 18 世纪以后,作为从封建社会政治经济关系之外萌发的资本主义经济生活方式——"市民社会"被发现并被赋予现代含义后,国家与社会的关系才被人们重新认识。

1. 黑格尔对"市民社会"的论述

黑格尔在 1821 年的《法哲学原理》中,对市民社会进行了比较完整的、系统的阐述。他将市民社会与国家的关系进行了明确的区分,并阐明了现代市民社会的主要特征。第一,市民社会的实质是私人自律的商品交换领域。黑格尔将市民社会视为"处在家庭与国家之间的差别的阶段",并且按照"私人自律的商品交换领域及其保障机制"进行理解。黑格尔的这一理解,将市民社会与市场经济紧密地联系起来,揭示了市民社会的本质,即基于商品经济形成的关系领域。后来,马克思在此基础上进一步把市民社会规定为"物质的交往关系",从而使市民社会主要是一个私人自律的商品交换领域的观念得到了更为深刻的表达。③ 第二,具体的、特殊的个人构成市民社会及其活动的基本要素,个人乃是权利主体和道德意识主体,而市民社会则"是各个成员作为独立的单个人的

① 谭培文,张百顺. 马克思主义国家异化理论及其当代启示[J]. 理论学刊,2010(5):5.
② 唐士其. 市民社会、现代国家以及中国的国家与社会的关系[J]. 北京大学学报(哲学社会科学版),1996(6):65.
③ 陈晏清,王新生. 市民社会观念的当代演变及其意义[J]. 南开学报,2001(6):29.

联合"。① 第三,包括同业公会等在内的自治性团体,是构成市民社会及其活动的另一个要素,它是将个人与国家、私人利益与普遍利益联结起来的中介。第四,市民社会及其活动的主要内容由"需要的体系"②构成;第五,市民社会无法脱离国家而自给自足。黑格尔认为,市民社会是个人私利的战场,是一切人反对一切人的战场。因而市民社会无法脱离国家而存在,它不具有自足性。若脱离国家,只会导致无政府主义的混乱状态。而只有国家这种代表真正道义的力量,可以弥补市民社会这种无法自给自足的先天缺陷。虽然黑格尔对"市民"社会理论做出了创造性的解释,奠定了现代"市民社会"的理论基础,但由于黑格尔是从伦理精神的角度而不是从现实的角度来考察市民社会的,他的市民社会概念不可避免地存在着缺陷。

2. 马克思对"市民社会"理论的继承与批判

早年马克思深受黑格尔理性国家观的影响,很多观点都有黑格尔的影子。从莱茵报时期到克罗茨纳赫时期,马克思逐步认识到经济关系在国家生活中的重要性,从而将对黑格尔国家理论的批判由法哲学转向政治经济学批判。在《黑格尔法哲学批判》《论犹太人问题》等著作中,马克思对国家与市民社会的相互关系进行了系统阐述,继承了黑格尔关于市民社会的部分观点,并在批判黑格尔的同时逐渐建立和完善了马克思自己的市民社会理论。

马克思对黑格尔"市民社会"理论的继承主要有两个方面。首先,马克思认同关于市民社会与国家对立的观点,即"国家—社会"的关系是分离与对立的:"黑格尔的出发点是作为两个永久的对立面、作为两个完全不同的领域的'市民社会'和'政治国家'的分离。当然,在现代国家中这种分离实际上是存在的。"③其次,马克思也认同将市民社会视为一种基于商品交换领域形成的关系,并对市民社会进行了更准确的定义,指出市民社会即"在过去一切历史阶段上受生产力所制约,同时也制约生产力的交往形式"。④ 马克思还认为:"市民社会包括各个个人在生产力发展的一定阶段上的一切物质交往。它包括该阶段上的整个商业生活和工业生活","'市民社会'这一名称始终标志着直接从生产和交往中发展起来的社会组织。"⑤第三,马克思也认为市民社会存在缺

① 〔德〕黑格尔. 法哲学原理[M]. 范杨,等译. 北京:商务印书馆,1961:174.
② 何增科. 市民社会概念的历史演变[J]. 中国社会科学,1994(5):71.
③ 马克思恩格斯全集:第1卷[M]. 北京:人民出版社,1956:334.
④ 马克思恩格斯全集:第3卷[M]. 北京:人民出版社,1956:40.
⑤ 马克思恩格斯选集:第1卷[M]. 北京:人民出版社,2012:211.

陷,因而需要国家的干涉。他认为,市民社会是一个特殊性与普遍性相分裂的私人活动的领域,这一领域的特征是特殊性、利己主义和个人主义。

在继承了黑格尔关于市民社会的部分观点外,马克思结合自身对人类社会发展历史的研究,对市民社会的产生、发展及与政治国家相分离的历史过程进行严谨考察,在批判黑格尔的过程中建立了新的国家与社会关系理论,实现了对黑格尔"市民社会"理论的超越。

第一,不是国家决定市民社会,而是市民社会决定国家。马克思认为,社会的交往形式、生产关系,在历史上的一切时代都构成国家的基础和任何观念的基础,因此"市民社会"才是资本主义国家政权的基础。马克思指出:"法的关系正像国家的形式一样,既不能从它们本身来理解,也不能从所谓人类精神的一般发展来理解,相反,它们根源于物质的生活关系。这种物质的生活关系,黑格尔根据18世纪的英国人和法国人的先例,称之为'市民社会',而对市民社会的解剖应该到政治经济学中去寻求。"①同时,他还指出,国家是市民社会的附属物,"不是以现实的人引申出国家,反倒是必须以国家引申出现实的人"②,"家庭和市民社会是国家的前提"。③ 因此,国家的真理性和价值性,只有在服务于市民社会中的时候才能体现。"家庭和市民社会本身把自己变成国家。它们才是原动力",并且"政治国家没有家庭的天然基础和市民社会的人为基础就不可能存在,它们是国家的必要条件"。④

第二,市民社会与国家的对立是阶级对立的体现。马克思认为,在社会利益分化为公共利益和私人利益两大对立体系后,整个社会才分裂为市民社会与政治国家两个领域,市民社会是私人利益体系,政治国家是公共利益体系。但由于国家是统治阶级的工具,它体现的是统治阶级的意志与逻辑,因而政治国家必然会侵犯私人市民社会,因而市民社会与国家的分离,也意味着市民社会与国家的对立。在《共产党宣言》一文中,马克思、恩格斯深刻剖析资本主义阶级对立的特点,并解释了国家与社会对立的本质。在他们看来,由于国家是为了调和阶级矛盾的需要才产生的,但国家的建立并不意味着阶级矛盾的消失,而仅仅是被控制在一定的范围之内。⑤

---

① 马克思恩格斯全集:第13卷[M].北京:人民出版社,1956:8.
② 马克思恩格斯全集:第1卷[M].北京:人民出版社,1956:252.
③ 马克思恩格斯全集:第1卷[M].北京:人民出版社,1956:250.
④ 马克思恩格斯全集:第一卷[M].北京:人民出版社,1956:252.
⑤ 张卫海."国家—社会"关系视野下的中国社会建设研究[D].苏州:苏州大学,2014:23.

　　第三,国家会消亡而权力终将回归社会。如果阶级矛盾是国家产生的条件,那如果当阶级矛盾消失后,国家是否就不需要了呢? 答案是肯定的,因为"国家并不是从来就有的。曾经有过不需要国家、而且根本不知国家和国家权力为何物的社会。在经济发展到一定阶段而必然使社会分裂为阶级时,国家就由于这种分裂而成为必要了"。① 国家消亡后,那国家权力将会何去何从? 马克思认为,国家权力的归宿应该是社会。巴黎公社运动让马克思看到了国家回归社会的可能性,"公社——这是社会把国家政权重新收回,把它从统治社会、压制社会的力量变成社会本身的生命力"。② 基于此,马克思对未来社会和国家关系做出了预测,在《共产党宣言》中,马克思说:"当阶级差别在发展进程中已经消失而全部生产集中在联合起来的个人的手里的时候,公共权力就失去政治性质。"③因此,他认为将来应该"把靠社会供养又阻碍社会自由发展的国家这个寄生赘瘤——'国家'迄今所吞食的一切力量归还给社会肌体"。④ 让国家彻底回归到社会领域内,把自己变成社会力量的一部分,并服从于社会。

　　3. 市民社会理论的现代转变

　　进入 20 世纪之后,随着资本主义国家与社会现实关系的不断变化,"市民社会"理论经历了一系列的发展演化。经过葛兰西与哈贝马斯的发展,"市民社会"的分析角度从经济关系向社会和文化关系转向,"市民社会"的内涵从经济交往领域向民间自治性社团及其活动所构成的公共领域转变。⑤

　　葛兰西将马克思的"市民社会"理论进行了继承发展,对"市民社会"的定义进行了全新的解释,赋予其新的内涵。葛兰西并没有将"市民社会"仅仅理解为一种基于劳动生产与商品交换的经济关系,而是将市民社会也看作上层建筑,他不但反对把国家与"市民社会"强行分开的企图,还认为"市民社会"和"政治国家"在本质上都是统治阶级行使其统治权的一种间接工具。他们的不同之处在于,后者通过强制性权力实施统治,而前者通过统治者的"文化领导权"和民众"同意"的基础上施行的统治。⑥ 换言之,葛兰西认为市民社会不仅

---

①　马克思恩格斯选集:第 4 卷[M]. 北京:人民出版社,2012:190.
②　马克思恩格斯选集:第 3 卷[M]. 北京:人民出版社,2012:140.
③　马克思恩格斯选集:第 1 卷[M]. 北京:人民出版社,2012:422.
④　马克思恩格斯选集:第 3 卷[M]. 北京:人民出版社,2012:101.
⑤　陈晏清,王新生. 市民社会观念的当代演变及其意义[J]. 南开学报,2001(6):30.
⑥　陈晏清,王新生. 市民社会观念的当代演变及其意义[J]. 南开学报,2001(6):30.

仅是生产关系、社会自治、政治参与,它还是一种政治意识形态。① 葛兰西对市民社会创造性的发掘,使人们将"市民社会"的关注点从经济交往领域转向了社会文化领域,并开辟了无产阶级政治实践的新方向——在意识形态和文化领域取得领导权的重要意义。葛兰西之后,哈贝马斯在重构历史唯物主义的基础上,继续发展了"市民社会"理论,实现了市民社会理论新的转向,强调经济关系并不是市民社会的主要内容,他虽然也认为文化领域是市民社会的重要部分,但文化领域不是独立存在,而是基于经济交往领域而形成的。

在经历了 20 世纪一系列的思想探索和现实实践之后,市民社会的观念已经发生了重大的转变,已经从黑格尔所关心的如何通过一种外部保障以克服市民社会的内在矛盾,转变为如何在市民社会自身中寻求克服这一内在矛盾的合理机制。无论是黑格尔、马克思还是哈贝马斯,他们的市民社会理论都是为了寻求一种克服市场经济内在矛盾的力量,不同的只是他们在不同的地方找到了这一力量,黑格尔在现实的国家中、马克思在未来的市民社会与国家的统一中、哈贝马斯则在市民社会的公共领域中找到了这一力量。

可以看到,从最开始国家产生于社会,成为凌驾于社会之上的力量反过来使社会成为国家的附属物,到资本主义生产方式的兴起,让社会从国家中剥离出来成为与政治国家相独立的社会领域,再到资本主义现代国家的发展,再度将市民社会纳入国家干预和福利制度的怀中,国家与社会的关系经历了历史性变化。从一元到二元,从分离到回归,并非是简单的循环,而是伴随着不同历史背景、不同生产力发展、不同生产关系之下的复杂融合与重构,是社会历史的进步过程。

(三)马克思主义国家学说与市民社会理论的启示

正确理解和重构现代国家与社会的关系,对国家与社会关系的转变历程进行考察和分析是必要的。而国家与社会关系的重要转折点就是"市民社会"的发现。从黑格尔、马克思再到后来的葛兰西和哈贝马斯,都对国家与社会的关系演变历程做出了有益的阐释,这些思想学说对构建新型国家与社会关系具有一定的理论意义。

1. "市民社会"的实质是"社会至上"的价值追求

很多学者对于用"市民社会"理论来解释中国的国家与社会关系持怀疑态

---

① 张卫海."国家—社会"关系视野下的中国社会建设研究[D].苏州:苏州大学,2014:27.

度。一部分观点认为,近代中国并没有资本主义的生产和生活传统,也没有形成基于生产关系和商品交换关系之上的私人领域,因而"市民社会"与中国的文化内核及政治环境具有异质性。还有观点认为,市民社会宣扬自身独立性,并与国家是对抗关系,这也和当前社会主义中国的政治现实不符,因而"无论就现代国家发展的一般趋势,还是就新兴工业化国家成功的经验而言,在中国通过构建一个独立于国家的'市民社会'以实现现代化的观点都是没有充分的理论根据的,而在实践上,这样的观点则可能是有害的"。①

虽然对"市民社会"的争论至今还未停息,但从当今中国的现实情况看,改革开放之后,国家与社会的关系确实发生了实质性变化。尤其是社会主义市场经济发展后,人们通过生产和交换行为,形成了一个相对独立的关系领域。在这个领域中,人们自由流动不再受到严格限制,个人生活受到政治的直接控制和影响变小了,基于经济与生活的交往行为构成了主流的社会关系(广泛性甚至超过了血缘宗族关系)。虽然人们依然受到国家政治制度、法律法规和意识形态的影响,但这种影响相对于以往国家对社会的控制已经降至最低。国家不再作为一个统治者的面目出现,而转变成了一个服务者与规则制定者的角色,进行着公共服务与其他职能。在非生产领域,各类非营利性社会组织快速成长,唤醒了新的社会活力。另外,国内社会组织虽然独立性较低,对政府依附性强,但这丝毫不影响其成长为社会重要力量。相反,保持与政府的良好关系,这恰恰是中国社会组织相比于国外对抗性社会组织的极大优势。无"市民社会"理念并不排除在某些领域国家权力有加强的必要,如对市场经济的调节、对社会组织提供更好的政策环境等。② 无论"市民社会"或"公民社会"理论是否适合于中国社会,它作为一种分析国家与社会关系的框架,与我们实现社会主义的现代化的目标具有一致性。"西方公民社会理论之于中国的意义并不在于追求西方式的市民社会实体,而在于它所包含的'社会至上'理念对中国现代化所具有的指导意义。"③"社会至上"理念在中国的实践并不意味着对国家权威的消解,而是针对全能型国家流弊的一种矫正,是对国家权力的有效调节。

2."市民社会"从国家的分离是社会的进步

按照马克思的观点,"政治国家"和"市民社会"反映着经济基础和政治上

---

① 唐士其. 市民社会、现代国家以及中国的国家与社会的关系[J]. 北京大学学报(哲学社会科学版),1996(6):69.

② 张卫海."国家—社会"关系视野下的中国社会建设研究[D].苏州:苏州大学,2014:34.

③ 郁建兴,周俊. 中国公民社会研究的新进展[J]. 马克思主义与现实,2006(3):36.

层建筑的关系,而"市民社会"本身就是资本主义国家特征的体现。"市民社会"这一用语是在资产阶级出现后才产生的。在这之前,虽然也存在着"市民社会",但这种"市民社会"尚未摆脱政治的影响,更没有实现人在经济上的自由。因而这种人们生活中的组织并没有把财产和劳动上升为社会要素,市民社会的生活机能和生活条件还是政治的。在经济上不能完全独立,生活生产还被政治国家所支配和维系的"市民社会",并不能展现出它巨大的社会作用。直到政治革命和商品经济的出现,"国家—市民社会"才开始出现分离的趋势,从而实现了人类社会的进步。

市民社会与国家的分离,让生产力获得解放,带来了资本主义生产力的极大发展。在市场经济中,当人获得了自身的解放之后,人的创造力就会被激发出来,从而促进社会生产力的极大提升。"资本主义在不到一个世纪里所创造出的生产力,比以往一切时代所创造的全部生产力的总和还要多",①究其根源,是因为实现了人自身的解放。在自由的市场中,对社会财富的渴望、对原先无法获得的社会地位的追求、对更美好生活方式的向往,都成为激发人们竭尽全力发展生产力的不竭动力,从而为生产力的发展创造必要条件。

3. 国家必须在"国家—市场—社会"中明确定位和角色

从马克思的"市民社会"到哈贝马斯的"公民社会"的发展可以看出,"市民社会"是一个动态的、变化的历史范畴,其内涵在不同历史发展阶段会产生相应的演变。这种变化不仅仅是理论的发展,更有着深刻的现实根源。

从20世纪90年代后期,我国学界也开始了"公民社会"的研究热潮,尝试以"公民社会"理论代替"市民社会"理论,在中国的社会结构问题上采取"公民社会—市场经济—政治国家"的解释框架。然而,社会各界对于如何看待"市民社会"及其新发展"公民社会"上存在着不同意见。主要的争论在于,是否要用"国家—市场—社会"的三分法来取代传统的"国家—社会"两分法,建立一种新的国家社会关系模式。抛开理论本身的含义,从这一理论的发展历程可知,无论是两分法或是三分法,划分的主要依据在于市场经济体系在"国家—社会"关系中的地位,换言之,两分或三分并不重要,重要的是哪种形式能够更容易理解国家与市场经济和非经济关系下的社会领域之间的关系,保持三者的动态平衡。综上所述,从推进国家治理现代化的目标来说,通过三分法来定义和理解"国家—社会"的关系,比单纯从"政治国家—市民社会"的角度更深刻和清晰,

---

① 马克思恩格斯选集:第1卷[M]. 北京:人民出版社,2012:405.

各个主体能够进一步划清界限和范围而各司其职,因而更具有积极深远的价值。

4. 处理好政治统治职能和社会管理职能

政治统治职能与社会管理职能是国家的两大基本职能,不同历史时期,国家行使两大职能的侧重点有所不同。当今中国,过去那种占主体地位的私有制和阶级矛盾基本被消灭,人民已成为国家的主人,阶级斗争已经不是社会主要矛盾。因此,国家治理首先应该注重体现其社会性,把社会管理职能放在第一位。要发挥好社会管理职能,必须改革政府的行政管理体制,创新行政管理方式。与以往通过政府内部驱动的封闭式行政体制改革不同,国家治理现代化为行政体制的改革指明了发展方向、确立了改革目标、提供了改革动力。按照现代化的治理目标,国家治理需要一个基于法治前提的服务型政府,"这样的治理模式同现代化的理念、现代化的体制机制以及现代化的技术手段在依法治理基础上的有机结合,就是国家依法治理的现代化"。① 因此,必须在依法治国的基础上,提升政府公共治理能力,努力朝着法治型、服务型政府的方向进行转变。总之,在国家治理过程中,政治统治职能与社会管理职能,它们之间既不能相互弱化,也不能相互取代。②

三、国家治理现代化与"强国家—强社会"关系的构建

治理的基本主题是现有国家治理体系如何应对社会快速变迁产生的大量社会问题,决定了国家治理现代化的治理理念转变和治理主体多元化。因此,"强国家—强社会"模式与国家治理现代化的内在耦合性决定了后者的构建要以前者为目标导向。为此,依据中国政治发展的历史逻辑和现实选择,在推进国家治理现代化进程中,中国共产党的领导是根本,政府转型是关键,社会组织培育是基础,各种社会力量参与到国家治理中,形成一个高效、有活力的网络化治理结构。

---

① 张晓峰. 依法推进政府职能转变与国家治理现代化[J]. 上海行政学院学报,2016(1):69 - 75.

② 庞伟,邓珊珊. 马克思主义国家理论分析框架下国家治理的职能转变与"国家—社会"的关系重构[J]. 重庆邮电大学学报(社会科学版),2016(6):5.

（一）"强国家—强社会"模式：一种正和博弈的分析框架

"强国家—强社会"模式是"国家—社会"关系中的最佳状态，能够充分发挥社会各种力量参与到国家治理过程中。因此，国家治理现代化需要提升社会在"国家—社会"关系中的地位和独立性，实现"国家—社会"的正和博弈，构建"强国家—强社会"的新型关系模式。

1."国家—社会"的四种关系模型

通过"政府治理能力"和"社会发育程度"这两个基本维度，可以将"国家—社会"的关系划分为四类来衡量国家和社会的良性互动关系的状况，每个维度由低向高发展，并将两个维度组成两个坐标，由此构建出了"国家—社会"的关系模型（见图2-1所示）。在这个模型中，X轴代表的是社会发育程度，Y轴是指政府治理能力状态。

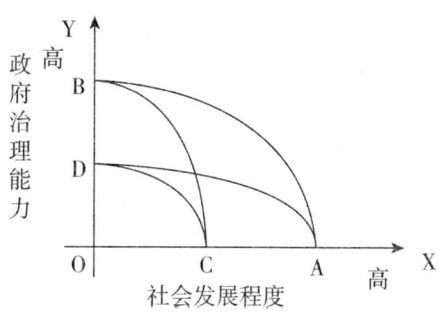

（1）"弱国家—弱社会"模式

CD曲线的范围代表"弱国家—弱社会"模式。这种模式的特点是国家治理能力、社会发展程度及两者互动都比较低，从而形成了一种相对平衡。这种国家的政府缺乏必要的权威，大多情况下地方政府权力较大而中央政府权力较弱，政府的公信力、执行力和有效性都比较差，"政令不通""令行不止"的情况时有发生，因而无法对国家与社会事务形成有效控制。同时，在这种模式下，市场经济发育程度很低，经济发展水平落后，作为市场主体的经济组织和社会组织数量较少，规模较小。毫无疑问，从理论意义上看，"弱国家—弱社会"模式中政府的控制能力和社会的自治能力都很低。政府既不会对社会进行过度的干预和控制，社会也无法从政府这里获取更多的支持与帮助。由于和国家的"脱离"，社会长期处于一种自给自足的低水平状态。

（2）"强国家—弱社会"模式

BC 曲线代表的是"强国家—弱社会"模式,其特点是国家处于强势状态,而社会的自主性和独立性严重不足,并且发育程度很低。在"强国家—弱社会"模式中,国家权力全面侵入社会,干涉社会的方方面面,社会对国家有强烈的依附性,使得国家与社会的界限已经消失,趋向于国家与社会的统一。中华人民共和国成立初期的中国是典型的"强国家—弱社会"的代表。近代西方那种公民社会(市民社会)与政治国家相对分立的状态,在中国从未存在,中国没有"市民社会"的历史传统。加之苏联式的计划经济体制和中央集权制度的确立,使国家强大到了空前的地步,不仅是经济领域、政治领域,人们的全部社会生活领域、文化领域也高度政治化,在个人与国家之间,并没有社会的存在。"市民社会一直湮没于政治国家的权力之中,国家代表了一切,政治统率着一切。谁控制了国家和政治,谁就控制了中国社会的一切。"①这种国家与社会的关系模式下,国家权力的无限膨胀,对社会进行了过度的干预,而社会空间被过度压缩,社会活力被抑制,社会独立性丧失,对社会进步造成了强大阻力。

（3）"弱国家—强社会"

AD 曲线代表的是"强社会—弱国家"模式,其特点是社会的自治程度比较高,国家对社会的渗透力和控制力较小,两者存在一定程度的分裂。20 世纪 30 年代之前,奉行古典自由主义的西方国家是"弱国家—强社会"典型代表。需要特别指出的是,"弱国家—强社会"模式中的"弱国家",并非是指国家的有效程度或具有的权力较弱,而是指对本国社会的控制程度较弱。20 世纪 30 年代以前,主要资本主义国家已经同传统国家拉开了差距,无论是政治、经济、军事、科技领域,还是在政府的有效率、专业化等方面都全面超越传统国家的实力。但在另一方面,这些国家却实行着高度自由的市场经济政策和宽松的社会管理政策,孕育出了强大的"市民社会"。国家仅仅被看作"守夜人",政府及公共权力对社会的干预受到严格限制。虽然在这种模式下,国家与社会都呈现出了繁荣发展的景象,然而,这种模式也拥有巨大的缺陷。一方面,市场的自发性和滞后性会带来周期性经济危机,没有国家这个"看得见"的手进行调控,经济危机会越演越烈,资本主义的历史,就是经济危机不断爆发的历史;另一方面,由于市场竞争的残酷性,富裕与贫穷的差距被严重拉大,贫穷的人们无法获得翻身的机会,生活状况惨烈。但在自由主义制度下,国家对社会的积极干预能力极为

---

① 俞可平. 敬畏民意:中国的民主治理与政治改革[M]. 北京:中央编译出版社,2012:85.

有限,国家无法对资源进行二次调控和分配而维持必要的社会正义,导致贫富差距两极分化,社会矛盾激化。

(4)"强国家—强社会"模式

AB 曲线是指"强国家—强社会"模式,其特点是政府和社会发育程度都比较高,强大而有效的政府适度干预和管理社会,具有高度自我组织和管理能力的社会组织能全面有序地参与国家政治生活,两者之间形成了既相互合作又相互制约的最优化互动关系。当代西方发达国家与"强国家—强社会"的理想模式比较接近。20 世纪 30 年代以后,凯恩斯的理论被大多数西方国家所认可,国家干预主义逐渐流行,各国纷纷建立庞大的社会福利体系,并将经济与社会的发展纳入政府管控之中,国家与社会的关系呈现出"强国家—强社会"的景象。然而,现实经验表明,"强国家—强社会"的理想模式在资本主义国家无法真正实现,它只能"接近",但不能"达到"。究其根源,在于资本主义国家与社会"对抗关系"的存在。一方面,市场的缺陷、社会贫富差距的增大希望国家能够在广泛的范围发挥职能,引导经济发展,完善福利体系;但另一方面,国家每次对市场的干预、对扩大福利的财政投入,都会被认为是权力的膨胀、是"守夜人"的越位、是国家对"市民社会"的入侵,因此又会迎来限制政府的强劲反弹,限制国家干预的呼喊声再次响起,从而让他们在国家与社会之间,自由与控制之间徘徊不前。资本主义国家与社会"对抗关系"的存在,其根源在于实现生产资料的私有制造成的,在私有制基础上形成了利益矛盾和阶级对立,是国家与社会不断对抗和斗争的体现。因而在这种社会形态下,无法达到和实现真正的"强国家—强社会"。

这四种模式有其各自的特点,通过对四种模式进行比较,"强国家—强社会"是符合中国国情、适合国家治理现代化发展需要的一种理想的国家与社会关系模式。"强国家—强社会"不仅能够最大限度发挥国家与社会的作用,同时能够形成互补关系,相互制约和促进。

2."强国家—强社会"关系模式的优越性

当前,学界主流观点普遍认同,将"强国家—强社会"视为社会主义初级阶段"国家与社会"关系发展的目标和理想模式。在"强国家—强社会"关系模式中,国家与社会的关系达到了一种最为合理的平衡:在"强国家—强社会"模式下,国家作为社会总体利益的代表在尊重社会独立性的前提下,合理介入社会生活过程,社会对国家做出有效回应,从而达到国家和社会的协同合作、互相监督的良性互动机制。国家与社会在各种领域都有不可替代的作用,两者都是不可或缺的,并且两者是合作的而非对抗的。

"强国家—强社会"能够最大限度地发挥国家与社会的作用。国家与市民社会应该协调发展,既不能盲目地倡导削弱国家权威,也不能继续忽视市民社会的培育。"强国家—强社会"既能够确保社会的相对独立性和自主性,又能发挥国家对社会经济、政治生活的适当调控、干预作用,使二者既相互制约,又相互促进,这是国家治理中"国家—社会"理想的关系模式。

在现代国家中,政府越来越成为人们生活中不可或缺的一部分。"强国家"不是指一个权力不受限制的"利维坦",也不意味着政府的规模庞大、职能全面,而是指拥有高度权威和有效性的政府。高度的政府权威和强而有效的政府能力,是任何国家长治久安的基本保障,是实现国家对经济宏观调控、对社会有效管理的重要前提。缺乏政府权威与有效性的弱政府,不仅在经济和社会职能上也无法承担更多的责任,甚至无法确保国家的自身安全与稳定,让国家变得脆弱不堪。因此,现代意义上的"强国家",都是以民主程度高、制度健全、凝聚力强、文明法治为基本标志,是现代国家的基本形态。

"强国家—强社会"模式下能够最大限度发挥社会的积极作用。实践证明,社会历史进步的根本动力和源泉,始终缊藏在社会之中,蕴藏在劳动者之中。在世界历史上,"强国家—弱社会"模式下从来就没有产生过民主体制,只有一个强大的社会才有力量制约国家权力并建立一种民主体制。需要指出的是,"强国家—强社会"有一个预设前提,即国家和社会两者之间的关系不是冲突和对立,而是一种相互合作和制约的关系、相互独立又彼此依赖的状态,即达到一种"非零和博弈"的动态平衡。

"强国家—强社会"能够有效克服国家与社会的内在缺陷。事实上,无论是国家还是社会,都有其无法凭借自己能力克服的内在缺陷。对于国家来说,最大的缺陷就是权力的膨胀,而对于社会来说,最大的缺陷是必须依附于国家权力才能存在。可以看出,国家的缺陷需要社会来制约,而社会的缺陷需要国家予以填补。国家与社会是相互依存、相互关联的状态。因此,只有实现"强国家—强社会"的关系模式,才能克服国家与社会的双重缺陷。

国家权力作为一种强制性的支配力量,是维护统治阶级利益的重要手段,具体天然的扩展性倾向,会无限制地扩大自己的权力范围和边界。"强社会"是指拥有一个自主性强、组织化程度高、国家政治参与程度高的理性的、法治的、民主的社会。① 在"强社会"中,社会能够蓬勃发展,孕育出大量社会组织,这些社会组织在人们的生活中发挥着各种积极作用,提供着各类公共服务产品,并通过社会自治调节社会矛盾,实现社会的自我发展。从历史上看,在缺乏社会力量制约的情况下,国家权力更是趋于无限扩张而缺乏自我约束的。国家权力的过度膨胀,无疑会对社会造成严重破坏,社会被国家所吞噬,失去活力、独立性和自主性,滋生腐败和堕落,阻碍社会的繁荣与进步。要防止国家权力的无限膨胀,只能借助于社会的力量。"国家与社会之间的矛盾和对立是普遍存在的,克服政府中的消极因素,不可能依靠国家自身的力量,须依靠与其矛盾和对立的方面—社会的发展。"②社会力量是制约国家权力滥用的最有效的途径,强大的社会力量是遏制国家权力滥用、防止国家权力异化的最大的保证。因此,只有实现"强社会"的发展目标,才能凝聚起足以约束国家的力量,防止国家权力的膨胀,维护社会健康发展。

社会自身存在先天性的缺陷,需要国家提供必要的支持。一方面,在经济领域,市场无法克服盲目性和自发性的问题,从而导致周期性经济危机的产生。在现代社会中,通过政府调控宏观经济和引导经济发展已经是一种主流趋势,即便在资本主义国家中,政府这只"看得见的手"也发挥着极其重要的作用。另一方面,在非经济领域,社会对国家有着很强的依赖性。任何社会都依赖于通过国家权力和法律维持必要的社会秩序,从而约束人们的行为,保证社会稳定。在任何失去国家权力约束的地方,必然失去秩序,而走向社会动荡。此外,对于处在弱势地位的社会成员,也依赖于国家给了必要的救济和支持,通过政府财政支持、社会资源分配等途径构建社会保障体系,以确保他们能够受到必要的照顾。这些事务中,社会是不具备自主能力的,必须依赖于国家的支持。相比生产资料公有制的社会主义国家,基于私有制为基础的资本主义国家,由于无法实现真实的共同利益,其国家与社会的关系注定是对立而非合作的。因此,只有社会主义的中国,才具备实现"强国家—强社会"的基本条件。

3. 国家与社会的和解:"强国家—强社会"模式何以可能

传统的自由主义将国家与市民社会的关系视为一种此消彼长的零和博弈,认为国家力量的增长会使市民社会存在的空间受到挤压,国家力量的削减成为

---

① 白平则. 论我国国家与社会关系改革的目标模式:"强社会、强国家"[J]. 科学社会主义,2011(3):67.

② 张丽曼. 国家与社会关系的基本原理是马克思主义国家学说的精髓[J]. 社会科学研究,2001(3): 10.

市民社会发展的必要条件。然而,对于社会主义国家来说,国家与社会的关系并非是"零和博弈"的,因此具备构建"强国家—强社会"关系模式的有利前提。

社会主义制度为"国家—社会"的和解提供了制度基础。在资本主义国家及之前的各种剥削阶级国家中,国家与社会的关系总是紧张的、对立的。国家与社会对立的本质是阶级对立,表现为资产阶级追求剩余价值的抽象财富、无休地扩大资本积累的贪婪行为与劳动阶级反对压迫和剥削、维护自身利益的激烈反抗。① 为了使国家与社会的关系趋于缓和,资本主义国家会通过各种手段宣扬实现社会共同利益。虽然资本主义国家也强调社会共同利益,但这种共同利益是虚假的,其本质上仍是统治阶级的利益。马克思早就指出:"每一个企图取代旧统治阶级的地位的新阶级,为了达到自己的目的就不得不把自己的利益说成是社会全体成员的共同利益。"②因此,私有制国家的阶级矛盾的根本对立致使国家与社会的矛盾也是无法调和消解的,因而资本主义国家是无法最终实现"强国家—强社会"的理想状态的。

在社会主义国家,通过社会主义革命,消灭了剥削阶级,公有制成为主要的经济所有制制度,统治阶级的利益与社会共同的利益得到了形式与本质的完全统一,因而从本质上实现了广泛的、真实的"共同利益",消除了利益矛盾和利益冲突的根源,使得个人、社会和国家的利益能够高度一致,实质性地结成"共同利益"的共同体。共同利益的结成,让个人利益、社会利益和国家利益能够实现根本统一,从而有别于资本主义制度下国家与社会的对抗关系,实现国家与社会的和解。因此,在社会主义制度下,国家利益和社会利益高度一致,政府、社会、市场之间处于合作而非对抗的关系。相对于资本主义制度的国家来说,坚持社会主义制度的中国有更大的可能性去实现这个"理想模式"。

社会主义国家与社会的关系是合作而非对抗。从现实上看,中国的各类社会组织、社会团体与政府都保持着良好的沟通与合作关系,而非西方公民社会的那种对抗关系,并且其在现实社会中都发挥着重要作用。例如共青团、工会、妇联等半官方性质的群众组织,这些组织一方面发挥着特殊的公共服务作用,另一方面又是政府与人民群众相互联系的桥梁和纽带。从这个意义上说,社会主义制度能够实现国家与社会的合作关系,从而为"强国家—强社会"的构建创造基本条件。

---

① 何干强,蔡万焕.论公有制是共同富裕的经济基础[J].社会科学辑刊,2013(2):88.
② 马克思恩格斯选集:第 1 卷[M].北京:人民出版社,2012:180.

国家治理现代化为"国家—社会"的和解提供实践途径。国家治理是政治国家与公民社会的合作、政府与非政府的合作、公共机构与私人机构的合作、强制与自愿的合作。治理的主要特征不再是监督,而是合同包工;不再是中央集权,而是权力分散;不再是由国家进行再分配,而是国家只负责管理;不再是行政部门的管理,而是根据市场规则的管理;不再是由国家"指导",而是由国家和私营部门合作。所以,在国家治理过程中,需要社会组织和个人更多地参与进来。国家治理现代化对培育一个强大的社会、培养社会的自主意识和独立精神具有重要的意义。因此,发展"强国家—强社会"是国家治理现代化发展的内在需求。

(二)"强国家—强社会"模式与国家治理现代化的耦合性

"强国家—强社会"模式是"国家—社会"关系构建主要选择的发展方向。这种模式不仅强调要有效发挥政府的积极作用,也强调要提升社会的自主性与活力,与国家治理现代化存在着很强的耦合性。

1. "强国家—强社会"模式与国家治理现代化的发展目标

国家治理现代化的发展要立足本国国情,避免落入"最优治理实践"①的陷阱。目前学界的主流观点都认为,"强国家—强社会"模式是现阶段我国政治改革和国家治理现代化的发展方向和近期目标。首先,"强国家—强社会"模式是我国历史传统和现实国情的必然选择。对于中国这样一个晚发后生型发展中国家,一方面,中国的现代化是一种晚发后生型的现代化,现代化的开展并不是一个自然演进过程,而是在国家行政权主导下推进的现代化,是在国家强有力的领导和保障下实现的,而当今现代化的进一步发展依然需要强有力的具有现代化导向的政治权威;另一方面,国内外历史经验告诉我们,一个虚弱的社会难以维系一个国家的持久强大,只有社会强大,国家发展才能获得不竭的内在动力和源泉。社会发展的不足必然会成为国家治理现代化进程中的制约因素,如何将已发展壮大起来的社会加以合理利用引导将是社会主义现代化建设的关键。其次,"强国家—强社会"模式是实现国家动态稳定的需要。稳定的政治秩序是现代化的前提和目标。改革开放以来,我国取得的巨大成就的原因就在于

---

① 20世纪80至90年代,国家组织和经济学家向发展中国家和转型国家推行一套统一的自由化改革方案—"华盛顿共识",这被经济学家称之为"最优治理实践"(Best Practice Governance)。但是这一实践的实质是忽略了本国国家的具体国情和历史传统,盲目地将成功经验运用于本国,从而造成外来经验与本国国情的脱节,导致改革和转型的失败。

我国始终坚持稳定压倒一切的方针。美国政治学家塞缪尔·P. 亨廷顿指出：
"对于发展中国家来说，首要的问题不是自由，而是建立一个合法的公共秩
序。"①因此，一方面需要由国家主导推动一系列有利于社会稳定的经济和社会
体制改革，用国家权力消除不稳定因素；另一方面，随着市场经济的发展和民主
意识的觉醒，传统的、压制性的、静态的和刚性的稳定已难以为继，开放性的、动
态性的和韧性的稳定成为可能。因此，只有一个强大、独立的社会才能实现自
我组织和管理，并能理性地通过合法途径将自己的利益诉求表达，从而得到国
家的回应以维持社会的稳定，保持国家和社会的相互契合，实现开放的、动态
的、韧性的稳定。总之，国家治理现代化的实现，既依赖一个具备权威的国家，
又需要一个充满活力的社会，"中国未来国家与社会的关系模式应该是一种既
能保证社会的独立性与自主性，又能充分发挥国家作为社会总体利益的代表对
社会经济生活进行协调与控制的强国家—强社会的模式"。②

2."强国家—强社会"与国家治理现代化对强大社会的需求

"国家治理现代化"需要实现高水平的社会自治。社会自治是国家治理的
发展目标，社会自治的程度体现了国家治理水平。"强国家—强社会"，意味着
国家的界限被划清，国家从社会领域撤离，"一个社会只有在脱离了大型组织的
中央威权之后，才能够产生具有自发意识的社会组织，而非混乱失序的状
态"。③ 在"强国家—强社会"模式下，社会脱离国家控制从而有了自治空间，满
足了国家治理现代化对拥有高度自治能力社会的需要。

国家治理现代化需要培育大量社会组织。国家治理的现代化不仅依靠国
家的主导，还需要社会主体的参与和配合。"治理的基础建立在市民社会，没有
一个健全和发达的市民社会，就不可能实现真正的治理。"④"强国家—强社会"
意味着一个强大社会的建立，意味着无论是经济领域还是社会领域都培育出了
很多成熟的企业或社会组织。大量的社会组织，不仅能向社会供给公共产品，
还能获取民众对国家政权的认同感，继而持续输出和扩人政治合法性，提升国

---

① 〔美〕塞缪尔·P. 亨廷顿. 变化社会中的政治秩序[M]. 王冠华,译. 上海:上海世纪出版
社,2008:6.
② 唐士其. 市民社会、现代国家以及中国的国家与社会的关系[J]. 北京大学学报(哲学社
会科学版),1996(6):69.
③ 〔美〕弗兰西斯·福山. 信任:社会道德与繁荣的创造[M]. 北京:远方出版社,1998:33.
④ 郁建兴,吕明再. 治理:国家与市民社会关系理论的再出发[J]. 求是学刊,2003(4):34 -
39.

家治理效能。

国家治理现代化需要激发社会的活力与积极性。从很多国家的经验可以看出，一个社会是否具有活力，是否具有积极性，与经济繁荣具有内在的关联性，是决定社会进步的重要变量。改革开放前，由于高度集中的计划经济体制，国家与社会的关系呈现为重合状态，多数社会领域被国家权力所渗透。这种"强国家—弱社会"的关系阻碍了社会的自发调节机制，使社会丧失了活力和积极性。在"强国家—强社会"模式中，由于个人获得了经济和政治上的双重解放，人们对于共同参与社会治理的积极性极大增长，一个充满活力的社会将会长久存在，成为推动国家治理现代化的不竭动力。

3. "强国家—强社会"与国家治理现代化的治理方式

人类政治发展的普遍趋势是从国家统治到国家管理再到国家治理，这一趋势的基本特征就是治理主体的多元化，治理方式的民主化、法治化、协商化。也就是说，国家治理的现代化，绝不再是原来意义上的政府运用国家权力对社会实行自上而下单向度的强制性的管理，而是多元主体通过合作协商等方式致力于实现一个多元、多向度互动的共管共治状态。此外，从当代世界各发达国家的经验中也可以看到，一个治理良好、稳定有序、经济活跃的国家，一定是一个多元社会参与的国家。不仅要有一个强大而有效的政府治理，一个具有活力而有序的社会参与也是必要的。因此，"强国家—强社会"的本质特征，就是国家与社会的良性互动处于最佳状态，是政府和社会对社会公共事务的共同治理、合作管理，即"多元共治"。因此，从政治学的"国家—社会关系"的意义上来讲，"强国家—强社会"模式与国家治理现代化存在着耦合性，也即"多元共治"。这决定了国家治理现代化的治理理念的转变和多元社会的参与，即建立"强国家—强社会"模式的治理结构，这就意味着需要建立一个"强国家—强社会"模式，由此形成一个以合作、协商和伙伴关系为特征的纵横交错、多向互动的网络体系。

4. 国家治理法治化是建设"强国家"的必由之路

"强国家"应该是一个制度健全、政治文明、文化教育事业兴盛发达、经济富裕、社会凝聚力强、国际影响力大、法治有度的国家。"强国家"的建设主要有两方面：一个坚强的执政党是"强国家"的重要基石；一个有公信力、有高效治理能力的政府是"强国家"的重要保障。

中国共产党作为执政党，拥有对国家政权机关和整个社会的领导权。建设"强国家"的关键就在于党能否科学有效地依法领导立法、执法和司法的整个过程,党的干部首先应当以身作则,善于运用法治思维和法治方式治国理政。必须确保党在宪法和法律范围内活动,依照宪法、法律和党内法规制度行使执政权和领导权。坚持宪法至上、维护法律尊严和权威、尊重和保障人权、促进社会公平;领导和监督国家机关依法行使国家权力。提高运用法治思维和法治方式领导国家和依法执政的能力和水平,在全社会树立法治政党的形象。

把党的领导能力转化为强大的治理能力,真正成为打造"强国家"的物质力量,还要依托一个强大的政府。在现代社会,一个强大的政府必然是一个法治政府。法治政府的核心是政府活动的合法性,也就是行政权力的合法性。行政权力是社会公器。国家行政机关依靠国家强制力对国家事务进行管理和提供公共服务时,行政权力倘若能使用得正当合理就会成为利国利民的强大力量。行政机关在立法、执法及开展具体行政事务的活动过程中只有在法律的范围内,群众的监督卜履行职责才能保证"社会公器"的正当使用。脱离了法律的范围,造成行政权力公器私用就会造成腐败,成为"强国家"建设中的蛀虫。

正确处理现代法治中的行政权力与法律之间的关系是问题之所在。行政权力法治化要求行政权力按照法律来运行,就是要通过行政权力法治化来建设法治政府。政府的一切行动——从决策、执行、监督,全都要纳入依法治国的轨道。① 不能出现以权压法或用行政权力来代替法律的情况。因此在"政府也就应从法律之上走向法律之下"。② 政府只能在法律之内活动,必须防止和克服"政策高于法律、红头文件高于法律、领导讲话和批示高于法律的现象"。③ 防止和克服"部门领导下的政府负责制"和"政府权力部门化,部门权力利益化,部门利益个人化"等不良现象。④ 办事权限合法,办事程序也要合法,要通过行政权力法治化,通过反腐倡廉要"强国家"的发展活力和动力。

"人民当家作主"和"法律权威至上"是我国社会主义法治的根本性原则,是我国法律区别于资本主义国家法律的根本之处,也是行政权力法制化的出发点和归宿。因此,加紧法治政府建设,本着一切为人民服务的宗旨,着力构建职权法定、程序正当、公平公开、诚实守信、高效便民的行政权力运行体系,立足民生问题,优化政府公共服务,提高政府解决问题的能力,加快服务型政府建设。让老百姓切实感受到政府为民服务的实际效果,才能进一步增强政府公信力,

---

① 李月军.法治政府[M].北京:中央编译出版社,2013:2.
② 俞可平.中国治理30年变迁[M].北京:社会科学文献出版社,2008:142.
③ 彭国甫.中国行政管理新探[M].长沙:湖南人民出版社,2006:151.
④ 彭国甫.中国行政管理新探[M].长沙:湖南人民出版社,2006:151.

提高政府的权威。在关系老百姓切身利益的民生问题上,必须加强食品药品、安全生产、环境保护、劳动保障等重点领域的综合治理能力。严格公正廉洁、文明规范的执法程序和监督程序,保障法律法规统一实施、正确实施。在解决问题的过程中真正做到行政权力设置法治化、行政权力调整法治化、行政权力运行法治化和行政权力监督法治化。从而实现依法治国、治官、治权,从"人治"走向"法治"。

5. 依法治国为"共建共享"的"强社会"保驾护航

"强社会"需要诚实的恪守、真正的公民、良性运转的市场、公正的法律。之所以"强社会"能表现出较强的自主性和创新能力、较高的组织化程度和社会服务能力,公民能成为对国家政治生活参与程度高的"主人翁",能有富裕、和谐、民主、充满生机的局面,都是因为各种条件构成了良性发展的基础。在这样的环境中,每个社会成员的潜能得到充分发挥,并且对社会建设和国家进步有着强烈的责任感,社会公众通过行使选举权,参与制定国家政策和法律,监督国家权力的运用,对国家治理具有强大的影响力和制约力。

"共同建设强大祖国,共同享受发展成果"的局面形成是因为有公平合理的机制,良好有序的社会环境,社会对国家权力的制约和监督。马克思、恩格斯所设想的自由人联合体就是一种"强社会"的美好构想。其中,每一个人的自由发展是一切人自由发展的条件,国家职能将逐步消亡,社会将实现完全意义上的自治。中国通过40多年的改革开放,社会组织更加发达、社会更具有活力、社会的自我服务能力和监督能力逐步提高,这些特征和马克思主义的基本立场是一致的。

建立"强社会"离不开依法保障公民的权利,让每个公民体验到社会主义的优越性,体验到自己的幸福离不开社会的发展,让每个公民都有发自内心想要参与社会建设的动力和愿望,从而支持国家的政策,相信行政权力的合法性。如同亚里士多德所说:"一种政体如果要达到长治久安的目的,必须使全邦各部分的人民都能够参加并且抱着让它存在和延续的意愿。"[1]现代民主社会中公共权力来自于公民权利,公民权利与行政权力相互作用,共同维持着政治社会统一体的存在。[2] 行政权力为公民权利提供了制度保障和其他的物质条件。而

---

[1]　亚里士多德. 政治学[M]. 吴寿彭,译. 北京:商务印书馆,1996:88.

[2]　汪波. 中国法治政府建设的基本逻辑——跨国比较与制度设计[M]. 北京:北京师范大学出版社,2010:84.

公民权利是行政权力的合法性源泉。全面依法治国在基本原则上最大限度地保障个体自由权利，防止政府的行政权力侵害或干预公民的合法权利。"法无禁止即可为"，公民只有在触犯法律的时候，才应受到行政权力的干涉和法律的制裁，不能任意压缩公民权利空间。政府公权在进行行政许可、行政处罚、行政强制、行政征收、行政给付、行政检查、行政裁决的时候必须在法律的范围内进行，必须本着以人为本，为民服务的宗旨来行使权力。不能把公民赋予的权力当作执法者高人一等的特权。必须依法维护公民合法权益，不能随意使用行政权力剥夺公民财物和权利，所有的行政权力使用的目的都应该是以法治保障公民权利。

（三）国家治理现代化背景下"强国家—强社会"的建构路径

从政治发展的历史经验和理论可以看出，创建有效的政府体系和培育有活力的社会是政治现代化的基础。因此，从"强国家—强社会"模式的角度来讲，国家治理现代化的建构要从三个方面着手：党的领导、政府转型和社会培育，即建立一个"强国家—强社会"模式的多元治理结构。在这三者中，党的领导是灵魂和根本，政府转型是前提，社会培育是基础。需要进一步指出的是，党的领导、政府转型和社会培育并不是各自孤立进行的，而是一个相互影响、相互促进的过程。

1. 党在国家治理中的"掌舵人"而非"划桨人"角色定位

中国政治发展的演进逻辑表明，我国走的是中国共产党领导的中国特色社会主义道路，不同于西方的"社会造国家、国家造政党"的道路，而是一条"政党造国家、国家造社会"的道路。中国共产党首先建立起了一个现代国家，然后通过这个国家来打造现代社会。① 因此，执政党对于有效化解政治参与和政治制度化之间的内在张力，以维系国家和社会的稳定有着重要作用。中国共产党作为实现中国社会系统与政治系统稳定的重要力量，是实现政治稳定的"安全阀"。进入 21 世纪以来，社会矛盾复杂多样，需要创新治理国家和社会的体制机制，更有效地领导人民治理国家。但党在社会治理中的功能是掌舵而不是划桨，从严格意义上讲，领导权不应是具有强制和普遍约束力的国家权力，应是具有政治吸引力和感召力的权威，权威主要来自党的治国纲领暨路线政策的政治引导力和政治理念的吸引力。因此，发挥党在国家治理中的根本作用，就要加

---

① 储建国．国家治理现代化的新意［J］．人民论坛，2013（34）：4．

强其对国家和社会的政治、组织和思想领导,发挥党掌舵人而非划桨人的作用,确保社会治理沿着社会主义方向前进。

首先,切实加强政治领导,确保党的政治方向、政治原则、政治路线和政策的正确性与先进性,党的路线方针政策贯彻到国家治理的方方面面,保证社会主义方向,保证经济发展、社会稳定和人民幸福。其次,强化思想领导,以习近平新时代中国特色社会主义思想为指引,使社会成员在思想和心理层面上认同党的理念和政策,确保国家治理在社会主义道路上运行。再次,完善组织领导,发挥各级党委的领导核心作用,加快基层服务型党组织建设。党的基层组织是确保党的路线方针政策和决策部署贯彻落实的基础。要以提升组织力为重点,突出政治功能,把企业、农村、机关、学校、科研院所、街道社区、社会组织等基层党组织建设成为宣传党的主张、贯彻党的决定、领导基层治理、团结动员群众、推动改革发展的坚强战斗堡垒。① 把各种社会力量组织、凝聚起来,把党的组织优势转化为国家治理现代化主体多元化的优势,提高党的基层组织治理社会和服务社会的能力。

2. 政府转型是前提条件

对于发展中的中国来说,"无政府的治理"及"小政府—大社会"式的治理都是不切实际的。托克维尔(Tocqueville)给予政府这样的评价:"决不能设想一个国家没有强大的政府集权会生存下去,尤其是会繁荣富强。"②有效政府是推动政治发展的关键,政府权威式微,无法履行政府应有的功能,则会导致社会的混乱和失序,进入无政府状态,从而成为政治发展的障碍。因此,必须加快政府转型,进一步做强政府,发挥政府在国家治理中的主导作用。

首先,约束政府。政府权力逐步收缩,多元社会力量的参与是现代社会的一大特征。习近平总书记指出:"要加强对权力运行的制约和监督,把权力关进制度的笼子里。"③因此,对政府自身结构和功能做出合理规划,保证政府规模、职能的合理性,治理作用的有效性,行为方式的法治优先性,体制运转的执行力、行政结果的公信力,少对社会过分干预,将部分权力归还社会,其职能转移到服务社会公共利益上来。其次,强政府。人类历史上政府合法性来源可以分为三种类型:暴力合法性、社会责任合法性、公共服务合法性。政府合法性基础

---

① 习近平. 决胜全面建成小康社会 夺取新时代中国特色社会主义伟大胜利——在中国共产党第十九次全国代表大会上的报告[N]. 人民日报,2017 – 10 – 28.

② 〔美〕托克维尔. 论美国的民主:上卷[M]. 董国良,译. 北京:商务印书馆,1991:99.

③ 习近平在十八届中央纪委二次会议上讲话[N]. 人民日报,2013 – 01 – 23.

的演变是与社会发展同步的。① 不同历史时期政府合法性的来源是不一样的，阶级社会，政权的获得是通过暴力来完成的。市场经济时期，个人利益不断扩张，政府行使社会管理是其存在的基础。当今，公共事务逐渐增多，对公共领域进行有效治理，及公共服务的提供是民众支持的基础。因此，转变政府治理社会理念、手段和方式，约束政府权力的同时在公共服务方面做强政府。"强政府不是回到过去全能政府的形态，社会的一切都由政府来包办。做强政府指的是在需要政府充分发挥作用的领域来强化政府的能力建设。具体来说，要在公共服务领域做强政府，公共服务惠及全体人民。"②最后，建立和完善社会治理的政策法规，逐步建立有法可依、有法必依、执法必严的治理法规体系。所以，政府还需把重点放在制度建设上，在国家和人民的根本利益上，加强"顶层设计"，从总体上考虑和规划各个领域的改革方案，进行全局性的统筹规划。

3. 夯实"权力回归社会"的制度供给

根据我国目前情况和较长远发展的需要，在"强国家—强社会"治理目标中，"强社会"的建设差距是非常大的。过去政府的职能包罗万象，社会能力却发展不足，面对当今复杂多变的国内外局势的挑战，中国迫切地需要一个"强社会"。

党的十八届三中全会通过的《中共中央关于全面深化改革的决定》涉及了几个着力点："推进协商民主广泛多层制度化的发展。建构程序合理、环节完整的协商民主体系，为社会各类主体参与决策创造条件、拓宽渠道；激发社会活力，加快市政社分开和推进社会组织明确权责依法自治……"③其中释放出一个信号：当前国家治理现代化的工作重点是"权力回归社会"，打造社会层面治理主体的治理能力，减轻政府负担，形成多元治理的联动效应。强大的社会必须是社会各阶层之间形成一种合作局面的和谐社会；社会组织的服务能力和自治能力发达，并且在社会治理中发挥重要作用；社会凝聚力强、人民普遍富裕，并对国家的发展有较强的主人翁意识。

"权力回归社会"需要成熟的社会条件。当下，中国面临着国家指导思想的统一性与社会价值的多元化之间的矛盾；社会转型期满足人民"共享发展成果"的能力不足与人民群众利益诉求日益高涨的矛盾；"党史和国家传统的连续性

① 毛志勇. 互动式治理:政府治理与社会参与的"互联互动"——以广东云安社会管理实践为研究对象[R]. 武汉:华中师范大学政治学研究院,2013.
② 邓聿文. 建立合乎国情的强政府和强社会管理模式[J]. 团结,2012(4):23.
③ 中共中央关于全面深化改革若干重大问题的决定[N]. 人民日报,2013-11-16.

发展"与"西方历史虚无主义渗透"之间的矛盾;社会民主呼声高涨与人民群众依法治国的能力不足之间的矛盾等。既要高扬主旋律、又要尊重差异,包容多元;既要减轻政府压力又要克服盲目性、保证社会主义方向。在这种形势下,党领导的国家治理面临着前所未有的挑战。受到中国传统国家治理方式的影响,权利回归社会的过程在我国必将经历一个漫长和痛苦的转型阶段。

强调国家还权于社会,并不是弱化国家职能。如前所述,"强社会"如果离开了"强国家"最终只能导致社会的动乱、国家的解体。国家之"强",不是强在权力的集中和高压政策上。而是强在制定战略、统筹帷幄上。多元主体治理国家不是一盘散沙,合作要有健全的机制,要有法度和规范。国家对于整合各方力量、引导正确方向、促进社会公平具有不可推卸的责任。从根本上说,国家要制定科学合理的制度和法律,为国家治理现代化保驾护航。

中国特色的社会主义制度是人类现代化制度的普遍特征,是与中国道路、中国精神结合的产物,从基本规则的高度起到了全局性、长远性和根本性的作用。我们在制度完善探索中逐渐收获了很多"红利",但是在一条前人没有走过的路上,必定会遇到一系列的挑战与挫折。不断地探索更加科学、稳定、成熟的制度体系是为"权力回归社会"培育成熟的社会条件的基础,对持之以恒地打造社会层面的国家治理能力起到至关重要的作用。当今中国社会不缺钱,也不缺人,最紧缺的是制度供给,"寻求中国发展的新动力,关键要在制度供给上做文章,以改革来寻求推动中国实现长期可持续发展的制度红利"。①

制度建设的主要问题还是在深化改革中不断解放思想的问题。每一次制度改革的突破和体制的创新都是解放思想的成果。"实践永无止境,解放思想永无止境,改革开放永无止境。"②正是坚持解放思想,不断使主观符合客观的变化才使得我们党当初能够在"十年动乱"结束不久就把党和国家的工作重心转移到经济建设上来,实行改革开放的历史决策。中国特色社会主义制度是对人类探索社会发展道路制度独创性贡献,把历史的特殊性、民族的特殊性和现代工业文明的要求紧密结合,把危机转化成了转机,创造性地解决了时代发展中民族命运和社会主义命运的问题。我们既要坚持制度自信,又要勇于探索,不断革除体制弊端,为"还权于社会"提供一套更完备、更稳定的制度体系。

良好的制度必须要有法治体系的保障。"截至 2012 年年底,中国已制定现

---

① 华建敏. 当今中国不缺钱也不缺人 最缺的是制度供给[EB/OL]. 凤凰网,2013 - 12 - 15.
② 中共中央关于全面深化改革诺干重大问题的决定[N]. 人民日报,2013 - 11 - 16.

行宪法和有效法律 242 部、行政法规 721 部、地方性法规 9200 部,涵盖社会关系各个方面的法律部门已经齐全,各个法律部门中基本的、主要的法律已经制定,相应的行政法规和地方性法规比较完备,法律体系内部总体做到科学和谐统一。"①我国逐步建立起适应市场经济和社会发展需求的法律制度,俨然已经成为一个"法律大国",西方发达国家几百年的法治发展道路,中国人民仅仅用了 30 多年时间就走完了。但是,就社会转型中迅速发展的中国当代治理需要来说,我们还远远不是一个"法治强国"。人民群众对法治的需要,不是有没有法的问题,而是法好不好、法治管不管用的问题。不是什么法都能治好国,提高立法质量是重中之重。

法治国家、法治社会、法治政府、法治政党是一个有机统一的整体。"权力回归社会",必须依托这个整体来进行。多元主体治理国家,必须要有良好的法治环境。建立国家法治、地方法治、行业法治并且使其协调发展,为人民群众推动社会历史发展提供良好的外部环境。

随着我国社会经济的不断发展,法律制度的漏洞与缺陷也会不断被发现,法律体系应该更加有针对性。此外,我们的法律制定也离不开立法机关,我们要确立更为民主的法律制定程序,使我们的立法草案更能够统筹更广泛人群的利益。而我们的立法也要加强对某些重点领域与热点领域的倾斜,使得一些社会棘手问题得到及时的解决。法律除了对社会关系的调节,还要为切实的保障民生,调节社会资源的分配,推动社会与经济的改革与进步发挥作用。只有不断增强宪法和法律的权威性,政府的公信力才能得以体现,社会的整体效率才能得以提高,人们对宪法的认同度才能增强,法律对社会的约束力量才能得以真正的体现。

4. 培育社会主义公民的现代化品格

打造"强社会"离不开对社会主义公民的现代化品格的塑造。当今中国要在全球化进程中与国际接轨,在全球化博弈中取得主动。民众具备"现代性公民人格"是最基本的硬条件。现代社会的特征决定了现代社会必然是由"独立、自由而又主动"的现代社会成员组成的公民社会。

人自由而全面的发展是马克思主义对人的终极关怀的伟大理想。社会的发展、国家的进步归根结底是以人民群众的发展和幸福作为出发点和归宿点的。人民群众是历史的创造者,是社会进步的推动者。改革中的诸多社会矛盾

---

① 国务院新闻办公室. 2012 年中国人权事业的进展[N]. 人民日报,2013 – 05 – 15.

要得到解决,必须依靠民主的力量,必须充分调动广大人民群众参政议政的积极性,让广大人民群众主动承担治理国家的责任,主动成为治理国家义不容辞的主体。

在当今社会转型条件下,"强社会"的构建和公民人格培育程度存在不平衡性和不完善性。对公共利益"事不关己高高挂起""多一事不如少一事";在公共生活中缺乏主动参与的积极性,或者"改变不了世界就改变自己"的被动适应。这些都不应该是现代公民社会解决问题的模式,也必然会造成公共生活的低质量循环和人民幸福感的降低。出现这种情况,既因为公民教育理念本身的思维缺陷,又有理论和实践脱节的原因。

公民教育是联系国家利益与公民利益的桥梁和纽带。国家利益和公民利益本来应该是一体化的,现在却出现了脱节的现象,应该说这个纽带没有与时俱进地有效反映时代需求的变化。"社会主义核心价值观""中国梦"只有与人民群众结合才能转化为实践层面的伟大物质力量。问题在于传统的公民教育并没有在明确具体的层面上和公民的实际需要、社会的现实矛盾,人民的思想实际发生精准的链接。必须加强公民教育,引导公民克服对社会公共事务的疏离。必须适应现代社会的分工、交换及市场经济的发展,使公民具备独立、自由、平等的基本特征。当前的公民教育更加突出了公民个体在社会中的责任与使命,用强大的道义力量催逼公民参与社会,履行公民价值的使命,由此产生一种更为强大的公共凝聚力。这是宏观层面,从微观层面来看,每个公民在自己的国家中享受到制度健全,文明发展带来的福利。"自由与全面的个人发展"是公民对自己国家热爱和认同的基础要素。人民群众作为治理国家的主体参政议政离不开坚强可靠的主体能力。法治意识和法治思维的培育是传统国民向现代性公民转变的重要标志之一。在法制教育中必须引导广大公民要自觉培养权利意识和责任意识,以理性、正当的合法渠道化解矛盾冲突。

第三章

依法治国与国家治理
现代化的内在逻辑关系

党的十八届四中全会开创性地以依法治国为主题，提出了全面推进依法治国，建设中国特色社会主义法治体系。依法治国与党的十八届三中全会提出的完善和发展中国特色社会主义制度，推进国家治理体系和治理能力现代化共同构成了中国共产党治国理政的"姊妹篇"。高度关注依法治国和国家治理现代化体现了我党对治国理政的深入思考。依法治国和国家治理现代化是中国共产党在新时代治国理政的重大实践和重大创新，国家治理现代化和依法治国相辅相成，构成了一个有机的整体。科学的国家治理体系是国家治理能力的基础，完善的法律制度是国家治理能力的保障，国家治理能力的效能和法治化程度体现了国家治理体系的水平。国家的治理实现制度化、科学化、规范化和程序化，以及善于运用法律制度和法治思维治理国家，就能够使国家治理体系和治理能力的有机结合统一体现为国家治理现代化。

一、依法治国与国家治理方式由传统到现代的转变

依法治国与国家治理现代化是我党关于治国理政的顶层设计和战略选择，对党和国家事业发展具有重大意义。依法治国、国家治理现代化其中蕴含的核心价值要求是法治，法治代表着时代发展潮流，是社会走向文明进步的一大标志。法治的理念并非从来就有，它伴随着现代国家的发展而发展。法治和国家现代化密切相关，正是基于此，习近平总书记指出："综观世界近现代史，凡是顺利实现现代化的国家，没有一个不是较好解决了法治和人治

问题的。"①一些国家现代化进程受阻,很大程度上与法治不彰有关。

(一)国家治理方式从传统到现代的转变

国家治理的第一要义无疑是权威,这是确保治理有效性的保障。但在不同历史阶段,国家权威的来源和性质是不同的。大体来看,存在着两种权威类型,一种是将权威寄托于个人或少数人,他们基于血缘、宗教或者超凡魅力而享有权威,另一种情况则是将权威寄托于规则,这些规则是基于其内涵的理性价值而享有权威的。前一种称为魅力型权威,这种权威的治理称为人治;后一种权威称为法理型权威,这种权威下的治理我们则称其为法治。② 传统中国是一个典型的伦理社会,历朝历代主要实行的是人治基础上的德治传统。在中国古代,国家治理并不是依靠法治推行,而是在人治基础上将君主的个人意志与伦理道德在相互关联中发挥效力。不可否认,以伦理道德为统治工具的国家也能得到短暂而强盛的繁荣,但人类文明史清楚地告诉我们,历史上所有的帝国在其强盛至顶峰之后都最终走向衰退与没落。③

国家治理应该坚决摒弃人治而遵循法治。从现实看,纵观世界各国,国家的良政善治无不依赖于法治。法治意味着法律在国家中成为最高权威并形成普遍有效约束的社会秩序状态,意味着国家和政府机构的结构与权力运作被纳入规范化道路。此外,之所以要摒弃人治,是因为人性具有无法克服的弱点。柏拉图认为,"人类的本性将永远倾向于贪恋与自私、逃避痛苦、追求快乐而无任何理性,人们会先考虑这些,然后才考虑到公正和善德。"④麦迪逊也曾说:"政府本身难道不是反映了人性的最大缺陷吗? 如果人都是天使,就不需要政府了。如果是天使统治人,就不需要对政府有任何外来的或内在的控制了。"⑤这些观点虽然夸大了人的缺陷,但却道明了法治理论的基础和根据:"它不寄希望于社会能够出现一个个伟大贤明、首先高尚的圣人,而寄希望社会能够有一套符合制度伦理的法律规范和有利于这套规范平等实施的体制安排。"⑥依法

① 中共中央文献研究室. 习近平关于协调推进"四个全面"战略布局论述摘编[M]. 北京:中央文献出版社,2015:100.
② 谢岳. 法治与德治:现代国家的治理逻辑[M]. 南昌:江西人民出版社,2003:76.
③ 谢岳. 法治与德治:现代国家的治理逻辑[M]. 南昌:江西人民出版社,2003:78.
④ 李海、贾绘泽. 国外学者论中国特色社会主义民主的优势与走向[J]. 毛泽东邓小平理论研究,2015(5):87.
⑤ 〔美〕汉密尔顿,等. 联邦党人文集[M]. 程逢如,等译. 北京:商务印书馆,1980:264.
⑥ 潘舒雨. 从许霆案看法律与道德[J]. 法制与社会,2009(18):14.

治国是维护社会公平正义、国家长治久安的保障，更是国家治理现代化的重要保障。

(二)现代意义上的国家与法治的关系

首先，我们要明确的是，什么是现代意义上的国家，这样的国家应当具有怎样的标准，它和我们在前面所提到的依法治国有什么联系与区别。美国历史学者斯特雷耶在他的著作《现代国家的起源》中提到了国家起源的几个条件：第一是空间、时间的持续满足；第二是相对永久的、非人格化的政治制度的形成；第三是国家意义上的忠诚和对制度结构和法律的绝对权威。① 而在此基础上形成的现代国家，在制度结构上更加精细，权力之间相互制衡，法律至上，人民契约，更加偏向于启蒙的精神。

在《家庭、私有制和国家的起源》一文中，恩格斯对国家的概念做出了这样的论述："一种表面上凌驾于社会之上的力量，这种力量应当缓和冲突，把冲突保持在秩序的范围以内；这种从社会中产生但又自居于社会之上并且日益同社会相异化的力量，就是国家。"②通过这段话我们可以看出，国家和阶级、私有制一样，不是从来就有的，而是在经济发展的一定阶段上产生的，国家是阶级矛盾不可调和的产物。综合上述这些观点，我们大致可以描绘一幅现代国家的蓝图：现代国家的形成是在一定的经济基础之上，满足了持续的空间（固定的疆域）和时间的条件（稳定的统治），各阶级已经相对成熟并且需要通过契约来成立国家以解决诸多矛盾，以人民主权作为现代国家的合法性基础，并且在此之上强调法律的至上性。我们之所以给出这样的定义，就是希望解决在国家理论上，契约学说和阶级学说之间存在的差异，既然是现代国家，一定是具有普遍性的国家概念，因此我们将契约学说和阶级学说对现代国家的定义进行横向的有机结合，以此丰富和完整现代国家最广泛的意义。

现代国家的最高形式和最理想的形式是彻底的法治国家，在现代国家发展中，国家和法治之间是辩证统一的。一方面，现代国家的成长为法治提供了空间。在国家的现代化进程中，伴随着权力的不断膨胀和社会资源的不断扩展，社会矛盾也随着累积，这就需要有一个化解这些矛盾的制约机制去解决因利益

① 〔美〕约瑟夫·R.斯特雷耶.现代国家的起源[M].华佳，王夏，宗福常，译.上海：格致出版社，2011：18.

② 马克思恩格斯选集：第4卷[M].北京：人民出版社，2012：187.

分配而引起的矛盾、冲突和争端。这些制约机制是多方面、多渠道的,但无疑现代法治是其中最重要、最广泛的规则体系。人们逐渐意识到,政治应当受到一个强有力的法律体系的约束,法治就在这一过程中不断成长成熟。因此,现代国家的成长为法治提供了空间,从建立一套法律体系,到明确宪法和法律的意义和根本目的,在有限的范围内,保障现代国家的合法性和继续发展的可能。另一方面,法治为现代国家的成长提供了方向。从历史时间来看,法治所提供的制度安排及其所体现的制度精神体现了现代国家的成长所需要达到和维护的基本秩序和价值取向。具体说来,法治集中体现现代国家的制度执行能力和决策自主性。法治国家与国家治理具有共生性、同构性与统一性,法治价值孕育和涵养国家治理的基本理念,法治体系培植和型构国家治理体系,法治能力培育和塑造现代国家治理能力,法治建设的成效决定国家治理现代化的成败①。

(三)依法治国是党对执政规律的科学认识和深刻总结

党的十八届四中全会开创性地以依法治国为主题,提出了"全面推进依法治国,总目标是建设中国特色社会主义法治体系,建设社会主义法治国家。"②全会科学地规划了具体实施依法治国的路线图和制度保障,并进一步明确了全面推进依法治国的六大任务,这是中国共产党在执政以来的长期实践中对执政规律的深刻认识,对执政探索结果的科学总结,依法治国理论体系的提出和治国制度的逐步成熟和完善,标志着中国共产党执政能力的提升和执政水平的提高。

1. 改革开放以来全面依法治国战略的推进

进入新的历史时期,我国面对着来自各个方面的巨大挑战,在总结社会主义建设历史经验的基础上,党的十一届三中全会果断地把党和国家的工作重心转移到社会主义现代化建设上来,同时强调:"为了保障人民民主,必须加强社会主义法制,使民主制度化、法律化,使这种制度和法律具有稳定性、连续性和极大的权威,做到有法可依,有法必依,执法必严,违法必究。"③邓小平在《解放思想,实事求是,团结一致向前看》的重要讲话中也提出:"必须使民主制度化、法律化,使这种制度和法律不因领导人的改变而改变,不因领导人的看法和注

---

① 蔡文成. 良法和善治:法治视域中的国家治理现代化[J]. 理论探讨,2015(4):34－38.
② 中共中央关于全面推进依法治国若干重大问题的决定[N]. 人民日报,2014－10－29.
③ 中共中央文献研究室. 三中全会以来重要文献选编:上 [M]. 北京:人民出版社,1982.

意力的改变而改变。"①至此,中国依法治国的道路重新步入正轨。"还是要靠法制,搞法制靠得住些。"1992 年春天,邓小平在深圳说出的质朴而深刻的道理,为社会主义市场经济定下法制基调。1997 年,党的十五大报告正式把依法治国作为基本治国方略,提出建设社会主义法治国家的目标。

2. 在改革开放的时代背景下,中国法治建设踏上了崭新的征程

中国先后于 1988 年、1993 年、1999 年、2004 年和 2018 年对 82 宪法的部分内容进行修改,同时制定了推动中国经济、政治、文化和社会等各方面发展的一大批法律法规。我国改革开放和社会主义现代化建设的总设计师邓小平高度重视社会主义的法治建设,他明确使用了"法治"的概念。强调要通过政治体制改革"处理好法治与人治的关系"。在此基础上,党的十五大明确提出"依法治国"的方略,并将其确立为"党领导人民治理国家基本方略",同时将"依法治国,建设社会主义法治国家"确定为社会主义现代化建设的重要目标之一。提出了"到 2010 年形成有中国特色社会主义法律体系"的重大任务。"②1999 年,九届全国人大二次会议将"中华人民共和国实行依法治国,建设社会主义法治国家"载入宪法。依法治国写入宪法,从把依法治国写入宪法后到 2010 年的这一段时间里,我国法治建设的重要任务是做到有法可依,在立法方面基本建成了中国特色社会主义法治体系。

3. 党的十八大以来,为实现"两个一百年"奋斗目标

以习近平同志为核心的党中央对"全面推进依法治国"的战略决策做出具体部署,习近平总书记就法治专题发表了一系列专题讲话。2012 年 12 月,发表《在首都各界纪念现行宪法公布实施 30 周年大会上的讲话》,2013 年 2 月,发表《在十八届中央政治局第四次集体学习时的讲话》,2014 年 1 月,发表《在中央政法工作会议上的讲话》,2014 年 2 月,发表《在省部级主要领导干部学习贯彻十八届三中全会精神全面深化改革专题研讨班上的讲话》,以及 2014 年 9 月发表《在庆祝全国人民代表大会成立 60 周年大会上的讲话》,等等。在这些讲话中,习近平总书记提出了"法治中国的概念"。党的十八届三中全会通过的《中共中央关于全面深化改革若干重大问题的决定》确认了"法治中国"概念,并将法治建设的纲领确定为"推进法治中国建设"。③

---

① 邓小平文选:第 2 卷[M]. 北京:人民出版社,1994:146.

② 中共中央文献研究室. 十五大以来重要文献选编:上[M]. 北京:人民出版社,2000.

③ 中共中央关于全面深化改革若干重大问题的决定[N]. 人民日报,2013 - 11 - 16.

推进法治中国建设的实践表明,在有法必依方面我们做得还远远不够,司法方面冤假错案不断被揭露出来,暴力执法、权力寻租日益猖獗,这说明法治建设已经成为我国的当务之急,推进法治中国建设成为我国国家建设的重要目标。党的十八届四中全会则聚焦"全面依法治国",会议通过的《中共中央关于全面推进依法治国若干重大问题的决定》中明确提出,全面推进依法治国,总目标是建设中国特色社会主义的法治体系,建设社会主义法治国家。党的十九大报告指出:"全面依法治国是中国特色社会主义的本质要求和重要保障。新时代,全党要继续坚持全面依法治国,明确全面推进依法治国总目标是建设中国特色社会主义法治体系、建设社会主义法治国家,到 2035 年,基本建成法治国家、法治政府、法治社会。"①这些论述的提出标志着全面依法治国构成了我们党的指导思想、基本方略和奋斗目标的重要内容,将全面依法治国提升到了新的发展阶段。

我们分析法治和现代国家治理的发展历程,最终都必然指向中国的实际与实践。应当说,建设"法治中国"条件已经成熟。回顾历史,我们发现,这条路径正是我们在现代国家与法治中提到过的那样,从建设完备的法律体系开始,逐步过渡到深层次法治建设的思考。依法治国否定了人治,确立了法大于天、法高于权的原则,从一定程度上体现了社会公平,避免了以人的意志、情感对事物的判断和思考,促进了社会公平与稳定,保证了国家的长治久安。

(四)准确理解全面依法治国的中国特色

依法治国是推进经济发展和社会建设的重要保证,深化改革就需要有稳定的社会环境和保障措施,无论是改革还是稳定,都离不开法治这个前提,如果缺少了法治的保障,就无法实现改革的目的,甚至出现偏差。也许改革以后产生的问题比改革本身还要多,但又不能不改革,只有改革才能解决我们面临的现实问题。在全面深化改革之时提出"推进国家治理体系和治理能力现代化"和依法治国具有迫切的重要性和巨大的现实意义,它是完成中国社会转型的关键环节。

1. 依法治国是全面深化改革总目标的重大举措

依法治国是指全体社会成员特别是国家权力主体遵循具有公平正义价值

---

① 习近平. 决胜全面建成小康社会,夺取新时代中国特色社会主义伟大胜利——在中国共产党第十九次全国代表大会上的报告[N]. 人民日报,2017 – 07 – 28.

的良法体系以管理国家和社会各项事务的治国方略。换言之,依法治国是以法律作为前提条件,以公正执法为基本要求,以权力制约为内在机制,它包括法治理念、法治制度、法治原则和法治价值等。

改革开放40多年来,中国经济体制改革取得巨大成就,政治体制改革也在逐步完善。现在,改革已经到了攻坚克难的阶段,在这样一个关键时期,各种社会矛盾也会凸显出来。既有发展过程中遗留下来的老问题,也有进一步深化改革进程中遇到的新问题。要解决这些新老问题,就要不断完善中国特色社会主义政治制度,积极推进国家治理体系和治理能力现代化建设。这两个方面问题的解决都需要法治作为保障,始终坚持依法治国,这样才能做到步伐稳健,方向准确,避免犯颠覆性的错误。因为"新的社会经济基础需要与之相适应的政治制度的保障,没有这一保障,经济基础乃至整个社会的转型就不可能最终完成。选择以国家治理体系和治理能力的建设作为社会政治转型的突破口,是中共十八届三中全会的精彩之笔"。① 依法治国,提升社会主义国家治理能力将使中国特色社会主义制度更加成熟、更加完善,为我国全面深化改革指明前进方向,为深化改革的重要指导思想与目标提供制度保障,为社会主义现代化建设提供强大动力。

党的十八届四中全会通过的《中共中央关于全面推进依法治国若干重大问题的决定》阐述的全面推进依法治国必须坚持的五个原则能够更好地帮助我们理解依法治国的中国特色。依法治国不是否定党的领导,党的领导是社会主义法治最根本的保证,坚持党的领导是社会主义法治的根本要求。人民是依法治国的主体和力量源泉,必须坚持法治建设为了人民、依靠人民、造福人民、保护人民,以保障人民根本权益为出发点和落脚点。坚持法律面前人人平等,必须尊重宪法法律权威,任何组织和个人都不得有超越宪法法律的特权。依法治国也不是否定道德规范作用,应该坚持依法治国和以德治国相结合,强化法律对道德建设的促进作用,强化道德对法治文化的支撑作用。依法治国必须从中国实际出发,不断总结中国特色社会主义法治实践经验,发展中国特色社会主义法治理论。

2. 全面依法治国战略是党的领导方式转型的重要标志

国不仅仅指地域概念上的国家,而是指政治共同体意义上的国家机构和社会的统一体,是指国家机构代表人民群众管理国家和社会事务。首先,依靠法

---

① 蔡永飞. 推进国家治理能力现代化的重要意义[N]. 东方早报,2014 – 01 – 01.

律治国,不是依靠个人意志、党的政策、领导人的权威治国理政,而是要依照法律行使权力,包括依法执政、依法行政等。其次,体现正义公平的良法是体现全体人民共同利益的法,是有利于保障经济、社会发展和人民权益的法。再次,治理是指权力机构或者社会组织、公民管理国家和社会公共事务的诸多方式的总和。因此,法治是国家治理的重要方式之一,是不同的利益得以调和的过程。

作为后发型现代化国家,现代化的动力不是社会内部自生的,执政党坚强的领导对推动国家现代化建设起到了重要的作用。传统向现代的转型必然伴随着制度结构、伦理秩序的重建,社会的凝聚与整合受到诸多风险因素的挑战。在这种情况下,中国共产党对现代化的领导和推动、对社会力量的组织和整合起到了不可替代的作用。在全面推进依法治国的进程中,党的领导方式更加优化和与时俱进,在不断加强自身建设的基础上,党始终发挥根本性和全局性的领导作用:领导立法、监督执法、支持司法、带头守法。确保全面推进依法治国的正确的政治方向。运用民主集中制原则维护中央权威、维护全党全国的团结统一。

3. 新时代推进全面依法治国的中国实践

国家治理现代化不仅需要经济的强大作为支撑,还需要一个完整的法律体系来规范各个领域的行为。国家治理现代化的实质就是用法治思维和法治方式治国理政,把法治理念、精神、原则和方法贯穿于国家和社会事务管理的各个方面,形成制度并加以规范,建立起将制度优势转化为治理国家效能的机制,促进国家治理的制度规范有序运转。

新时代推进依法治国的中国实践,就是要在中国共产党的领导下坚持中国特色社会主义道路,全面推进建设中国特色社会主义法治体系、建设社会主义法治国家的依法治国总目标,构建"完备的法律规范体系,高效的法治实施体系,严密的法治监督体系,有力的法治保障体系和完善的党内法规体系"。[①] 实现科学立法、严格执法、公正司法、全民守法的基本格局,协调构建社会主义法治国家,即以法治国家、法治政府和法治社会为一体的法治中国,推进国家治理体系和治理能力的现代化,最终与其他方面的建设共同推进中国特色社会主义现代化。

总之,"全面依法治国"是新时代中国法治发展史上的最新话语,奠定了中

---

① 胡建淼. 全面依法治国是习近平新时代中国特色社会主义思想的重要内容[J]. 行政管理改革,2017(11):30.

国特色社会主义法治话语体系的基础,提升了国家治理现代化的格局。它具有强大的导向功能和指引功能,为法治中国建设绘就了新的蓝图,是实现国家治理体系和治理能力现代化的必由之路。全面依法治国是全面发扬社会主义国家人民当家作主的根本保障,是实现国家治理现代化的重要内容和主要途径。

二、依法治国与国家治理现代化的相互关系

依法治国是党领导人民治理国家的基本方略,国家治理现代化就是要推进和实现国家治理体系和治理能力的法治化、民主化、科学化和信息化,国家治理现代化的核心是法治化。总体来看,依法治国与国家治理现代化是相互促进、相辅相成的关系。依法治国与国家治理现代化是中国特色社会主义事业发展的必然要求,是在深入总结我国现代化建设经验教训的基础上提出来的治国理政的新理念新思想新战略。也是对我国现代化发展新阶段、转型期所面临的各种严峻挑战做出的主动回应。

(一)法治是实现国家治理现代化的根本要求

国家治理现代化的根本动力来自我国经济社会发展的需要。当前,我国建立了以市场经济为目标的经济体制,要求国家的政治体制改革必须要适应市场经济发展的要求,市场经济是法治经济,因此,法治不仅仅是治国理政的手段,更是实现国家治理现代化的核心。国家治理现代化就是实现国家治理法治化,目标是建成现代法治国家、法治政府和法治社会。

1. 法治是衡量国家治理现代化的一个重要标准

法治是衡量和实现国家治理现代化的重要标准之一。"所谓国家治理体系和治理能力的现代化,就是使国家治理体系制度化、科学化、规范化、程序化,使国家治理者善于运用法治思维和法律制度治理国家,从而把中国特色社会主义各方面的制度优势转化为治理国家的效能。"①世界银行推出的指数由6个指标构成:公民表达与政府问责、政治稳定与低暴力、政府效能、管制质量、法治和对腐败的有效控制。对应这些指标,国家治理能力现代化的目标应该是"更强的政府问责、更高的政治稳定与更少的社会暴力、更高的政府效能、更高的管制

---

① 江必新. 推进国家治理体系和治理能力现代化[N]. 光明日报,2013 – 11 – 15.

质量、更完善的法治以及更少的腐败"。① 由以上可见,把法治看作国家治理现代化的标准之一,已经成为人们的共识。

法治是现代文明国家的共同特征。法治思想起源于古希腊,柏拉图和亚里士多德都对法治思想做出了探讨。尽管柏拉图崇尚"哲学王"的统治,但他也没有完全忽视法律的作用,他认为法律是"第二等好国家的统治者",即这个国家是奉法律至上的政府,统治者和臣民都服从法律,这个国家的人们应受法律的统治而非强迫性的统治。亚里士多德师承柏拉图但他不接受柏拉图《理想国》的国家治理模式,他继承了柏拉图的《法律篇》的思想,他给法治做出了明确的定义,即:"已成立的法律获得普遍的服从,而大家所服从的法律又应该本身是制定的良好的法律。"②法治思想尽管起源于古希腊,但由于没有经济基础的支撑,不是今天意义上真正的法治。随着人类社会的发展,特别是近代资本主义的兴起,它在带给人类痛苦经历的同时也给人类带来了现代文明的曙光,古希腊的法治思想在近代得到了继承和发扬。进入 21 世纪之后,推进国家治理法治化成为国际社会的潮流,法治成为民主、文明国家的基本共识。

在和平共处五项原则发表 60 周年纪念大会上的讲话中,习近平总书记再次主张:"共同推动国际关系法治化,推动各方在国际关系中遵守国际法和公认的国际关系基本原则,用统一适用的规则来明是非、促和平、谋发展。"③当今世界,国家之间、区域之间乃至世界范围内的很多问题越来越多地被纳入法治轨道。在这样的国际时代背景下,加快推进国内法治,尤其是推进国家治理法治化,毫无疑问是顺应历史潮流的正确选择。④

2. 法治是政治体制改革的基本内容和保障

法治的基本价值原则之一就是保障公民的自由,自由从某种意义上来说与政府权力是相对的,如果政府权力过大,则公民受到政府权力的约束也越大,公民的自由也容易受到限制,因此,现代法治政府构建的原则之一就是"法无授权不可为"。对于政府权力,现代法治国家追求最小的政府,对政府权力实行严格限制,政府要想增加权力,必须经过修改宪法或者议会的授权,政府自身不能增加自己的权力。

---

① 包刚升."国家治理"新思路[J].领导科学,2013(3):20.
② 亚里士多德.政治学[M].吴寿彭,译.北京:商务印书馆,1965:199.
③ 习近平.弘扬和平共处五项原则 建设合作共赢美好世界——在和平共处五项原则发表60 周年纪念大会上的讲话[M].北京:人民出版社,2014:11.
④ 张文显.法治与国家治理现代化[J].中国法学,2014(4):5.

现代国家的国家治理体系不仅是按照法治原则来建构,而且其运行规则也是按照法治精神来运转。如果一个国家只是建构了健全的法治国家机构,而不能按照法治精神运行,那么这个国家也不是真正的法治国家,更不可能实现国家治理的现代化。国家治理现代化还意味着由统治转为治理,治理与统治相比,权力运行手段和方式不同,统治是命令与服从的方式,人们不能问为什么,只有被迫服从,这种方式不能让人民真正自觉接受管理,容易引发管理者与被管理者之间的尖锐矛盾和冲突。而治理则强调求政府管理行为要遵守程序,管理行为规范,对于公共政策要公开、透明,在治理主体方面不仅仅是政府参与社会治理,而且鼓励公民和社会组织的参与和协商。治理要求权力来源合法,管理程序合法,这使得治理更能得到大家的认可,更具有合法性。

党的十八届三中全会报告指出,政治体制改革要"紧紧围绕坚持党的领导、人民当家作主、依法治国有机统一深化政治体制改革"。由此可以看出依法治国既是实现国家治理现代化的基本内容,同时还是依法治国加强党的领导和社会主义民主的保障。"民主与法治是一个硬币的两面,从来就不可分割。对于国家治理的现代化来说,民主和法治缺一不可。民主是一种国家制度,有诸多要素,其中法治是民主政治不可或缺的要素。……民主与法治相辅相成,没有民主,不可能有法治;没有法治,也不可能有真正的民主。"①

加强党的领导,首先要保证党的活动都在法律范围之内。党是推进国家治理体系和治理能力现代化的领导力量,我国的法律是党带领人民制定的,如果各级党组织和党员领导干部自身不能带头依法执政,那么党的领导也就失去了威信,党的领导也就大打折扣。加强党的领导就要带头以民主法治的方式推进国家治理现代化,要牢固树立民主法治意识,带头维护宪法和法律的权威,这实际上就是维护党的执政权威,增强党执政的合法性。

3. 法治能够凝聚共识团结各族人民

国家治理能力现代化就是"增强按制度办事、依法办事意识,善于运用制度和法律治理国家,把各方面制度优势转化为管理国家的效能,提高党科学执政、民主执政、依法执政水平"。②"国家治理能力是指运用国家制度管理社会各方面事务,使之相互协调、共同发展的能力。包括改革发展稳定、内政外交国防、

---

① 俞可平. 沿着民主法治的轨道推进国家治理现代化[J]. 求是,2014(8):56.
② 习近平. 习近平谈治国理政[M]. 北京:外文出版社,2014:92.

治党治国治军等各个方面。"①国内外实践证明,法治对于提升国家治理能力具有非常重要的意义。

法治的根本价值追求就在于最大限度地保护公民权利,保护个人自由,这与今天市场经济条件下人们的价值多元化是一致的。"法无禁止即可为",它能够最大限度地保护每个人的自由权利不受侵犯。在追求价值多元化和个性的时代,法治给予每个公民最大限度的权利保护,因此,法治容易得到大家的认可。

当今是价值观多元时代,市场经济的发展,一方面是由于人们利益发生分化产生观念上的分化,各种观念和价值观共存。另一方面,市场经济更强调产品的独特性和不可替代性,这种思维方式使人们在生活上也更强调和显示自己的个性,于是价值观多元成为这个时代的必然现象。在价值观多元的时代,"国家治理现代化的推进需要多元主体共识的形成,在当代中国表现为中国特色社会主义共同理想的塑造"。② 而这个共识就是法治中国。从形式上来说,法治要求法律面前人人平等。作为公民都享有平等的权利和义务,虽然法治还没有实现马克思所追求的经济上的平等,但从当前的经济条件所能实现的公平和公正来说,法治是最大程度的实现了人与人人之间的平等。

尽管每个时代公平和公正的主要内容不同,不同的人对公平的理解也不一样,但法治的公平注重从实质公平到形式公平的统一,用形式公平来维护实质公平,法治对公平和公正的追求容易得到大家认可。在法治语境下,法律是公平公正的代表。法治要求法律代表的不是某个或者某些人的意志和利益,而是最大多数人的利益和意志。法治的根本要求就是多数决定,保护少数。因此,法治既然是大多数人的决定,必然是体现了大多数人的利益和要求,从逻辑上来说当然是公平公正。

党的十九大报告指出:"增进民生福祉是发展的根本目的。必须多谋民生之利、多解民生之忧,在发展中补齐民生短板、促进社会公平正义,在幼有所育、学有所教、劳有所得、病有所医、老有所养、住有所居、弱有所扶上不断取得新进展,深入开展脱贫攻坚,保证全体人民在共建共享发展中有更多获得感,不断促

---

① 习近平. 习近平谈治国理政[M]. 北京:外文出版社,2014;91.
② 魏崇辉. 当代中国国家治理现代化的理论指导、基本理解与困境应对[J]. 理论与改革,2014(2);8.

进人的全面发展、全体人民共同富裕。"①实现公平正义本身就是法治的价值追求,同时保障民生、改革收入分配制度也都需要法律的保障,发展基本公共服务,实现多元主体的社会治理体制和社会自治,都需要在法律的框架内提高人们依法办事和自觉守法的能力。

(二)依法治国与国家治理现代化内在统一

尽管依法治国和国家治理现代化有着明显的不同,不能完全等同,但是二者联系密切,依法治国与国家治理现代化是相辅相成的统一体。国家治理程度高低的一个基本点是对国家制度和法律的执行能力,因此,推进中国特色社会主义国家治理现代化,依法治国是一个本质特征与核心要素,必须坚持坚持党的领导,依法治国,实现国家治理现代化。

1. 实现国家治理现代化必须坚持依法治国

依法治国包含的法治思维和法治方式与国家治理现代化具有内在统一性。国家治理现代化是全面深化体制改革的重大内容和目标,国家治理现代化意味着治国理政的方式法治化,需要善于运用制度和法律治理国家。

依法治国是实现国家治理现代化的逻辑起点。对于如何实现国家治理现代化,不同学者有不同的见解,而法治是每一位学者默认的一个逻辑起点和重要因素。国家治理现代化的要素中包含了法律、道德、风俗习惯、政策制度等多种因素,但法律是其中最重要的因素。治理需要的是实现一种治理秩序,只有法律可以按照公平正义原则在政府和社会之间建立一种具有权利义务的互动体系。新时代,"我国的社会主要矛盾已经转化为人民日益增长的美好生活需要和不平衡不充分的发展之间的矛盾"。② 国家和人民群众的利益诉求、社会管理目标的实现、人民群众日益增长的美好生活需要、社会的和谐稳定、社会发展活力的激活等都是国家治理现代化的动力和源泉。如何为党和国家事业发展、人民幸福安康、社会和谐稳定、国家长治久安提供更加完备、稳定、有效的制度体系,都是摆在我们面前的重大历史任务。面对这个重大的历史任务,必须要进行全面深化改革,必须要不断在国家治理体系和治理能力现代化上取得总

体效果。① 抽离了法治的国家治理，必然落入人治的旧传统，国家治理现代化就成为一句空话。可以说，"依法治国是坚持和发展中国特色社会主义的本质要求和重要保障，是实现国家治理体系和治理能力现代化的必然要求"②。

依法治国是国家治理现代化运行的基本方式。只有把法治作为治国理政的基本方式，才能为人民群众参与国家治理提供必要的途径和基础保障，才能使法治精神不仅停留在价值层面上，而且落实于实践过程中。国家治理现代化的核心是法治，推进国家治理现代化，实现经济发展、政治清明、文化昌盛、社会公正、生态良好，这些都离不开法治的引领规范。党的十八大明确指出"法治是治国理政的基本方式"。③ 之后，习近平总书记又特别强调："法律是治国之重器，法治是国家治理体系和治理能力的重要依托。"④新时代国家治理的法治逻辑需要正确认识和把握法治之于国家和社会整体发展的重要性，即适应新时代我国社会主要矛盾的变化，法治是不可缺少的核心内涵；坚持和加强党的全面领导，法治是关乎全局的战略支点；贯彻新发展理念，建设现代化经济体系，法治是必要遵循。这条逻辑极具理论价值和时代意义，探讨国家治理的法治需求，把握国家治理的法治逻辑，论证法治在国家治理现代化中的基础性作用，进而自觉运用法治思维和法治方式推进国家治理体系和治理能力现代化，逐步把国家治理现代化纳入法治化轨道，为国家治理提供有力的法治保障。⑤ 总之，要确保我国在深刻社会变革过程中，仍能够井然有序地向前发展，就必须把党和国家工作纳入法治化轨道，依靠法治统筹社会各种力量，协调社会关系，平衡社会利益，规约社会行为。只有这样，国家治理才能上一个新的台阶，真正实现传统治理向现代治理的全面转型。

依法治国是衡量国家治理现代化的重要指标。对于国家治理现代化，包括诸如民主化、科学化、公平化和法治化等多种评价标准，但法治化水平是衡量国家治理现代化的最重要标准，是现代化的重要标志。只有实现国家治理的法治化，才能最大限度地凝聚共识，增强国家治理的合力，形成上下协同、多元共治

---

① 黄亚果，周希贤. 新时代国家治理的法治逻辑[J]. 重庆社会科学,2018(7):74.

② 中共中央文献研究室. 习近平关于协调推进"四个全面"战略布局论述摘编[M]. 北京：中央文献出版社,2015:91.

③ 中共中央文献研究室. 十八大以来重要文献选编：上[M]. 北京：中央文献出版社,2014:21.

④ 中共中央文献研究室. 习近平关于协调推进"四个全面"战略布局论述摘编[M]. 北京：中央文献出版社,2015:91.

⑤ 黄亚果，周希贤. 新时代国家治理的法治逻辑[J]. 重庆社会科学,2018(7):74.

的国家治理模式。俞可平认为衡量一个国家治理体系是否现代化,有如下五个标准:"公共权力运行的制度化和规范化、民主化、法治、效率、协调。"①这些标准又或多或少和法治相关联。他还概括了我国治理评估框架包含的 12 个方面的基本内容:公民参与,人权与公民权,党内民主,法治,合法性,社会公正,社会稳定,政务公开,行政效益,政府责任,公共服务,廉政。这些指标大多数也和民主、法治相关联。因此,判断国家治理现代化水平的最为关键的一个指标就是法治,首先要看这个国家是不是法治国家。

2. 依法治国与国家治理现代化的各自侧重点

依法治国是在国家治理现代化的探索中提出来的,是对国家治理方略发展到更高水平提出的新要求,是对依法治国,建设社会主义法治国家经验的深刻总结。随着社会主义法制建设的不断完善和民主法制建设的发展,人们越来越意识到依法参与国家治理、社会管理是人民群众的重要权利。

依法治国就是依照宪法和法律来治理国家。是党领导人民治理国家的基本方略,就是广大人民群众在党的领导下,依照宪法和法律规定,通过各种途径和形式管理国家事务,管理经济文化事业,管理社会事务,保证国家各项工作都依法进行,逐步实现社会主义民主的制度化、规范化、程序化,使这种制度和法律不因领导人的改变而改变,不因领导人看法和注意力的改变而改变。国家治理现代化则是坚持党的领导和国家主导的力量,注重各方的积极性、参与性,坚持国家制度建设,追求自由民主公平正义,充分调动和运用法制的力量、市场的力量、社会的力量、人民的力量,实现法治、德治、共治、自治,实现各项事务治理的制度化、规范化、程序化、民主化。

依法治国与国家治理现代化的主要区别有:首先,"国家治理"理念的提出是一大飞跃,"治理"不同于"管理",它们在权力主体、权力来源、权力运作、和权力范围方面有着明显的不同,俞可平认为:从"管理"到"治理"是理念上的飞跃和实践上的创新。② 其次,虽然法治是国家治理现代化的核心,但并非唯一手段,国家治理现代化的方式是法治、德治、共治、自治的统一。从这个角度来说,国家治理现代化涵盖着依法治国。再次,国家治理现代化的基本目标,包括实现各项事务治理的制度化、规范化、程序化和民主化,强调各种社会主体平等共同参与的共治,依法治国则强调系统治理、综合治理。最后,国家治理现代化是

---

① 俞可平. 沿着民主法治的道路,推进国家治理体系现代化[OL]. 凤凰网,2013 – 11 – 30.
② 俞可平. 论国家治理现代化[M]. 北京:社会科学文献出版社,2014:22 – 23.

治国理政追求的目标,而依法治国则是为实现这一目标的核心手段,它们之间是目标和手段的关系。

3. 国家治理能力现代化以实现法治化为价值追求

在国家治理现代化进程中,每一个目标的实现都离不开法律的保障,国家的治理需要一个杠杆——法律,以保证国家治理现代化的正常推进。要想确保国家治理高效有序,必须遵循一定的规则,这种规则便是法律体系,即要推行法治,建设法治中国。法治是国家治理、政府治理及社会治理的基本方式,其实质即运用法治思维和法治方式治理。建设法治中国,国家治理的一切主体都要受法律的约束,必须在宪法和法律规定的范围内活动。法治是实现国家治理能力现代化的根本路径。将法治化作为国家治理能力现代化实现的价值追求,就要将法治贯穿于全面深化改革的全过程,覆盖经济、政治、社会、文化、生态文明和党的建设等方方面面,充分发挥法治在破除旧的体制机制阻力及引领改革创新方面的作用,真正实现法治中国建设对国家治理能力现代化的引领作用。

将实现法治化作为作为国家治理能力现代化实现的价值追求,要求以问题为导向,以现代化的制度构建促进治理能力的现代化。正如习近平总书记所说:"推进国家治理体系和治理能力现代化,就是要主动适应时代变化,既改革不应实践发展要求的体制机制、法律法规,又不断构建新的体制机制、法律法规,使各方面制度更加科学、更加完善,实现党、国家、社会各项事务治理制度化、规范化、程序化。要更加注重治理能力建设,增强按制度办事、依法办事意识,善于运用制度和法律治理国家,把各方面制度优势转化为管理国家的效能,提高党科学执政、民主执政、依法执政水平。"[①]

需要注意的是,依法治国和依法执政是国家治理的基本方略。也就是说,国家治理不仅需要完备的法律体系,也要求广大执法人员能依法执政。法治作为治国理政的基本方式,是一种与人治相对立的治国手段,要求国家和社会生活依法而治,在治理的过程中,政府的作用是营造安全稳定和谐的社会环境,制定好良法和完善的制度,保障社会有序良性运转,保障人民群众利益不受侵犯,不断提高人民群众生活水平和幸福指数。

综上,现代化的国家治理必定是以法治为基础的,没有法治的国家,很难保

---

① 习近平. 切实把思想统一到党的十八届三中全会精神上来[N]. 人民日报,2014 – 01 – 01.

持稳定而成为一个秩序混乱的国家,治理自然也无从谈起。只有依法治国,才能实现真正意义上的国家治理现代化。因此,回顾依法治国的发展历程,也是梳理国家治理现代化提出的过程的必然性。

(三)国家治理现代化中国家利益的法治保障

法治中国是中国梦的重要组成部分。要想实现富强中国、民主中国、文明中国、和谐中国、生态中国、公平中国等一系列梦想,就必须在建设有序高效的现代化国家治理能力和治理体系中依托全面依法治国战略来切实保障国家的利益,实现社会主义政治文明所追求的法治与公平的目标,把各方面的制度优势转化为治理国家的效能。只有在法治的框架下,国家治理体系科学化、规范化、程序化才能更加成熟。

1. 依法保障国家治理模式转型的社会主义价值取向

党的十八届三中全会总结了改革开放以来社会主义政治文明建设的历史经验,提出"完善和发展中国特色社会主义制度,推进国家治理体系和治理能力现代化"的目标。中国共产党对现代化的认识经历半个世纪之久,实现了马克思主义国家理论的重大创新。

我国的国家治理模式先后经历了统治型模式、管理型模式和善治型模式的演变过程,我们确实取得了一系列成就。同时我国的发展正处在社会转型的关键期,社会结构变动、利益格局调整、思想观念变化等诸多挑战对国家治理模式转型过程中的社会主义价值取向造成了一定的威胁。社会主义的价值取向集中体现在其优越于资本主义的政治文明。具体表现为社会主义国家不仅赋予人民形式上、制度上人民当家作主的权利,而且在国家治理模式转型过程中不断推进人民在实质上当家作主的程度。民众的选举权、知情权、监督权等合法权利只有在全面依法治国的方略下才能充分落实,从而对国家治理的实际过程产生实效性的推动,使得普通民众的诉求和福利得到落实。

国家治理现代化的转型,对于中国这样一个经历了几千年"人治"的国家来说,是国家治理方式所发生的革命性变革和国家治理思维的深层次转型。这种转型虽然痛苦艰难,却是回应时代挑战的必然要求。

2. 在"命运共同体"建设中把握主动权,捍卫国家利益

全球化进程中,各方面的风险也不容忽视。自从20世纪90年代开始,中国已经被深深卷入全球资本主义的生产、贸易和金融的合作分工之中。经济全球化的进程伴随着资本的力量的扩展,已经越过经济领域开始对政治领域和意

识形态安全产生多方面的影响。

当前中国在国际合作中,国家核心利益维护的问题依然十分严峻。一些西方国家发起全球地缘战略,通过拉拢中国周边小国对中国形成牵制和围追堵截的格局;南海、钓鱼岛的争端也在不断增多,使得中国的对外战略面临着重大困境;"藏独""疆独""台独"等分裂势力、宗教极端主义与国外势力勾结对我国的国家主权造成严重威胁。

全球命运共同体主动权的构建必须依托国内发展的底气。国内建设取得显著成效,在我们面对国际上各种明枪暗箭的时候就能够更加敢于和善于维护自己的核心利益。维护国家利益需要有国家的实力作为支撑,军事实力的强大要依托经济实力的强大、综合国力的强大及国内社会的安全稳定。在当今中国国内社会矛盾凸显,改革进入攻坚期、深水期的关键时刻。转化治国思维方式,走法治强国之路,发动人民群众的力量多方面、多领域、多层次地治理国家是必由之路。

3. 把握主动权,审时度势地防范风险

法治中国的现代化国家治理必然包括防范国际风险,捍卫国家利益的能力。中国以更负责任的大国形象主动参与建设命运共同体,在全球化的冲击下一方面要主动地回应参与全球治理向中国提出的各种挑战;另一方面要坚决捍卫国家的核心利益与意识形态安全。唯有依托强大的现代化国家治理能力在参与全球命运共同体的建设中把握主动权,不被霸权主义牵着鼻子走。完善制度,加强国家治理顶层设计的针对性和科学性,以全面依法治国为重要保障夯实自己的方寸和阵脚。

全球化时代的到来,资本主义的意识形态和政治模式对我们社会主义国家的治理道路产生巨大冲击。把资本主义的政治经验进行社会主义改造,把社会主义的原则和世界先进政治文明结合起来,坚持中国特色与整体人类文明进步相结合,而这些都只有在社会主义法治的框架内进行才能保证几代人艰苦奋斗得来的江山"不变色"!"这其中必须要牢牢把握底线思维,维持适度的军事力量,对侵害国家主权的行为进行斗争。要敢于斗争,敢于博弈,又要从最坏处想、向最好处努力,还要能够根据需要和条件变化放弃一些一般利益,局部利益和暂时利益,既要有斗争,又要有妥协。"①绝对不能让国家利益淹没在全球化的浪潮里。国家强大了,运用底线思维的空间就大了,中国的法治话语权在世

_____

① 陈舟. 筑牢底线思维 维护核心利益[N]. 中国国防报,2013 – 11 – 05.

界范围内发声就更加有力量,中国参与全球治理的主动性和积极作用也就更加显著了。

总之,在参与全球命运共同体建设中,必须依托中国发展起来的现代化国家治理体系和治理能力,依托法治强国的道路把握主动权,审时度势地防范风险,保卫国家利益。

(四)依法治国助推国家治理现代化目标的实现

前面我们从理论逻辑角度阐述了依法治国与国家治理现代化是内在统一性。仅仅到这里尚且不够,还需要进一步揭示依法治国和实现国家治理现代化的实践进路。在全面深化改革、努力实现中国梦的历史进程中,在推进国家治理现代化的背景下,全面推进依法治国能够发挥重要作用。揭示依法治国在实现国家治理现代化中的重要作用,有助于更好地理解二者的内在逻辑关系。

1. 全面贯彻落实宪法,推进国家治理现代化

宪法是国家的根本大法,是治国安邦的总章程,具有至上的法律权威和法律效力。党的十八届四中全会明确提出:"坚持依法治国首先要坚实依宪治国,坚持依法执政首先要坚持依宪执政。"①中国共产党在推进国家治理现代化,努力构建系统完备、科学规范、运行有效的国家治理体系过程中,必须在宪法构架下,不能凌驾和超越宪法。

40多年来,我国宪法在保障人民当家作主、促进改革开放和中国特色社会主义建设,推动我国法治进程等方面发挥了重要作用。然而也存在着许多不足,主要表现在:"保证宪法实施的监督和具体制度还不健全,有法不依、执法不严、违法不究现象在一些地方和部门依然存在;关系人民群众切身利益的执法司法问题还比较突出;一些公职人员滥用职权、失职渎职、执法犯法甚至徇私枉法严重损害国家法制权威;公民包括一些领导干部的宪法意识还有待进一步提高。"②

基于此,2018年的修宪抓住了全面依法治国与"五位一体"总体布局的契合点,显示了立法与改革的携手并进、相得益彰,使富强民主文明和谐美丽的社会主义现代化强国建设具有可靠的法治根基。通过宪法修改,将党和人民对社

---

① 中共中央文献研究室.十八大以来重要文献选编:中[M].北京:中央文献出版社,2016:160.

② 中共中央文献研究室.十八大以来重要文献选编:上[M].北京:中央文献出版社,2014:87.

会主义建设规律和社会主义现代化发展规律的科学认识融入以宪法为核心的中国特色社会主义法律体系中来,确认了宪法法律在国家各领域建设中的推动和保障作用,这有利于引领全党全国人民把握规律,在新时代不断开创党和国家事业发展新局面。①

2. 不断强化法治规范,促进国家治理现代化

法律是民主政治社会中最重要的规则,它作为社会关系的调整器,是所有社会规范中最具有明确性、确定性和国家强制性的规范。"治理一个国家、一个社会,关键是要立规矩、讲规矩、守规矩。法律是治国理政最大最重要的规矩。推进国家治理体系和治理能力现代化,必须坚持依法治国,为党和国家事业发展提供根本性、全局性、长期性的制度保障。"②法律以其规范性、强制性为特点,通过制定和实施等活动,调整社会关系,平衡社会利益,整合社会资源,维护社会秩序,达到构建和谐社会的目标。

在推进国家治理现代化的过程中,强化法治规范具有重要意义。一是保证国家治理在法治轨道上进行,防止违法行为和现象发生。习近平总书记在中共十八届四中全会第二次全体会议上讲话指出把党和国家工作纳入法治化轨道,坚持在法治轨道上统筹社会力量、平衡社会利益、调节社会关系、规范社会行为,依靠法治解决各种社会矛盾和问题,确保我国社会在深刻变革中既生机勃勃又井然有序。总之,依法治国和国家治理现代化体现着活力和秩序的统一。二是通过实体法规范和程序法规范,将国家治理的制度、原则、方式固定下来,使国家治理更加科学、严谨、协调。把国家治理体系中的有关制度的立、改、废纳入法治轨道,借助法治的规范和强制力量推进国家治理的制度创制和创新。全面推进严格执法和公正司法,保证国家治理有关制度的有效贯彻实施,增强国家治理法律制度的执行力。三是借助法治的权威性和强制性,提升国家治理的执行力,有效推进国家治理现代化。中国共产党治国理政方式的现代化、法治化,有助于将党的治理国家的意志通过法律方式上升为国家意志,也有利于巩固党的执政合法性,减少执行阻力。四是法治有纠偏和矫正的作用,如果国家治理制度创新出现偏差,国家治理制度或体制之间发生冲突,或者在执行过程中遇到阻碍,国家就能够通过有权机关依法做出应对和处置,从而及时解决矛盾和问题,减小社

---

① 虞崇胜. 坚持"三者有机统一":新时代国家治理现代化的黄金法则[J]. 当代世界与社会主义,2018(4):3.

② 中共中央文献研究室. 习近平关于协调推进"四个全面"战略布局论述摘编[M]. 北京:中央文献出版社,2015:100.

会支出成本,增强社会治理效益,保证国家治理有序和有效推进。

3. 始终坚持公平正义,推进国家治理现代化

在近代政治学家眼中,正义是一种评价社会制度的道德标准。"正义的对象是社会的基本结构——用来分配公民的基本权利和义务、划分由社会合作产生的利益和负担的主要制度。"①也就是说,"正义"意味着在既有社会制度下,社会成员的权利、义务和利益的合理分配。而让各种社会组织和个人共同参与到治理活动中,是治理的内在要求,是对社会成员各项权利和义务的实际运用。在实现共同目的和共同参与的基础上,社会成员的利益理所应当会得到最合理的分配,实现"正义"的价值。国家治理现代化蕴涵的一个基本的价值理念也是公平正义。"公正是法治的生命线,公平正义是我们党追求的一个非常崇高的价值。"②推进全面依法治国,必须紧紧围绕保障和促进社会公平正义来进行。在这一点上,二者是完全一致的。因此,依法治国促进社会公平正义与国家治理现代化高度契合。无论是立法、执法和司法都始终要坚持公平正义。

法治是治理国家的关键,法治化是国家治理现代化的核心。国家治理法治化的核心要义就是良法善治。良法是善治的前提与基础,这是不言自明的,然而何谓"良法"? 人们虽然有着不同的认识,但有一点应该是有共识的,只有秉持了公平正义原则的才能谓之良法。善治需要借助良法的贯彻和实施,何谓"善治"? 俞可平在《论国家治理现代化》一书中从政治学角度概括了善治的十个基本要素:"合法性、法治、透明性、责任性、回应、有效、参与、稳定、廉洁、公正。"③从法学角度来看,所谓"善治"就是要把制定良好的法律付诸实施,公平正义,公正合理高效及时地用于治国理政。全面推进依法治国,实现国家治理现代化就必须坚持维护法治权威,弘扬法治精神,传播法治理念,强化国家治理的合宪性和合法性,坚持法律面前人人平等,科学立法、民主立法、严格执法、公正司法。

依法治国,即依公平正义之法治国理政。没有良法,缺失公平正义的社会,国家治理必然会出现问题,很难维持社会的长期稳定有序,也不可能实现国家治理由传统向现代的积极转型。从这点来看,依法治国的全面推进,是国家治理方式转型的必然要求。

---

① 王增收.论自由主义正义的限度及超越[M].北京:中国社会科学出版社,2014:20.
② 中共中央文献研究室.习近平关于协调推进"四个全面"战略布局论述摘编[M].北京:中央文献出版社,2015:117.
③ 俞可平.论国家治理现代化[M].北京:社会科学文献出版社,2014:59－60.

综上所述,依法治国和国家治理现代化虽然不能完全等同,但它们内在的核心要义是一致的,体现着治国理政方式和观念的革新与进步,二者的实践指向都是致力于人的发展和社会进步,都服从服务于中华民族伟大复兴中国梦的历史任务。

三、全面深入把握依法治国与国家治理现代化

对于依法治国和国家治理现代化绝对不能孤立地去看待,应该把它们放在我国的现实国情下来把握,脱离现实国情不可能全面准确地理解依法治国和国家治理现代化。同样也只有在现实国情中才能进一步理解二者的密切关系,才能明白它们的战略意义和现实价值。

我们从社会转型这一独特的发展阶段,"四个全面"战略布局的顶层设计,中华民族伟大复兴的历史任务,人的全面发展的价值目标,党的长期执政等几个方面来进一步认识依法治国与国家治理现代化。这也是对"为什么要提出并推进依法治国与国家治理现代化"这一问题的一个初步的回答。

(一)从社会转型角度认识:传统到现代

中国近代社会以来面临的一个最大的宏观的社会背景,即中国社会在转型,它不断地由传统社会向现代社会转型,从农业社会向工业社会和后工业社会,从熟人社会向陌生人社会,从自然经济向商品经济,从封闭社会向开放社会转型。当前中国的社会转型处在加速时期,变化日新月异。社会转型的加速期表现为人的生产方式、生活方式、心理结构、价值观念,甚至心理定势都在发生巨大的变化,变迁是非常剧烈的,体现在各个方面,经济、政治、文化、社会、生态、党的建设各个领域。这种社会变迁对我们的社会治理提出了新的更高的要求。治理方式由传统到现代,由人治向法治转变成为必然趋势。依法治国和国家治理现代化正是在总结我国社会转型的经验教训基础上提出来的。

1. 农业社会向工业社会、后工业社会转变

我国国情特殊,转型任务异常艰巨,由农业社会向工业社会,由乡村社会向城镇社会,由计划向市场,由封闭向开放转变,无论哪个方面的转型都非易事,更不用说这些转型要在一个国家一段时期内同时推进,而这恰恰就是我们当前面对的情况。社会转型期,情况复杂,旧的秩序逐渐消亡,而新的秩序又未完全

成型,社会同时具有新旧两种特征,新旧特征交叉叠加,这给社会治理提出了挑战,以往的社会治理方式难以维持,客观上要求治理方式的转型。社会转型首先表现在由落后的农业社会向工业社会,甚至是后工业社会转变。社会由传统向现代的转变并非简单的量变,旧有的社会治理方式必然被打破,取而代之的是适应新形势的社会治理方式。

费孝通从社会学角度,考察了中国传统社会,他认为中国社会的基层是乡土性的,农业是主导产业,农业不同于游牧业和工业,游牧的人逐水草而居,居无定所,做工业的人可以择地而居,迁移无碍。而现代社会人员流动之迅速超出了人类历史上的任何时期,是"陌生人社会"。需要依靠法治才能更好地约束社会人的行为,保证人们的行为不越轨。"熟人社会"重视人情和关系,是一个"关系社会",办事大多凭人与人之间关系的生熟程度、感情深浅程度,责、权、利的界线较为模糊,他人的权利容易被侵犯。在"陌生人社会"中,人与人之间的交往和信任靠制度或契约来维系。因此,"陌生人社会"又被称为"契约社会"或"法治社会",它是传统社会向现代社会发展的基本趋势,是市场化、城市化、全球化的必然结果。

当前,我们正向现代化方向前进,逐渐改变着旧有的生活方式和价值观念。由乡土社会向现代社会转变,单靠礼治、道德约束显然独木难支。这就要求治理方式由人治向法治转型,德治与法治相结合。推进这一转型,还由于在转型期利益调节的推进,出现了阶层分化、利益失衡,城乡差距等现实问题,解决这些复杂的现实问题客观要求治理方式必须转变。

2. 计划经济向市场经济转型

20世纪90年代初,我们从旧的思想束缚中摆脱出来,创造性地提出社会主义市场经济这样一个全新的认识。由此,拉开了从传统计划经济向社会主义市场经济的转型。这一转型过程总体顺畅,但过去计划经济的影响不能说不存在了,它多多少少仍然有着痕迹,特别是在人们的思想意识中仍然有着残存,有时会在经济社会生活中表现出来。真正完成这一转型恐怕需要更长的时间,要加快这一转型过程需要治理方式的根本转变。计划经济下的治理方式更多借助于行政手段,极容易落入人治的窠臼,市场经济的运行则更多要借助法治手段、经济手段,市场经济条件要求法治。

市场经济的一个重要标志是转变政府职能,依照市场经济的规律,彻底打破政企不分的局面,由过去的直接管理经济向以宏观调控为主的间接管理转变。党的执政方式也要适应市场经济的客观要求,逐步向市场经济的要求转变。市场经济具有竞争性、法制性、开放性的特点。市场经济是竞争经济，有市场就有竞争，有竞争就要有规则，这个规则就是保证公平竞争的规则，也是完善社会主义法制建设的过程，即经济法制化。一切经济活动都要遵循市场规律，都要在法律允许的范围内开展，法律才能保证利益主体的平等地位，保证公平交易和正当经营。在商品的经营、交换过程中，市场经营主体的权利和义务都需要法律的保障，没有完善的法律，任何权利都不可能充分实现。市场经济是开放经济，现代经济的特点是自由、平等、开放，自由贸易和国际竞争也会发生，出现市场国际化，如果没有与国际接轨的相关法律做为保障，就有可能在国际活动中遭受损失。

要实现市场经济的顺利运行，必须要有法治来保障，并在法治或法治国家中得以实现。也就是说，法治国家只是法治发展的首要阶段，为了适应市场经济发展的规律，法治国家还要走向法治社会。因此，全面推进依法治国与国家治理现代化并非无的放矢，它们面对的是我国经济社会的现实问题，特别是要致力于推进社会主义市场经济进一步完善和发展。换句话说，全面推进依法治国与实现国家治理现代化符合社会主义市场经济发展的内在逻辑。无论是依法治国还是国家治理现代化其核心都是法治，都是由传统治理方式向现代治理方式的转变。

3. 人治向法治转型

现代意义上的国家，或许有一个最大的特点就是法治。从统治这个人的意志转移到人民的群体意志，由个人掌握权力到群体享有权利，这样的一个重大转变正是从人治到法治、从传统到现代的具体体现。法律体系的完备统一是国家实行法治的基础，一切的政治权利管理都是依照法律进行的。同时，法律规则的制定也不是凭空而来的，作为从最高权力到民众普通生活都会涉及的各种法律法规，一定是需要有普遍有效的特质的。法律的适应性，不仅要普遍，更要准确，只有达到了兼具广度和深度的法律才能够真正有效地成为治理一个各个机制都健全完善的国家的标准规范。此外，只有完备统一而又健全有效的法律也并不能代表能够有效地进行法治，因为执法制度也是国家在法治过程中必不可少的一个重要环节。想要将一套完整的法律体系准确有效地运用到国家治理过程中，执法的制度必须严格公正，也就是说必须有一套绝对规范严谨的制度来确保法律的正确实施。除了以上说到的三点之外，还有一个部分也是不容忽视的，那就是还需要具备专门化的法律职业。在法律的制定、执行、修改等各个程序环节中，专门从事法律相关职业的人员是必不可少的，虽说是法治国家但是依照法律来执行治国方针政策的总还是人。所以,相关的法律职业必须要专门化、专业化,每个具体的法律相关事项都有不同的职业来分工完成,这样才能达成各种权力和利益集团之间的制衡,不僭越、不乱权,不会出现比如某个职业既是法律的制定者又是法律的执行者,继而法律的制定出现不公正的偏差这样的乱象,制定法律的目的就是要将国家权力从一个人手中转移到大多数的人手中,以防止某个人或某些人为了一己私利而弃普通民众的利益于不顾的乱政后果。

法治中国的建设路途任重而道远,因为法律不能仅仅写在纸上,而是要写在每个公民的心里,只有每个人都知法、懂法、崇法、守法才能维护法律的权威,确保法律的正常执行。国家的权力由人治迈向法治是历史进步的必然,我们应当充分认识到法治国家的优越性从而积极投身于法治中国的建设进程当中,为建设社会主义法治国家贡献一分力量。法治并不只是国家领导人需要考虑的问题,而是每一个生活在法治国家的人都应该思考并在日常生活中对自身行为进行规范的事情。当法治的观念深入每一个人的内心,大家都会依法履行自己的义务并维护自己的合法权益,一个真正意义上的法治国家就诞生了。

总之,依法治国与国家治理现代化是社会转型提出的新要求。反过来,依法治国与国家治理现代化的推进也必然会促进社会转型,推动社会的发展进步,助力中国特色社会主义伟大事业发展。

(二)从战略布局角度认识:一个全面到"四个全面"

党的十八大以来,在以习近平同志为核心的党中央领导下,把握时代发展大势,直面发展问题,回应人民呼声,举旗定向,谋篇布局,攻坚克难,开辟了治国理政新境界,形成了一系列重要的理论成果。"四个全面"战略布局是中国共产党在新的历史时期,在深入探索中国特色社会主义道路过程中,不断总结我国发展实践而形成的新的重要理论成果,是党在新形势下治国理政的总方略,这一总方略的实现关系到党和国家的长远发展,具有极其重要的战略意义。依法治国和国家治理现代化是"四个全面"战略布局中的关键环节,把它们放到"四个全面"布局中来把握,有助于更好地认识和理解依法治国和国家治理现代化。

如果从我党思想理论发展这个角度来看,有一个从"一个全面"到"四个全面"的形成发展过程。2015年2月,习近平总书记在省部级主要领导干部学习贯彻党的十八届四中全会精神,全面推进依法治国专题研讨班上首次把全面建成小康社会、全面深化改革、全面依法治国、全面从严治党这"四个全面"提高到战略布局的高度,指出"这个战略布局,既有战略目标,也有战略举措,每一个'全面'都具有重大战略意义"。① "四个全面"中的每一个全面都是一篇大文章,但"四个全面"也不是简单的并列关系,"四个全面"之间相互联结,紧密联系。只有深入理解和把握"四个全面"战略布局的内在逻辑关系,抓住其核心和关键,才能有助于我们更好地贯彻落实"四个全面"战略布局,有助于更准确地认识它们的实质,更好地理解依法治国和国家治理现代化的重要意义。

1. 全面建成小康社会:战略目标

在"四个全面"战略布局中,全面建成小康社会处于引领地位,是我们努力要实现的重大战略目标,是"两个一百年"奋斗目标的第一个百年奋斗目标,这个目标的实现是中华民族伟大复兴中国梦的关键一步。没有全面小康社会目标的实现,中国现代化无从谈起,中华民族伟大复兴的中国梦无法实现。从"小康社会""全面建设小康社会"到"全面建成小康社会"的战略目标顺应了时代发展要求,回应了人民期盼。党的十八大提出了全面建成小康社会的奋斗目标,党的十八届五中全会又以全面建成小康社会为主题,始终关注经济社会的发展问题,着力推动经济社会又好又快发展以实现的发展目标。在党的十九大报告中,习近平总书记进一步强调:"从现在到 2020 年,是全面建成小康社会决胜期。要按照十六大、十七大、十八大提出的全面建成小康社会各项要求,紧扣我国社会主要矛盾变化,统筹推进经济建设、政治建设、文化建设、社会建设、生态文明建设,坚定实施科教兴国战略、人才强国战略、创新驱动战略、乡村振兴战略、区域协调发展战略、可持续发展战略、军民融合发展战略,突出抓重点、补短板、强弱项,特别是要坚决打好防范化解重大风险、精准脱贫、污染防治的攻坚战,使全面建成小康社会得到人民认可、经得起历史检验。"②

全面建成小康社会的重点和核心是"全面"。首先,全面小康社会覆盖的领域要全面,全面小康社会不是单指人民物质生活水平的提高,或者经济总量和经济增长速度的提高,而是要在经济、政治、文化、社会、生态各领域协同共进,取得重大进展。各领域是相互联结的,任何一个方面出现问题都会影响全面建成小康社会目标的实现。习近平总书记强调:"全面推进经济建设、政治建设、

---

① 中共中央文献研究室. 习近平关于协调推进"四个全面"战略布局论述摘编[M]. 北京:中央文献出版社,2015:17.

② 习近平. 决胜全面建成小康社会,夺取新时代中国特色社会主义伟大胜利——在中国共产党第十九次全国代表大会上的报告[M]. 北京:人民出版社,2017:27 – 28.

文化建设、社会建设,生态文明建设,促进现代化建设各个方面、各个环节相协调,建设美丽中国。"①其次,全面小康社会覆盖的人口要全面,全面小康社会不是少数人的小康,发展成果要造福全体人民,由人民共享,特别是要高度关注贫困人口的脱贫问题。习近平总书记指出:"没有贫困地区的小康,没有贫困人口的脱贫,就没有全面建成小康社会。"②民生问题和人民群众切身利益密切相关,全面小康也要求做好教育、就业、医疗、社会保障等民生实事。在谈到医疗卫生问题时,习近平总书记指出:"没有全民健康,就没有全面小康。"③再次,全面小康社会覆盖的区域要全面,全面小康社会是城乡区域协调发展的小康。城乡差距、区域差距问题如果不解决,全面小康的目标就不可能实现。最后,全面小康要求促进人的全面发展。增进人民福祉,促进人的全面发展是发展的出发点和落脚点。以人民为中心的发展理念客观上要求,在提高人民生活水平的同时,也要不断提高人们的思想道德素质、科学文化素质和健康素质。

此外,理解和把握"全面建成小康社会",还要把它放在"四个全面"战略布局这个总体中来看。如期实现全面建成小康社会奋斗目标,必须紧紧扭住全面深化改革、全面依法治国、全面从严治党三个战略举措不放松。

2. 全面深化改革:动力来源

全面深化改革是实现发展目标的动力来源。"全面深化改革是'四个全面'战略布局中具有突破性和先导性的关键环节。"④习近平总书记尤其强调,党的十八届三中全会以全面深化改革为主要议题,做出了全面深化改革若干重大问题的决定,明确了全面深化改革的总目标是完善和发展中国特色社会主义制度,推进国家治理体系和治理能力现代化。党的十九大报告进一步明确强调:"坚持全面深化改革"是在新时代坚持和发展中国特色社会主义的一项"基本方略";强调要"坚决破除一切不合时宜的思想观念和体制机制弊端,突破利益固化的藩篱,吸收人类文明有益成果,构建系统完备、科学规范、运行有效的制度

---

①　习近平. 携手合作 共同发展[N]. 人民日报,2013 – 03 – 28.

②　中共中央文献研究室. 习近平关于协调推进"四个全面"战略布局论述摘编[M]. 北京:中央文献出版社,2015:47.

③　习近平. 主动把握和积极适应经济发展新常态 推动改革开放和现代化建设迈上新台阶——在江苏调研时的讲话[N]. 人民日报,2014 – 12 – 15.

④　中共中央宣传部. 习近平总书记系列重要讲话读本[M]. 北京:学习出版社,人民出版社,2016:67.

体系,充分发挥我国社会主义制度优越性"。① 这一论述为新时代全面深化改革进一步指明了方向。

全面深化改革,突出强调"全面"。"同过去相比,中国改革的广度和深度都大大拓展了。"②改革涉及经济、政治、文化、社会、生态文明、国防军队和党的建设等各个方面,包括15个领域,330项较大的改革措施。显然,全面深化改革,不是细枝末节的修补,而是各领域联动和集成的、全面的、系统的改革,是要破除阻碍科学发展的体制机制的弊端,突破利益固化藩篱的改革。只有通过改革,才能不断推进我国社会主义制度的自我完善和发展,才能解放生产力,发展生产力,才能为中国特色社会主义事业发展提供基本动力。

全面深化改革和其他"三个全面"关系密切。一方面,全面深化改革是其他"三个全面"的动力来源;另一方面,其他"三个全面"又为全面深化改革确定了方向。全面建成小康社会是全面的发展,保证了全面深化改革不会偏离制定的战略目标;全面依法治国为全面深化改革提供法治和制度保证,能够从法治和制度层面巩固全面深化改革所取得的成果;全面从严治党为全面深化改革提供组织保障,保证中国共产党这个强有力的领导核心的自身建设,努力提高执政水平,不断增强执政能力,确保中国共产党的执政地位并做到长期执政,使党能够更好地领导改革。

3. 全面依法治国:法治保障

全面依法治国事关我党执政兴国的一个全局性问题,是实现党和国家事业发展目标的法治保障,"是深刻总结我国社会主义法治建设成功经验和深刻教训做出的重大抉择"。③ 党的十八大以来,以习近平同志为核心的党中央从科学把握中国特色社会主义规律、深入进行具有许多新的历史特点的伟大斗争的高度,赋予全面依法治国以更加本质的意义和更加丰富的内涵。党的十八届四中全会以全面依法治国为主题,明确了全面推进依法治国的总目标是建设中国特色社会主义法治体系,建设社会主义法治国家。十九大报告明确强调:"全面依法治国是中国特色社会主义的本质要求和重要保障。必须把党的领导贯彻

---

① 习近平.决胜全面建成小康社会,夺取新时代中国特色社会主义伟大胜利——在中国共产党第十九次全国代表大会上的报告[M].北京:人民出版社,2017:21.
② 习近平.习近平谈治国理政[M].北京:外文出版社,2014:100.
③ 中共中央文献研究室.习近平关于协调推进"四个全面"战略布局论述摘编[M].北京:中央文献出版社,2015:96.

落实到依法治国全过程和各方面。"①

全面依法治国,同样重在"全面"。全面依法治国包括完善以宪法为核心的中国特色社会主义法律体系,加强宪法实施;深入推进依法行政,加快建设法治政府;保证公正司法,提高司法公信力;增强全民法治观念,推进法治社会建设;加强法治工作队伍建设;加强和改进党对全面推进依法治国的领导等各个方面。② 全面依法治国涉及众多机构和人员,包括人大、政府、政协、审判机关、检察机关和各级党的组织及领导干部,还涉及工会、共青团、妇联等人民团体和社会组织,这些机构和人员都要在各级党委领导下,为推进依法治国发挥积极作用。全面依法治国还要求坚持法治为了人民、依靠人民、造福人民、保护人民。要充分调动人民群众积极性和主动性,"使全体人民成为社会主义法治的忠实崇尚者、自觉遵守者、坚定捍卫者"。③

全面依法治国是"全面深化改革的必然要求,有利于在法治轨道上推进国家治理体系和治理能力现代化"。④ 在法治环境下有助于推进改革,在改革中方能完善法治,二者相辅相成,共同推动全面建成小康社会目标的实现。全面依法治国和全面从严治党二者相得益彰,推进依法治国,破除人治观念,增强法治意识,有效遏制党员干部尤其是党的高级领导干部腐败,用党纪国法来约束党员干部,推进科学执政、民主执政、依法执政。

4. 全面从严治党:组织保障

全面从严治党是实现发展目标的组织保障。全面建成小康社会和实现中华民族伟大复兴离不开坚强有力的领导核心。中国共产党身担历史重任和民族复兴使命,就要勇于面对自身存在的问题。只有不断加强自身建设,从严治党,保持党的队伍的先进性和纯洁性,才能巩固执政地位,完成执政使命。党的十八届六中全会以全面从严治党为主题,通过了《关于新形势下党内政治生活的若干准则》和《中国共产党党内监督条例》,对全面从严治党作了顶层设计,进一步完善了权力监督制度体系。2017 年 10 月,"全面从严治党"在十九大报告

---

① 习近平. 决胜全面建成小康社会,夺取新时代中国特色社会主义伟大胜利——在中国共产党第十九次全国代表大会上的报告[M]. 北京:人民出版社,2017:22.

② 中共中央关于全面推进依法治国若干重大问题的决定[N]. 人民日报,2014 - 10 - 29.

③ 中共中央宣传部. 习近平总书记系列重要讲话读本[M]. 北京:学习出版社,人民出版社,2016:89.

④ 中共中央文献研究室. 习近平关于协调推进"四个全面"战略布局论述摘编[M]. 北京:中央文献出版社,2015:10.

中被高度重视和系统谋划。其中,既指出了全面从严治党是过去五年工作对重大问题的决策部署及显著成就之一,也指出坚持全面从严治党是新时代坚持和发展中国特色社会主义的基本方略之一,同时,还在报告的第十三部分专门就"坚定不移全面从严治党,不断提高党的执政能力和领导水平"做出系统部署,充分体现了党中央推动全面从严治党向纵深发展的坚强决心和战略定力。

实现全面建成小康社会目标、全面深化改革、全面推进依法治国,关键在党。社会主义现代化建设需要一支高素质的干部队伍,全面从严治党就是要锻造领导这个伟大事业的坚强核心,为改革发展稳定奠定组织基础。新的形势也对党的建设提出更高要求,从而能够促进党的队伍自我净化、自我完善、自我革新和自我提高。全面从严治党,强调管党治党要"全面"。全面从严治党面向所有党员、各级党组织,覆盖党的建设各个领域、各个方面、各个部门,坚持思想建党和制度建党相结合,打造从严治党思想防线和制度防线。全面加强党的组织建设、纪律建设和作风建设,营造风清气正的政治生态。党的十八大以来,全面从严治党取得的成果,人民群众给予了很高评价,成绩值得充分肯定,经验值得深入总结。但是,我们绝不能因此而沾沾自喜、盲目乐观。全面从严治党依然任重道远。"全党要坚持问题导向,保持战略定力,推动全面从严治党向纵深发展,把全面从严治党的思路举措搞得更加科学、更加严密、更加有效,确保党始终同人民想在一起、干在一起,引领承载着中国人民伟大梦想的航船破浪前进,胜利驶向光辉的彼岸。"①

总之,"四个全面"战略布局的整体性既包括战略目标,又包括战略举措;既有动力来源,又有法治保障和组织保障,"四个全面"是一个有机统一的整体,一以贯之的是马克思主义的世界观、方法论,体现了全面的联系的观点。"全面建成""全面深化""全面推进""全面从严"彰显了"四个全面"的核心就是"全面"。"四个全面"战略布局的关联性涉及各个方面,各个层面、各个领域,"四个全面"战略布局之间的关系不是静止的,而是动态发展的,可谓牵一发而动全身,这就要求在推进"四个全面"战略布局有序展开过程中必须高度关注各个领域、各个方面的相互协调推进,每一个全面内部都要抓住重点,以重点促全面,协同推进。因此,"四个全面"战略布局的核心是"全面"落实,关键是"协同"推进。

---

① 习近平. 高举中国特色社会主义伟大旗帜,为决胜全面小康社会实现中国梦而奋斗[N].人民日报,2017 - 07 - 28.

"全面把握,协同推进"同样也应该是我们对待依法治国和国家治理现代化的基本要求。全面依法治国和国家治理现代化的提出和推进,既彰显了全面深化改革的方向,也为加强和巩固党的领导指出了具体途径,同时它们对于最终实现全面建成小康社会的目标也是至关重要。因此,必须把它们放在"四个全面"战略布局这样一个高度来认识。

(三)从民族复兴角度认识:发展与创新

中华民族伟大复兴绝对不是重回过去的传统中央帝国,而是要有一个现代化的飞跃,这个飞跃显然不能建立在人治基础上,靠人治是很难推进社会的持久有序进步的。这个飞跃必然要顺应文明发展,建立在法治基础之上。一个现代化国家必然是法治国家,因此,可以说实现中华民族伟大复兴客观上要求全面依法治国和推进国家治理现代化。

1. 由人治向法治的转型是现代大国崛起一条重要经验

法治相对于人治有着明显的优势,从制度逻辑和理性构建层面标明了法治国家建设的价值取向、推进路径和实现方式。其法治的优势主要包括:更有利于实践现代民主政治的基本理念;更有利于增强执政的正当性与合法性;更有利于扩大和保障人民的自由;更有利于和谐状态的形成;更有利于提高政治生活和社会生活的能见度、可预见性和可操作性;更有利于实现政治正义和社会正义;更有利于治理和统治的连续性和稳定性;更有利于降低管理和治理的成本,提高管理和治理的效果;更有利于积累社会财富与社会文明;更有利于降低政治家、执法人员的风险。① 从这些优势中可以看出,法治对于一个国家的发展有着极其重要的意义,法治已经成为现代文明的一个重要标志和发展趋势。显然我们要实现中华民族的伟大复兴就应该顺应历史发展潮流,依靠传统的治理方式显然不可能完成这一艰巨的历史任务。

缺失法治精神和没有按照法治精神所建立起的任何一套制度的国家,其现代化的路程注定是伴随着高昂的代价和沉重的后果的。因此,现代国家的不同发展路径所秉持的差异性决定了它法治发展存在着的不同样式。同样,一个奉行法治的现代国家,应该充分尊重社会发展的差异性和社会生活的多样性,这就为现代国家指明了方向。实现完全的、完备系统的法治,无论是在西方发达国家还是在后发国家都是一个尚未解决的问题,但是我们有理由相信,未来国

---

① 江必新. 法治国家的制度逻辑与理性构建[M]. 北京:中国法制出版社,2014:10.

家最理想的形态,是结合本国经济社会发展的实际情况,建立起来的拥有完备的法律体系的理想法治国家。

2. 实现中华民族伟大复兴的客观要求

以习近平同志为核心的党中央提出实现中华民族伟大复兴中国梦的战略思想,充分体现了中国共产党高度的历史担当和使命追求。经过先进中国人多年的接续奋斗,中华民族伟大复兴展现出光明的前景。"现在,人们比历史上任何时期都更接近中华民族伟大复兴的目标,比历史上任何时期都更有信心、有能力实现这个目标。"①习近平总书记告诫全党同志必须牢记,"落后就要挨打,发展才能自强""空谈误国,实干兴邦"。

中华民族近代以来最伟大的梦想就是实现中华民族伟大复兴。这个伟大梦想不仅"意味着国家强盛,人民富足,更意味着人民生活更加幸福、平等、有尊严"。新时代,社会主要矛盾的转变,说明了人民日益增长的美好需要是否得到充分满足,以前是、现在是、未来也是实现中华民族伟大复兴的重要指标。这是因为我国是人民民主专政的社会主义国家,人民是国家的主人,人民立场是中国共产党的根本政治立场。但是,当前,我国在治理过程中,仍然面临诸多困难与不足,如"社会矛盾和问题交织叠加,全面依法治国任务依然繁重,国家治理体系和治理能力有待加强"②等,这些问题和挑战的存在,直接或间接地制约着人民对美好生活的追求,影响伟大梦想的实现。

中国共产党十八届四中全会通过的《中共中央关于全面推进依法治国若干重大问题的决定》中明确指出:"全面建成小康社会、实现中华民族伟大复兴的中国梦,全面深化改革、完善和发展中国特色社会主义制度,提高党的执政能力和执政水平,必须全面推进依法治国。"③"依法治国,是坚持和发展中国特色社会主义的本质要求和重要保障,是实现国家治理体系和治理能力现代化的必然要求,事关我们党执政兴国,事关人民幸福安康,事关党和国家长治久安。"④如今的中国,全面依法治国已经进入新的历史阶段,在这样一个关键的发展时期,

① 中共中央文献研究室. 十八大以来重要文献选编:上[M]. 北京:中央文献出版社,2014:83.

② 习近平. 高举中国特色社会主义伟大旗帜,为决胜全面小康社会实现中国梦而奋斗[N]. 人民日报,2017-07-28.

③ 中共中央文献研究室. 十八大以来重要文献选编:中[M]. 北京:中央文献出版社,2016:155.

④ 中共中央关于全面推进依法治国若干重大问题的决定[N]. 人民日报,2014-10-29.

依法治国在党和国家工作全局中的地位更加突出。只有全面推进依法治国,充分发挥法治的引领和规范作用,才能使我国经济社会在深刻变革中既生机勃勃又井然有序。全面推进依法治国是实现经济发展、政治清明、文化昌盛、社会公正、生态良好,在更高程度上维护国家长治久安、促进社会公平正义、增进人民福祉的有力保障,是实现中华民族伟大复兴中国梦的必然之途。①

3. 实现中华民族伟大复兴中国梦的助力

治理方式的现代转型,全面推进依法治国有助于坚定中国特色社会主义道路自信。依法治国与国家治理现代化能够增强中国特色社会主义道路认同、道路自觉和道路自信。在政治实践中,依法治国与国家治理现代化是中国特色社会主义民主政治发展的根本要求。中国特色社会主义民主政治建设坚持党的领导、人民当家作主和依法治国的有机统一。把依法治国与国家治理现代化作为战略问题提出来,指向的是坚持和发展中国特色社会主义,为的是进一步激发我国社会发展潜力,推进社会主义事业发展。因此,这是一个事关全局的重要问题。

法治精神及其中蕴含的基本价值理念,如公平正义、民主自由、平等诚信、秩序安全、人权尊严等,同样是现代中国精神中的不可或缺的组成部分。依法治国与国家治理现代化中的法治精神和价值理念,在促进人的发展和引领社会进步方面意义不容小视。依法治国与国家治理现代化的推进在弘扬中国精神,特别是弘扬中国法治精神方面有着重要作用,而法治精神的弘扬,对我国经济、政治、文化、社会、生态等领域的发展都有着现实价值。人心齐,泰山移,中国特色社会主义事业需要广大人民群众齐心协力,共同奋斗。依法治国与国家治理现代化强调广大人民群众的积极参与,总之,依法治国与国家治理现代化和中华民族伟大复兴密切相关联,从民族复兴的角度来认识依法治国与国家治理现代化,能够在更高更远的时间空间中把握其长远的战略意义。

(四)从人的角度认识:自由而全面的发展

推进依法治国和国家治理现代化来规范社会治理,协调人与人、人与社会的关系,化解利益冲突,创设稳定而充满活力的社会秩序,最终的目的是要促进人与社会共同谐发展。

1. 人的全面发展是社会主义的价值追求和历史发展的必然趋势

---

① 井琪.“四个全面”:引领民族复兴的战略布局[J]. 思想理论教育导刊,2016(1):37.

政治活动蕴含着一定的价值追求,这种价值追求往往表现为人们从事政治活动时所秉持的价值理想。在马克思主义看来,伴随着社会的发展,人的全面发展将逐渐得到实现。马克思主义政党则把实现人的全面发展作为自己的价值理想,把实现人的全面发展作为社会主义的本质内容。依法治国和国家治理现代化作为我国治理方式转型的基本目标,促进人的全面发展同样是其内在的核心理念。

人的发展是一个历来受到人们关注的问题,历史上的一些思想家也曾经提出过人的全面发展的必然性问题,例如黑格尔就说过:"社会和国家的目的在于使一切人类的潜能以及一切个人的能力在一切方面和一切方向都可以得到发展和表现。"①与唯心主义思想家不同,马克思、恩格斯不是从抽象的观念出发认识这个问题的,他们依据唯物史观,以人的本质是一切社会关系的总和为出发点,从社会生产、分工与私有制的角度入手,全面地考察了人从片面发展到全面发展的历史过程,科学地提示了人的全面发展的必然性。

只有在社会主义和共产主义社会,人的全面发展才成为可能。人们不仅摆脱了人的依赖关系而获得了政治解放,而且摆脱了对物的依赖关系,获得了经济解放。社会主义社会条件下,人们之所以可能获得经济解放,是因为确立了公有制,消灭了阶级压迫和阶级剥削,极大地解放了生产力。这种经济形态是"在保证社会劳动生产力高度发展的同时又保证每一个生产者个人最全面的发展的这样一种经济形态"。② 而且,在社会主义经济关系的基础上,确立了人民民主专政的国家政权,工人阶级和广大劳动人民成为国家的主人,拥有广泛而真实的民主权利,共产主义思想成为社会主义国家居于统治地位的意识形态。总之,社会主义制度的全面确立,使得社会主义国家在解放和发展生产力上,在发展和繁荣文化上,都拥有了比资本主义社会更大的优越性,从而为实现人的全面发展创造了前所未有的基础和保障。

2. 依法治国和国家治理现代化能够促进人的全面发展

人的全面发展不仅指人的智力和体力的全面发展,也包括人的社会关系的全面发展。在改革开放的新时代,社会转型加快,不可避免地出现了失序失衡,利益关系的重新调整,引发了人们关系的紧张,加剧了社会的不可预测性和不稳定性。要解决社会矛盾、缓和社会紧张、促进社会和谐必须依靠法治。比如

① 〔德〕黑格尔. 美学:第1卷[M]. 朱光潜,译. 北京:商务印书馆,1979:59.

② 马克思恩格斯选集:第3卷[M]. 北京:人民出版社,2012:730.

农民的土地问题,弱势群体的保护问题,诚信机制建立问题,调整分配不公问题,社会治安问题,等等,这些问题的解决都离不开法治的推进。在现代社会中,文明秩序的构建离不开法治精神,和谐社会的建立必须以法治为基础,这样才能持久有效地保障人的全面发展。

社会主义民主政治,依法治国和国家治理现代化可以促进人的全面发展,这表现在政治实践活动对社会成员素质的培养上。社会主义民主政治意味着社会成员对政治生活的广泛而有效的参与,缺乏必要思想、政治和道德素质的人是不能行使其政治权利和义务的,而人参与政治生活的素质和能力根本上取决于政治生活的发展水平。在依法治国和国家治理活动中,人民群众的主观能动性和创造精神得以充分发挥,当家作主的权利意识和责任意识得到发展;在享有广泛的权利和自由,依法管理国家和社会事务的过程中,社会成员的政治分析能力得以提高,由此可见,社会主义民主还是使人摆脱片面发展而趋向于全面发展的重要途径。为了促进人的全面发展这一马克思主义的社会理想的实现,就必须坚持党的领导、人民当家作主和依法治国的有机统一。

3. 依法治国与国家治理现代化保障人民当家作主的落实

在社会主义条件下,人的发展还体现在人民当家作主的真正落实上,没有人民当家作主的真正落实,就不能有人的充分自由和全面的发展。法治建设的根本目的是依法保障人民当家作主。人民是依法治国的主体和力量源泉,依法治国必须始终坚持人民主体地位。"把坚持党的领导、人民当家作主、依法治国有机统一起来是我国社会主义法治建设的一条基本经验。"①只有始终坚持人民主体地位,广大人民群众才能从内心感到社会主义法治的优越性,才能产生对社会主义法治的高度认同,才能增强法治意识,自觉遵守社会主义法律,最终上升至对中国特色社会主义的认同。

国家治理方式的现代转型,突出的特点之一,是治理主体除了党和政府之外,还有各种社会组织,特别是还包括广大人民群众,吸纳公众参与社会治理。这种大众参与的治理模式是实现社会善治的普遍做法,是人类政治发展的必然要求。广大人民群众在参与社会治理的过程中发挥积极作用,一方面有助于社会治理的顺利推进,另一方面一元管理向多元治理的转变客观上也要求公民素质的整体提高,公民在社会治理中的积极参与对人的全面发展的实现有着极大

---

① 中共中央文献研究室. 习近平关于协调推进"四个全面"战略布局论述摘编[M]. 北京:中央文献出版社,2015:94.

的促进作用。努力拓宽公民政治参与渠道,保证公民积极有序地参与政治,对于巩固党的领导、维护社会稳定、促进社会发展都有重大的现实意义。

(五)从党的执政角度认识:筑牢根基

全面依法治国和国家治理现代化的提出标志着中国共产党执政理念达到了一个新的高度,这也是总结国内外政党执政历史经验得出的基本结论,是对政党执政规律深刻认识的结果。全面依法治国和推进国家治理现代化是巩固党的执政地位,提升党的执政水平和能力的必然要求,是党实现长期执政的必然选择。之所以提出全面依法治国和国家治理现代化的目标,并将其上升到战略布局的高度,作为中国共产党在新形势下治国理政的总方略,既是我国经济社会发展的现实要求,也顺应了人民群众的热切期盼。同时,它们的提出也是中国共产党长期以来问题意识、忧患意识和战略意识的高度体现。

1. 强烈的问题意识的体现

我党历来强调问题意识,主张以重大问题、关键问题为导向,抓住重大问题、关键问题,分析这些问题,找出问题的答案,着力解决影响事业发展的重大问题和关键问题,推动党和国家事业发展。

当前,摆在我们面前问题仍然很多,虽然实现了总体上的小康,但这种小康仍然是不全面的、不平衡的、低水平的。城乡、区域差距比较明显,农业还是"四化"薄弱环节,农村还是全面建成小康社会的短板,农民总体上还不富裕,贫困人口的脱贫任务依然艰巨,基层群众看病难、看病贵问题依旧突出,长期积累的资源环境问题日益显现。改革进入深水区,改革难度越来越大,许多阻碍经济社会持续发展的体制机制障碍依然存在,各种问题错综复杂。改革因各种问题倒逼而产生,又要求在不断解决问题中深化改革,改革任重而道远。有法不依、执法不严、违法不究问题依然存在,"人治"意识根深蒂固,"法治"意识有待增强。一些党员领导干部腐化堕落,影响了党和政府在人民群众中的形象,降低了党和政府在人民群众中的威信,从严治党的任务比以往任何时候都更为繁重、更为紧迫。

在党十八届四中全会报告中肯定了法治建设方面取得的成绩,但更多的是指出了当前仍然存在的突出问题,要求全党同志必须清醒看到"同党和国家事业发展要求相比,同人民群众期待相比,同推进国家治理体系和治理能力现代化目标相比,法治建设还存在许多不适应、不符合的问题",这些问题主要表现为:"有的法律法规未能全面反映客观规律和人民意愿,针对性、可操作性不强,立法工作中部门化倾向、争权诿责现象较为突出;有法不依、执法不严、违法不究现象比较严重,执法体制权责脱节、多头执法、选择性执法现象仍然存在,执法司法不规范、不严格、不透明、不文明现象较为突出,群众对执法司法不公和腐败问题反映强烈;部分社会成员尊法信法守法用法、依法维权意识不强,一些国家工作人员特别是领导干部依法办事观念不强、能力不足,知法犯法、以言代法、以权压法、徇私枉法现象依然存在。"①

面对以上诸多问题,在习近平总书记带领下,中国共产党不回避问题,勇于担当,直面问题和矛盾,从纷繁复杂的问题和矛盾中,敏锐地找出了根本问题、普遍问题、要害问题、关键问题、战略问题。习近平总书记在 2015 年 3 月明确讲到:"两年多来,我们立足中国实际,坚持问题导向,逐步形成并积极推进全面建成小康社会、全面深化改革、全面依法治国、全面从严治党的战略布局。"②

2. 强烈的忧患意识的体现

居安思危是一个民族得以生存和发展的智慧,缺少忧患意识,精神懈怠,缺乏进取意识,盲目乐观,对于一个政权来说是致命的危险。中国共产党是一个具有强烈忧患意识的政党,始终秉持忧国忧民情怀。可以说,没有强烈的忧患意识,就没有中国共产党的诞生、发展和壮大。正如习近平总书记所指出的那样:"我们党是生于忧患、成长于忧患、壮大于忧患的政党,正是一代代中国共产党人心存忧患、肩扛重担,才团结带领中国人民不断从胜利走向新的胜利。"③以习近平同志为核心的党中央正是带着强烈的忧患意识,居安思危,勇于担当,直面问题,也正是在这种忧患意识的推动之下,在破解问题中逐步提出了全面依法治国和国家治理现代化。

"共产党人的忧患意识,就是忧党、忧国、忧民意识。"④党的十八大以来,以习近平同志为核心的党中央忧党、忧国、忧民。这种忧患意识在习近平总书记的论述中多有体现。"一个时期以来,有的人在这个问题上讳莫如深、语焉不详甚至搞包装,没有前提地搞党政分开,结果弱化了党的领导。"⑤一些党组织和

---

① 中共中央文献研究室. 十八大以来重要文献选编:中[M]. 北京:中央文献出版社,2016:156 - 157.

② 习近平. 在会见博鳌亚洲论坛理事会成员时的谈话[N]. 人民日报,2015 - 03 - 30.

③ 中共中央政治局召开民主生活会,中共中央总书记习近平主持会议并发表重要讲话[N]. 人民日报,2017 - 12 - 27.

④ 习近平关于全面从严治党论述摘编[M]. 北京:中央文献出版社,2016:5.

⑤ 本书编写组. 党的十九大辅导读本[M]. 北京:人民出版社,2017:14.

领导干部"党的观念淡薄,把经济建设和党的领导割裂开来"①,在一个拥有8900多万党员,拥有近14人口大国长期执政的党,"如果管党不力、治党不严,人民群众反映强烈的党内突出问题得不到解决,那我们党迟早会失去执政资格,不可避免被历史淘汰"。② 当前,中国的经济发展"还面临重大科技瓶颈,关键领域核心技术受制于人的格局没有从根本上改变,科技基础仍然薄弱,科技创新能力特别是原创能力还有很大差距"③,"不少领域大而不强、大而不优"。④ "我国脱贫攻坚形势依然严峻。"⑤这些严峻的问题与挑战,要求我党必须全面深化改革,转变治理方式,积极出台相应的法律法规政策。同时,对于一些潜在的问题,要时刻保持警惕,要防患于未然,不能总是等问题出现了才想办法。

新的时代,我们面临的问题依然很多,任务依然艰巨,风险和挑战依然存在,还会阻碍我们的事业发展,应该时刻保持清醒头脑,不能在已经取得的成绩面前忘乎所以。"各级领导干部增强忧患意识,做到居安思危、知危图安。分析国际国内形势,既要看到成绩和机遇,更要看到短板和不足、困难和挑战,看到形势发展变化给我们带来的风险,从最坏处着眼,做最充分的准备,朝好的方向努力,争取最好的结果。"

3. 强烈的战略意识的体现

战略制定是否得当,直接关系党和国家事业的成败。习近平总书记高度重视战略谋划。"战略问题是一个政党、一个国家的根本性问题,战略上判断得准确,战略上谋划得科学,战略上赢得主动,党和人民事业就大有希望。"⑥全面依法治国和国家治理现代化是涉及全局的重大决策,攸关国家富强、民族复兴、社会安定、人民幸福。全面依法治国和国家治理现代化既有基本目标,也有具体举措。二者相互连结、有机统一,共同构成了一个战略整体,全面依法治国和国家治理现代化是在深入剖析发展中遇到的现实问题和主要矛盾基础上,为推进改革开放和社会主义现代化建设所做出的顶层设计。全面依法治国和国家治

---

① 习近平关于全面从严治党论述摘编[M]. 北京:中央文献出版社,2016:11.
② 十八大以来重要文献选编:上[M]. 北京:中央文献出版社,2014:350.
③ 习近平. 习近平谈治国理政:第2卷[M]. 北京:外文出版社,2017:268.
④ 习近平. 习近平谈治国理政:第2卷[M]. 北京:外文出版社,2017:271.
⑤ 习近平. 习近平谈治国理政:第2卷[M]. 北京:外文出版社,2017:84.
⑥ 习近平. 在纪念邓小平同志诞辰110周年座谈会上的讲话[M]. 北京:人民出版社,2014:19.

理现代化是对党和国家事业发展的长远谋划,体现了我党与时俱进的理论品格。全面依法治国和国家治理现代化涉及许多重大问题和当前急需解决的主要矛盾,这些问题和矛盾解决起来也并非易事,把全面依法治国和国家治理现代化上升到战略高度,也体现了其重要性和紧迫性。

显然,全面依法治国和国家治理现代化是中国共产党在新时代的战略选择,在其形成过程中,以习近平同志为代表的中国共产党人的战略意识、战略眼光、战略思维能力发挥了重要作用,没有这种高瞻远瞩的战略意识,就不会有全面依法治国和国家治理现代化的提出。

总之,依法治国是在中国共产党领导下对中国政党、国家和社会关系的顶层设计和社会主义制度建设与制度创新的重大发展。依法治国是实现国家治理现代化的重要内容和必要途径,国家治理现代化是推行依法治国的必然要求。依法治国与国家治理现代化的内在逻辑结构就是在党的领导下,依靠社会主义法治,走中国特色社会主义法治道路,建设社会主义法治国家,实现国家治理现代化。也只有坚持党的领导这个中国特色社会主义法治建设的本质特征和根本要求,准确把握依法治国这一核心要素和根本路径,才能够真正实现国家治理现代化和全面深化改革的总目标。

第四章

全面从严治党：国家治理
现代化的政治保障

中国特色社会主义进入新时代，国家治理现代化的内涵更为丰富，要求更为具体，目标更为明确，任务更为艰巨。打铁必需自身硬，党只有在自我革新和自我发展中将自身锻造得更为坚强有力，才能担负起新时代领导和引领国家治理现代化实践的历史使命。只有明确全面从严治党的价值追求和重要意义，抓住全面从严治党的关键环节和重点内容，持之以恒将全面从严治党推向纵深发展，才能为国家治理现代化的实现提供强大的主体力量和坚定的政治保障。

一、实现国家治理现代化是全面从严治党的价值追求

国家治理现代化的提出标志着治国理政迈上新台阶。作为一项系统工程，国家治理现代化的实现需要强有力的领导力量。历史和现实都告诉我们，中国共产党有能力有智慧有魄力带领中国人民实现国家治理现代化。必须承认的是，党的建设情况还不能完全满足国家治理现代化的要求，国家治理现代化对全面从严治党提出了更高的要求。要始终立足国家治理实际，不断提高党的执政能力、优化党的执政形象、转变党的执政理念，将党塑造为有担当有作为的政党。

（一）国家治理现代化是现代化的一个重要维度

国家治理现代化的提出标志着中国共产党对现代化理解的进一步深化，拓展了社会主义现代化的基本维度。作为社会主义现代化的基本组成和保证，国家治理现代化的实现成为新时代国家治理的基本目标。

1. 国家治理现代化中的政治意蕴

国家治理现代化是执政发展的新阶段。"治理"是与"管理"相对应的概念,其背后隐含不同的执政理念和执政方略。从"管理"向"治理"的转变彰显了中国共产党执政思维和执政逻辑的转变,其实现经历了一定的历史过程。从新中国成立到1978年,党的执政主要通过国家统治实现。新中国成立初期,巩固新生政权,建立和巩固社会主义制度是主要的政治任务,加之当时国内外复杂的政治形势,强有力的统治是必然也是必要的。在社会主义政治经济基础建立起来后,这种统治就可以告一段落了。但是因为种种因素,阶级斗争依旧进行并被扩大化了,这对整个国家经济及民主法制的发展带来了消极影响。1978年党的十一届三中全会后,中国社会发展的中心任务由阶级斗争转为经济建设,社会主义市场经济确立并完善。与此相适应,强有力的统治形式转变为以管理为主,这大大激发了社会发展活力,促进了社会主义各项事业的持续繁荣发展。党的十八届三中全会以来,党的执政进入全新的阶段。《中共中央关于全面深化改革若干重大问题的决定》中指出:"全面深化改革的总目标是完善和发展中国特色社会主义制度,推进国家治理体系和治理能力现代化。"这里所说的国家治理是奋斗目标,也是工作方法。至此,"国家治理"替代"国家管理",标志着中国共产党执政理念和执政方式的转变,展现了中国共产党的执政智慧。

国家治理现代化的提出彰显政治责任。国家治理现代化的提出体现强烈的问题意识。改革开放以来,我国经济社会发展经历了重大变革,主要体现为"中国经济体制、产业结构、社会形态、治理体系的四大转型"。① 具体而言,社会主义市场经济体制建立,中国经济在经济总量和规模,在发展结构和动力上,在发展速度和质量上都取得了可观的成绩,产业结构不断优化,从农业大国转变为工业大国,科技实力不断增强;社会形态由封闭转向开放,城市化水平不断提高;公共治理体系不断完善,社会参与不断优化,治理成效和效率有了很大改观。这些转变使中国的发展迈向一个新的台阶,也对党的领导提出更高的要求。国家治理现代化的提出是顺应发展趋势,符合社会发展规律的,是实现新时代新发展的重要课题。

国家治理现代化的提出体现了宽广的政治视野。全球化是当今世界不可逆转的发展趋势,世界各国的命运联系日趋紧密。中国的发展离不开良好的国

---

① 薛澜. 顶层设计与泥泞前行:中国国家治理现代化之路[J]. 公共管理学报,2014(4):1.

际环境，共同问题的解决离不开国际社会的协同努力。要想获得参与全球治理的话语权，就必须具有强大的实力。反观中国发展现实，仍存在诸多限制性因素。中国国内仍旧存在一系列迫切需要解决的问题，这些问题使"中国不得不把国力增量的主要部分用于解决国内问题而非全球问题"。① 同时，中国的各类社会组织、企业、个人还不具备在全球治理中发挥作用的能力与条件，还需要长期的培育。同时，要想把握全球治理话语权，中国需要向世界提供更多的智慧，需要在实践的基础上不断提出新思想、新观点和新方案。只有实现国家治理现代化，中国才有参与全球治理的实力和底气，国家治理现代化的提出彰显了全球眼光和胸怀。

2. 国家治理现代化的实现逻辑

国家治理现代化具有综合性、系统性和复杂性，要全面把握国家治理现代化的内涵和外延，以系统思维和战略思维引领国家治理现代化的实现。

以系统思维引领国家治理现代化的实现。系统性是国家治理现代化的基本特征。从内容上讲，国家治理现代化由国家治理体系和治理能力构成。其中，国家治理体系涉及政治、经济、文化、社会等各个方面，由体制机制、法律法规等组成。国家治理能力包括"改革发展稳定、内政外交国防、治党治国治军等各个方面"。从构成要素上讲，国家治理现代化涉及治理主体、治理理念、治理制度与机制、治理能力与水平等方面。其中，治理主体包括党、人民、政府、社会团体、市场等；治理理念即符合时代发展规律和人民群众期待的治理思想、观点和主张；治理制度与机制指的是在治国理政的各个方面兼具完备的能够有机衔接的制度体系，且能够得以有效落实；治理能力包括制定及贯彻执行方针政策的能力、防范和应对风险的能力。国家治理现代化的实现取决于各要素和各环节的有机配合，任何要素或环节的缺失都会对国家治理的效率和成效造成影响。因此，提高国家治理水平的一个重要切入点即建立和优化各要素的配合体系和机制，发挥国家治理作为一个整体的整合功能。

以战略思维引领国家治理现代化发展。其一，把握时代脉搏，明确国家治理的前进方向。时代的发展对国家治理提出了新的要求，是否顺应时代发展要求和趋势是评判国家治理是否实现现代化的标准之一。一方面，国家治理要积极回应时代课题，助力时代发展的热点、难点、焦点和痛点问题的解决；另一方面，要以国家治理引领时代发展，使国家治理成为推进时代发展的内生动力。

---

① 庞中英. 全球治理与世界秩序[M]. 北京：北京大学出版社，2012：61.

其二,综合考量国家治理的影响因素。影响国家治理的因素较为复杂,包括历史的、现实的、人文的等多个维度,每一个维度的影响均可分为不同的性质,因此,在国家治理过程中,如何平衡和协调各类影响因素是当前研究国家治理的重要课题。

3. 以国家治理现代化引领社会主义现代化的实现

国家治理现代化是社会主义现代化的题中之义。第一,国家治理现代化是社会主义现代化的内容组成。社会主义现代化是一项系统工程,由多重内容要素组成。实现社会主义现代化,不仅仅强调经济发展,也要重视政治、经济、文化、社会、生态等各领域的协调发展和共同进步,缺少任何一个维度都是不完整的。国家治理现代化丰富了社会主义现代化的内容,优化了社会主义现代化的结构,是对社会主义现代化的维度扩展与层次提升,成为社会主义现代化建设的重要内容构成。第二,实现国家治理现代化是社会主义现代化的重要目标。党的十九大报告明确了建设社会主义现代化国家的“两步走”战略,其中提到了实现国家治理现代化的基本要求,成为新时代新征程的重要引领。具体说来,即到2035年,“国家治理体系和治理能力现代化基本实现”,到21世纪中叶,“实现国家治理体系和治理能力现代化”。由此可以看出国家治理治理现代化在新时代发展中的重要地位。实现国家治理现代化是社会主义现代化一以贯之的价值追求,是新时代需要努力奋斗的重要目标。第三,国家治理现代化是社会主义现代化的评价要素之一。社会主义现代化的实现及程度需要用多重指标进行考量,包括政治、经济、文化、社会等多个维度。国家治理现代化内含于这些评判维度中,成为判断社会主义现代化是否实现的依据之一。

以国家治理现代化驱动社会主义现代化。国家治理现代化的核心要求和目标即完善中国特色社会主义制度,使制度设计更具科学性和人文性,使制度实施更为灵活与精细,在制度的规范与引导中为社会主义现代化建设提供坚实制度保障和良好政策环境,最大限度地激发人们投身社会主义现代化建设的积极性和主动性。具体而言,只有不断提高治理水平和能力,才能实现经济发展质量、动力和结构的同向跃升,构建现代化的经济体系,才能使人民群众的政治参与落到实处,使社会主义民主的广泛性和真实性落到实处,推进社会主义民主政治发展迈上新台阶,才能充分激发社会主义文化创新的活力,发展和繁荣社会主义文化,不断坚定文化自信,才能在协同与配合中激发社会主体的活力,构建社会主义和谐社会;才能有效解决生态问题,实现人与自然的和谐相处,建设美丽中国。以国家治理现代化驱动社会主义现代化是一项系统工程,需要各部门、各领域、各方面的有机配合和持久努力才能实现。要牢牢把握"国家治理现代化是宏观与微观、抽象与具体、普遍与特殊的统一"，要将国家治理现代化"放在全面建设社会主义国家的大局中来实施，要通过各个领域的治理现代化来展开"。① 在各个领域治理现代化实现的合力中推进国家治理现代化的实现。

（二）国家治理现代化的实现需要强有力的领导力量

我国是人民当家作主的社会主义国家，国家治理现代化以实现广大人民群众的根本利益为最终价值追求。作为一项全新的探索，国家治理现代化在推进过程中充满各种问题和挑战。中国共产党是人民的政党，有能力有胆识引领国家发展。推进国家治理现代化，必须要将党的领导贯彻到治国理政的方方面面。

1. 国家治理现代化本质的实现需要党的领导

国家治理现代化的人民立场。"在社会主义的中国，人民是国家的根基，是国家的主人，是实现中国梦的根本力量。"②以人民为中心是社会主义国家的本质所在和价值追求，贯穿于治国理政的全过程，规定国家治理的根本性质。首先，国家治理现代化的根本价值追求即实现最广大人民群众的根本利益，其实现需要依靠广大人民群众的共同努力，以人民为中心的执政理念为国家治理现代化的实现提供动力。人民群众是历史的创造者，是推进历史前进的根本力量。作为国家的主人，人民群众有权利参与国家治理。只有坚持以人民为中心，人民群众的根本需求才能得以表达与满足，才能最大限度凝聚思想共识，统一前进方向，点燃奋斗激情，积极投身于治国理政伟大实践之中。人民群众的实践是一切智慧的根本来源，治国理政同样需要从广大人民群众的生动实践中汲取力量，在人民群众的实践中寻求治国理政的动力、灵感及切入点，使治国理政的理念为人民群众所悦纳，治国理政的实践为人民群众所拥护，真正保证人民群众在治国理政中主体地位和推动作用。要在全面从严治党中纯化党员干部思想，使党员干部始终心系人民，想人民所想，急人民所急，乐人民所乐，真正成为人民群众需求的满足者和利益的维护者。其次，国家治理现代化的成效由

---

① 颜晓峰. 全面建设社会主义现代化体系中的国家治理现代化［N］. 天津日报，2018 – 08 – 22.

② 崔海教. "五个一切"：我们党人民立场的核心要义［N］. 光明日报，2017 – 06 – 16.

人民群众评判。人民群众满不满意、赞不赞同、拥不拥护是评价国家治理现代化成效的基本指标。只有真正反映人民群众呼声、满足人民群众需要、促进人民群众发展的治理才是符合时代要求的,才是符合历史发展的基本趋势的。只有坚守人民立场,国家治理才是真实的和先进的。

坚守人民立场必坚持党的领导。首先,中国共产党是人民的政党,始终将维护和满足人民群众的根本利益作为价值追求。建党以来,党始终做到不忘根本,带领和依靠人民取得了辉煌的成绩。党的十九大报告指出:"人民是历史的创造者,是决定党和国家前途命运的根本力量。"①从中不难看出,党始终将人民群众摆在首位。其次,中国共产党始终践行全心全意为人民服务的宗旨。党的十九大报告中明确提出要"提高保障和改善民生水平,加强和创新社会治理",从"优先发展教育事业、提高就业质量和人民收入水平、加强社会保障体系建设、坚决打赢脱贫攻坚战、实施健康中国战略、打造共建共治共享的社会治理格局、有效维护国家安全"②等方面提出了具体的努力方向,充分体现了党时刻心系人民和服务人民的宗旨。再次,党始终将人民群众对美好生活的向往作为奋斗目标。中国特色社会主义的生动实践告诉我们,中国共产党有能力、有智慧代领人民群众走向美好生活,只有始终坚持中国共产党的领导,治国理政以人民为中心本质特征才能得以充分体现和实现。

2. 国家治理现代化的顺利推进需要党的领导

实现国家治理现代化是一项全新的事业和艰巨的工程,我们没有现成的方案可以照搬,也没有类似的经验可以借鉴,需要在艰辛的探索中不断前行。准确把握国家治理现代化的内核和要求,凝聚人民力量为实现国家治理现代化而努力,切实实现国家治理现代化的基本目标呼唤具有强判断力、号召力、执行力、引领力、应变力和凝聚力的领导力量。历史和实践证明,中国共产党有能力带领中国人民实现国家治理现代化,始终坚持党的领导是实现国家治理现代化的根本保证和政治优势。

国家治理现代化的顺利推进需要党的政治智慧。中国共产党是具有大智慧的政党,这种智慧主要体现在党的指导思想、政治思维和政治格局上。其一,党的指导思想是科学的。中国共产党即马克思主义与中国工人阶级运动相结

---

① 习近平. 决胜全面建成小康社会 夺取新时代中国特色社会主义伟大胜利——在中国共产党第十九次全国代表大会上的报告[N]. 人民日报,2018 – 10 – 28.
② 习近平. 决胜全面建成小康社会 夺取新时代中国特色社会主义伟大胜利——在中国共产党第十九次全国代表大会上的报告[N]. 人民日报,2018 – 10 – 28.

合的产物,始终将马克思主义作为党一切工作的指导思想。马克思主义是科学的,这种科学性主要体现在马克思主义正确揭示了自然、社会和人类思维的发展规律,为人们正确认识和改造世界提供方法论指导,成为人们发现、分析及解决问题的认识工具和思想武器。正是由于马克思主义的指导,"中国共产党才能克服阶级私利,始终坚持为中国人民谋福利,为中华民族谋复兴,不畏险阻,敢于牺牲,领导中国人民找到一条正确的革命道路,引导中国革命的面貌焕然一新,不断从胜利走向胜利,从而赢得了全体中国人民的衷心爱戴和热烈拥护"。① 党的指导科学科学性还体现在马克思主义中国化的进程中。习近平总书记指出:"一部马克思主义发展史就是马克思、恩格斯以及他们的后继者们不断根据时代、实践、认识发展而发展的历史,是不断吸收人类历史上一切优秀思想文化成果丰富自己的历史。"②中国共产党精准把握了马克思主义这一本质特征,将马克思主义基本理论与中国实践相结合,形成了毛泽东思想和中国特色社会主义理论体系。习近平新时代中国特色社会主义思想是马克思主义中国化的最新成果,是新时代新发展的思想指引,具有人民性、时代性和实践性。新时代推进国家治理现代化,就要坚守习近平新时代中国特色社会主义思想的指导地位,将习近平新时代中国特色社会主义思想落实到治国理政的方方面面。其次,党的政治智慧体现在党的执政思维上。党具有高瞻远瞩的战略思维。一方面,党能够统揽治国理政全局。在对治国理政的总体情况进行现实分析和理性判断后,党提出了"四个全面"战略布局和"五大发展理念",明确了治国理政的总体思路和基本基调;另一方面,党具有长远眼光。党明确了治国理政发展的战略步骤和阶段目标,强调治国理政的系统性、整体性和协同性,展现了目标导向和问题意识,突出了中国特色和时代特色。党始终在辩证思维贯穿于治国理政的全过程,始终重视实现治国理政各要素的协同配合,在各个方面、各个主体、各个区域的相互作用中取得最优的治理效果。治国理政在不同时期有着不同的任务和重点,党能够坚持"两点论"与"重点论"的统一,突出治国理政的时代特色、区域特色和领域特色。

党的政治智慧为治国理政的顺利推进提供了方向保证、精神动力和思想保证。只有始终坚持党的领导,充分发挥党的政治智慧,将党的政治思想和主张

---

① 刘运喜 . "三个完全正确"是党对马克思主义的科学判断[EB/OL]. 求是网,2018 – 5 – 21.

② 习近平 . 在纪念马克思诞辰200周年大会上的讲话[N]. 人民日报,2018 – 05 – 05.

落细落小落实,国家治理现代化才能真正实现。

3. 国家治理现代化进程中问题的解决需要党的领导

国家治理现代化的进程内含思想和理念的博弈,坚持正确的发展方向是国家治理现代化的根本问题。一方面,在世界形势复杂多变的今天,西方国家从来没有放弃过对我国的"西化"和"分化"。"所谓'西化',就是政治上要我们放弃共产党领导下的多党合作制度,实行西方的多党制和议会制,经济上要我们实行私有化。所谓'分化',就是分裂中国,企图分而治之。"①西方国家通常通过经济制裁、政治诱压、文化渗透等方式建立和巩固其霸主地位。随着时代的变迁及实力对比情况的变化,文化渗透成为西化分化的主要方式,是当前需要重点关注的领域。文化渗透通过多种渠道实现,即通过网络传播西方的价值理念,在文化产业和文化产品的植入中对中国人的思维方式、政治观点进行潜移默化的影响,在学术观念和理论的传播中干扰中国人的思想立场。文化渗透过程中,一些观点和思想甚至形成了一种思潮,在一定程度上对主流意识形态的传播带来了负面影响,威胁了我国的意识形态安全。如何有力应对西化分化的陷阱,切实维护国家安全,有力凝聚人民力量是当前国家治理面临的挑战之一。中国共产党是马克思主义的坚守者、发展者和践行者,有着丰富的思想建设和文化引领的经验,有能力有魄力把握意识形态领域的主导权和话语权。只有始终坚持党的领导,才能有效化解思想文化领域出现的风险,最大限度地取得治理绩效,实现国家治理现代化。

全面深化改革是中国共产党人站在国家发展全局的高度,立足时空变化做出的理性决策,是实现国家治理现代化的题中之义、内生动力、重要课题以及评判标准。当前,全面深化改革进入深水区,所要调整的利益关系更为复杂,所要破除的体制机制壁垒更为坚实,改革的难度和力度都进一步加大。正如习近平总书记所指出:"中国改革经过30多年,已进入深水区,可以说,容易的、皆大欢喜的改革已经完成了,好吃的肉都吃掉了,剩下的都是难啃的硬骨头。这就要求我们胆子要大、步子要稳。胆子要大,就是改革再难也要向前推进,敢于担当,敢于啃硬骨头,敢于涉险滩。步子要稳,就是方向一定要准,行驶一定要稳,尤其是不能犯颠覆性错误。"②胆子大、步子稳都对政治魄力、政治智慧和政治

---

① 梁周敏. 当前我国意识形态新特点和面临的主要任务[J]. 马克思主义研究,2004(6):18.

② 习近平. 习近平谈治国理政[M]. 北京:外文出版社,2014:101.

视野提出了更高的要求。全面深化改革由党提出，由党引领，也由党推进。实践证明，只有中国共产党有能力带领中国人民将改革推向深化。只有始终坚持党的领导，体制机制才能更为成熟，利益壁垒才能被打破，发展成果才能由人民共享，国家治理现代化才算真正意义上的实现。

（三）国家治理现代化为全面从严治党新发展指明方向

党领导和团结全国人民在不断更新治理理念、完善治理方法、构建治理体系中实现国家治理的有序、创新发展，开启和推进了国家治理现代化进程，是国家治理现代化的提出者、推动者和践行者。与此同时，国家治理现代化的综合性、系统性、艰巨性和复杂性都对党提出更高的要求。全面从严治党是党的建设水平和效果提升的基本要求，解决不作为、乱作为等问题的治本之策，是优化党内各项制度设计和执行方案，创新管党治党方式的必然选择。

1. 全面从严治党的意识进一步强化

全面从严治党意识指的是党员干部对全面从严治党的内涵、维度及要求的认识水平和基本态度，是全面从严治党推进的逻辑起点和基本动力，是提高全面从严治党实效性的重要驱动。总体而言，党员干部对全面从严治党的必要性、重要性及基本要求有着较为深入的理解，能够支持和参与到全面从严治党实践中来，推动了全面从严治党的顺利进行。尽管如此，我们仍不能否认，进一步增强党员干部全面从严治党意识是当前党的建设的重要议题。

实现国家治理现代化要求进一步加强全面从严治党的责任意识。只有不断强化责任意识，党员领导干部才能始终重视和身份力行全面从严治党的要求，承担全面从严治党主体责任，增强推进国家治理现代化的主体力量。其一，各级党员干部要将全面从严治党作为政治责任扛在肩上，将全面从严治党的落实情况和成效作为政绩评判的基本指标，做到"推动全面从严治党责任层层传递、压力层层传导、任务层层落实"。① 其二，进一步完善主体责任制度。习近平总书记指出，"不明确责任，不落实责任，不追究责任，从严治党是做不到的"，对主体责任的基本维度做出规定，保证责任制度的严密性、严格性，做到责任制度内容全覆盖、主体全覆盖及环节全覆盖，将责任制度落到实处。

实现国家治理现代化要求进一步振奋全面从严治党的精神状态。只有抱有积极向上的精神状态，才能提高党的建设总体水平，为国家治理现代化的实

---

① 徐仁元，刘效森. 担起全面从严治党主体责任[J]. 新长征，2017(10)：13.

现提供政治保障。全面从严治党是一项艰巨工程,需要长期的不懈努力才能实现。习近平总书记在十九届中央纪委二次全会上强调:"要全面贯彻党的十九大精神以永远在路上的执着把全面从严治党引向深入,开创全面从严治党新局面。"①重整行装再出发,一方面应着眼于总结全面从严治党的基本经验,将经验上升到理论高度,充分发挥经验的指导和引领作用;另一方面,重视考察管党治党所遇到的新情况、新矛盾、新问题、新目标和新要求,勇于应对新的挑战,将全面从严治党推向新的高度。不容忽视的是,全面从严治党越深入,遇到的阻力就越大。必须以壮士断腕的勇气攻坚克难,勇往直前化解全面从严治党进程中的结构性难题,将全面从严治党推向新境界。

　　2. 全面从严治党的体制机制进一步优化

　　没有规矩,不成方圆。科学成熟的体制机制为全面从严治党向纵深发展提供刚性保障,是全面从严治党的重要维度,为国家治理现代的实现铸造坚实基础。党的十八大以来,习近平总书记和中央高度重视党内体制机制建设,对体制机制建设的内容和要求做出了全面部署,明确了党内体制机制建设的重要地位、基本目标和主要着力点,制定了一系列准则、条例、规范和法规,取得了可喜的成绩。党的十九大进一步强调了全面从严治党的重要性,对党内制度体制建设提出了更高的要求。认真反思党的体制机制建设实践不难发现,体制机制建设的水平虽有很大提升,但与国家治理现代化提出的要求还需要进一步适应。

　　不断加强党内体制机制建设的系统性与协同性是新时代党的建设的重要内容。系统性和协同性指党内体制机制由多重要素构成,这些要素相互配合、相互作用,共同为全面从严治党的顺利推进保驾护航。一方面,明确目标导向,以明晰的目标引领体制机制建设,凝聚体制机制合力;另一方面,寻求各构成要素的交接点和配合点,实现各要素的有效衔接和互动。同时,应突出问题导向,以系统的思维方式应对党内体制机制建设中存在的种种问题和挑战,在各部门各方面的协同配合中,以综合视角实现对问题的综合治理和挑战的理性应对。

　　党内体制机制建设要进一步实现全面性与深入性的结合。党的建设是一项系统工程,由多个维度共同构成,各个构成维度均有着不同的内涵及要求。进入新时代,党的建设的内涵和外延不断扩展,对党的体制机制建设的广度和深度提出了更高的要求。综合考察和分析党的建设各个维度的内容和要求是

---

① 习近平. 全面贯彻落实党的十九大精神 以永远在路上的执着把从严治党引向深入,习近平在十九届中央纪委二次全会上的重要讲话[R]. 2018－01－11.

加强党内体制机制建设的先决条件。当前体制机制建设中制度规范还需要加强,因体制机制而导致的相互推诿等问题还需要完善,避免因为管理缺失和效率低下等问题而影响党的凝聚力、向心力和执行力,影响国家治理现代化的顺利推进与实现。因此,要不断扩大党内制度规范的覆盖面,使党的建设各个方面都实现有章可循,落实党的建设提出的新要求,完善体制机制,保证体制机制建设的与时俱进,实现稳定性与发展性的有机统一。

3. 进一步确立新时代全面从严治党重要地位

中国特色社会主义进入新时代,我国发展开始了新征程。这是对党执政的肯定,也对党执政提出的更高要求。党的十九大报告指出:"中国特色社会主义进入新时代,我们党一定要有新气象新作为。"①党的领导是中国特色社会主义的本质特征和政治优势,只有坚定不移推进全面从严治党,以党的建设引领和带动国家发展,才能担负起新时代赋予的重大责任。

全面从严治党承载新时代赋予的历史使命。党的十九大报告以高瞻远瞩的战略眼光对新时代党的历史使命进行了高度的概括,即进行伟大斗争、推进伟大事业、建设伟大工程及实现伟大梦想。全面从严治党是新时代党的历史使命的重要组成部分,也是历史使命实现的政治保证。只有坚持全面从严治党,才能在应对挑战和实现目标中促进国家治理现代化的实现。具体说来,只有坚持全面从严治党,党才有决心、有动力、有毅力应对具有多种新的历史特征的伟大斗争,才有智慧、有眼光、有谋略继续带领全国人民推进中国特色社会主义伟大事业,才有实力、有本领、有能力引领中华民族伟大复兴的新征程。在此过程中,国家治理体系和治理能力必然会在新的目标指引和实践锻炼中得以提升。

全面从严治党是新时代治国理政基本方略的内容组成。党的十九大报告在阐述中国特色社会主义基本方略时,在第一条和第十四条分别指出"要坚持党对一切工作的领导"和"坚持全面从严治党"。这就规定了党的领导在中国特色社会主义建设中的统领地位,明确了党的建设的基本方向,突出了党的领导和建设的战略意义和关键作用。坚持全面从严治党,实现党的自我净化、自我革新和自我提高,才能保证以正确的发展理念引领治国理政新发展,将人民立场贯穿于治国理政的方方面面,将"四个全面"布局落到实处,实现党对党政军民学的有效领导,突破历史周期律,确保国家社会繁荣发展。

---

① 习近平. 决胜全面建成小康社会 夺取新时代中国特色社会主义伟大胜利——在中国共产党第十九次全国代表大会上的报告[N]. 人民日报,2018－10－28.

二、全面从严治党在实现国家治理现代化中的价值呈现

全面从严治党能够促进党的执政能力的提高,推动党的执政理念的优化,为党的执政形象提升提供保证,不断强化国家治理的核心力量,巩固国家治理的合法性基础,准确把握国家治理的核心要求。

(一)在执政能力提升中强化国家治理核心力量

执政能力是党的核心能力,只有实现执政能力与时俱进,才能有效应对国家治理面临的新形势,为国家治理提供良好的治理秩序,为国家治理现代化创建良好的社会秩序。

1. 提高执政能力有效应对国家治理面临的现实形势

中国特色社会主义进入新时代,能否把握战略机遇期决定了我国未来发展的态势和方向,决定人民生活的幸福程度和中国的国际地位。必须承认的是,党面临的时空态势是复杂的,弱化、淡化和异化党的领导的因素始终存在,党所面临的挑战更为多样、任务更为艰巨、矛盾更为尖锐。具体而言,党内部也出现了一些影响执政成效的问题,具体表现为动摇党的基本路线造成的风险,淡化党的意识形态带来的风险,权力过分集中产生的风险,精神懈怠、意志衰退产生的风险,故步自封、能力不足产生的风险,背离党的宗旨、官僚主义盛行产生的风险等。这些问题的解决不仅关系着国家和社会的稳定,也关系着党自身的命运。"全党要清醒认识到,我们党面临的执政环境是复杂的,影响党的先进性、弱化党的纯洁性的因素也是复杂的。"①"要深刻认识党面临的执政考验、改革开放考验、市场经济考验、外部环境考验的长期性和复杂性,深刻认识党面临的精神懈怠危险、能力不足危险、脱离群众危险、消极腐败危险的尖锐性和严峻性。"②这就要求在全面从严治党中不断增强党的定力,铸牢党员干部的思想防线;不断提高党的认识水平,正视党所处的历史方位;全面把握战略机遇期,不断提高党化解风险和迎接考验的能力,科学分析发展态势,充分利用已取得的

---

① 习近平. 决胜全面建成小康社会夺取新时代中国特色社会主义伟大胜利——在中国共产党第十九次全国代表大会上的报告[N]. 人民日报,2018 - 10 - 28.

② 习近平. 决胜全面建成小康社会夺取新时代中国特色社会主义伟大胜利——在中国共产党第十九次全国代表大会上的报告[N]. 人民日报,2018 - 10 - 28.

发展优势，重视风险与挑战，完善自身建设，提高执政能力，从根本上解决现实中存在的问题。总之，要在应对考验中强化自身力量，将党塑造成经得起时代锤炼、问题考验和人民检验的政党，真正发挥其在国家治理现代化实践中的主心骨作用。

2. 提升执政能力为国家治理提供良好的治理秩序

法治化是国家治理现代化的重要特征。实现国家治理体系的法治化，既是建设社会主义的本质规定和内在要求，也是社会主义的特色和优势之一。2013年2月，在中央政治局第四次集体学习时，习近平总书记提出："要全面推进科学立法、严格执法、公正司法、全民守法，坚持依法治国、依法执政、依法行政共同推进，坚持法治国家、法治政府、法治社会一体建设，不断开创依法治国新局面。"①在法治中国建设进程中，依法执政、科学立法、依法行政和司法公正，每一环节都不可缺少，并且紧密相关。在国家治理体系的法治化建设中，只有保证每个主体都依法办事，依法管理国家和社会事务，才能推进国家治理体系和国家治理能力的现代化进程。

国家治理不仅是对社会各领域的管理，也是一个全面有效协调社会关系的过程，它包括正确处理国家机关之间的关系，国家与公民之间的关系等多个维度。协调能力和成效直接关系到治理效果，在社会关系越发复杂的新时代，这种协调能力更为重要。提高执政能力与法治能力，提高对权利的行使水平，能够在国家治理的过程中以法律的观念和方式处理国家、社会及与其他公民之间的关系，有效保障公民权利，防止国家机关对公共权力的滥用等。以法治协调社会关系，不仅能够为国家治理提供良好的社会秩序，更能促进法治秩序的形成，是国家治理现代化的题中之义和重要标志。

3. 提升执政能力为国家治理现代化塑造合格主体

执政能力的现代化建设，既包括法治观念成为管理国家和社会事务，协调社会矛盾时的主导观念，也包括行政人员能够运用法治方式，依据法律维护和尊重权利主体的权利。法治观念与法治方式是同一问题的两个方面，是对立统一的关系。法治观念为法治方式提供思想基础，法治方式展现法治观念。在国家治理体系建设中坚持依法治国，无论是依法执政、依法行政，还是公正司法都离不开行政人员对法治的理解和信服。只有提高执政能力的现代化建设，才能为法治中国建设提供法治基础和法治条件，为国家治理体系建设创造良好的法

---

① 习近平. 习近平谈治国理政[M]. 北京：外文出版社，2014：144.

治环境。

党员干部执政能力现代化建设是一项系统的工程,具有长期性、艰巨性和渐进性。在全面从严治党中推进执政能力现代化,要始终将依法执政能力建设作为全面从严治党的重要内容,贯穿于全面从严治党的多个方面。具体而言,就要在强化思想建设中不断强化领导干部的法治意识和法治思维能力,在制度建设和纪律建设中为依法处理各类事务提供基本遵循和刚性保证;在作风建设中突出法治要求,营造依法办事的政治生态环境。

(二)在政党形象塑造中稳固国家治理的合法性基础

当前,国际竞争日趋激烈,政治上的较量依旧未有任何松动,国际上仍有不利于我国的言行存在,国内也存在着对党的领导置疑的不和谐声音。增强党执政的合法性,加强人民群众对于党执政的认同程度刻不容缓。党的执政形象是党建立在执政能力、执政风格、执政理念和执政成效基础上,在治国理政及自身建设进程中呈现出的风格和特质的总称,是人民群众考察和评价党执政的最直接、最基本的依据,是影响执政合法性的重要因素。只有将全面从严治党落到实处,解决影响党的形象的种种问题,才能构建良好的执政形象,铸牢执政合法性根基。

1. 党的形象关乎执政合法性

党的执政绩效、执政作风和执政方式共同展现党的总体形象。执政绩效指的是党在治国理政中取得的业绩和效能,是党的良好形象树立的基础要素。执政绩效越强,党的执政形象越好,人民群众对党的信服度就越高,党的执政合法性基础就越为牢固。执政作风是党在治国理政中呈现的态度和风格,直接影响党的执政形象。良好的执政作风能够拉近党与人民的距离,赢得人民群众对党的支持和拥护。执政方式是党在治国理政中采用的途径和方法。能否科学执政、依法执政和民主执政直接影响到人民群众对党的信任和期待程度。执政方式越符合人民群众的心理预期,党的执政合法性就越为巩固。

党的执政形象为执政合法性的巩固提供动力。执政形象是一个政党软实力的组成部分和重要的执政资源,其价值和作用是无法估量的。执政合法性源于人民群众对于党执政的认同、支持和拥护,是党的执政根基。执政形象是影响人民群众对政党态度的重要因素,决定人民群众对党的支持程度,影响执政合法性的确立和保持。良好的执政形象能够扩大党的影响力。影响力首先体现在对人民群众观念及行为的影响上。良好的执政形象能够大幅度的提升人民群众对党的信任程度，促进对党的主张和政策的认同和践行。其次，影响力体现在党的国际地位上。执政形象展现中国的发展势头、发展程度和发展潜力，彰显中国共产党的执政能力和领导能力，是扩大党的国际影响力的内在驱动。良好的执政形象能强化党的凝聚力。党的凝聚力指党凝聚共识、团结力量、统一行动的能力。只有树立良好的执政形象，人民群众才可能信任党、靠近党和依靠党，同党共进退。良好的执政形象增强党的生命力。党的生命力指的是党自我更新和自我发展的能力。党的更新和发展的一个重要内容即党员的吸纳。只有树立良好的执政形象，才有可能吸纳更多有理想、有作为的有志者加入，不断为党组织注入新鲜血液。

重视自身形象建设是党的优良传统，长期努力所树立的良好形象已成为党执政合法性的重要支撑。"党在革命、建设、改革等不同时期树立的良好历史形象是中国共产党夯实执政基础、获得广大民众大力支持和拥护，是确保中国共产党执政地位得以巩固的一种极为重要的执政资源，要重视、保持、挖掘这一资源。"①挖掘这一资源，就要深入解读其中蕴含的精神、立场和宗旨，以时间和内核为线索，将党的一贯风格展现出来，不断强化党在人民群众心中的良好形象，夯实党执政合法性的根基。

2. 全面从严治党是提升党的形象的有力措施

全面从严治党关系党的形象建设。全面从严治党具有突出的问题意识，以前所未有的强度和力度直指并彻底清算党内存在的难点、痛点和焦点问题，匡正党内存在的各类失范行为，是解决党内存在的顽瘴痼疾的有力武器。全面从严治党具有鲜明的未来导向，注重破立结合，反映了党的发展的基本趋势和要求，激发党的发展活力，保证党的发展方向，规定党的发展趋势，是确保党的持续发展的重要保障。只有将全面从严治党落在实处，党才能成为有担当、有作为、有实力的党。

首先，在全面从严治党中塑造清正廉洁的政治形象。清正廉洁是中国共产党的优良传统，是共产党人闪亮的政治名片。由于身处的时空条件的转变，各类诱惑层出不穷，成为导致党员干部思想变质和行为扭曲的重要诱因。在这样的背景下，习近平总书记多次强调："共产党的干部就是要严于律己，廉洁奉公，一身正气，两袖清风，清清白白做'官'，堂堂正正做人，坚持高尚的精神追求，永

---

① 汪如磊. 中国共产党执政形象的内涵、外延及其影响要素[J]. 红色文化学刊，2017(1)：55.

葆共产党人的浩然正气。"①全面从严治党以"壮士断腕"的勇气和"踏石留痕"的决心彻底清算贪污腐败问题,确保党员干部做到廉洁自律、秉公用权,营造了风清气正的政治环境。

其次,在全面从严治党中塑造务实进取的先锋形象。中国共产党是中国人民和中华民族的先锋队,在国家和社会建设中一直都发挥着领导和示范作用,在人民群众心中树立了一定的权威。不作为、乱作为等失范行为极大地影响了人民群众对党的认同感和信任感,削弱了党的执政基础。全面从严治党强调改进工作作风,要求党员领导干部树立正确的政绩观和政治价值观,敢于挑战时代课题,在开拓创新与脚踏实地中展现共产党人新形象。实践证明,全面从严治党以来,民生工程取代形象工程、面子工程,党的先锋作用得以切实发挥。

再次,在全面从严治党中塑造为民爱民的本色形象。中国共产党是人民的政党,以为人民服务为宗旨,以人民对美好生活的向往为奋斗目标。密切联系群众是党的重要法宝和优良传统,群众工作的能力是最重要的执政能力。遗憾的是,领导干部疏远群众的现象时有发生。一些领导干部忽视群众要求、忽略群众感受、漠视群众呼声,将维护和实现个人利益作为奋斗目标,在损害群众利益的同时淡化了群众与党的感情,进而削弱了党的执政根基。习近平总书记在党的十九大报告中指出:"凡是群众反映强烈的问题都要严肃认真对待,凡是损害群众利益的行为都要坚决纠正。"②充分体现了党为民爱民的情怀与捍卫群众利益的决心。全面从严治党坚决整治损害人民群众利益的行为,将人民群众利益作为最高利益和政绩评判的根本标准,力求造就能够为民服务、对民负责、替民分忧的思想高尚、素质过硬的干部队伍。

(三)在执政理念优化中把握国家治理的核心要求

执政理念决定执政思维、执政方式与执政能力,是实现国家治理现代化的观念导向和内在驱动。全面从严治党要保证执政理念的正确性质,实现执政理念与时俱进,使执政理念符合国家治理现代化的要求,引领国家治理现代化的实现。

1. 以人民为中心引领国家治理的新实践

以人民为中心的执政理念展现我国的制度优势。人民参与政治生活的程

---

① 习近平. 用权讲官德 交往有原则[J]. 求是,2004(19):36.
② 习近平. 决胜全面建成小康社会 夺取新时代中国特色社会主义伟大胜利——在中国共产党第十九次全国代表大会上的报告[N]. 人民日报,2018 - 10 - 28.

度是评判一个国家制度有效性和科学性的基本标准。我国是社会主义国家，实现人民当家作主是国家治理现代化的本质特征和价值诉求。可以说"以人民为中心是贯穿中国制度的一条主线，集中彰显制度优势，蕴含强大治理效能。"①最大限度地使人民群众参与到治国理政实践中来是当前国家治理的重要课题。反观现实，尽管当前人民群众参与国家治理的形式更为多样、途径更为多元、内容更为丰富，但整体而言，仍然存在参与态度冷漠、参与能力不足等问题。从根本上讲，人民群众政治参与的有效程度取决于党的领导方式和执政方式的科学化水平，制度红利的持续发挥也有赖于党的执政理念和执政水平的与时俱进。

以人民为中心的执政理念引领国家治理现代化的实践。人的现代化是国家治理现代化的核心问题，实现人的全面发展是国家治理现代化的价值目标，也是评价党的执政成效的内在尺度。以人民为中心的执政理念为国家治理现代化实践提供基本遵循。党的十九大报告强调了以人民为中心的重要性，并指出"把党的群众路线贯彻到治国理政全部活动之中"，明确了治国理政的努力方向和实践理路。

在全面从严治党中推进国家治理现代化的实现，就要将为人民群众谋福利作为党员干部工作的重要任务。新时代我国社会的主要矛盾是"人民日益增长的美好生活的需要同不平衡、不充分的发展之间的矛盾"。这就规定了党的工作的基本方向，必须正视人民群众需要的新特点和新要求，以促进全面的、充分的发展为首要任务，切实保证人民群众诉求的实现。具体而言，实现国家治理现代化，就是要以科学的方式解决好经济、政治、文化、社会等各个领域中存在的种种问题，优化物质生活条件，丰富精神文化生活，促进和谐社会建设，满足人民群众日益增长的对美好生活的需要，不断增强群众生活的安全感、幸福感和获得感。

以人民为中心的执政理念对国家治理现代化实践具有重要的方法论意义。一方面，要使"社会生产力、生产关系、经济基础、上层建筑、社会意识形态和国家政权都围绕着人来展开"。②另一方面，要挖掘人民的共同需要，立足人民总体需求，不断推进综合性、系统性和协调性发展，在满足人民的合理诉求中推进国家治理现代化的实现。只有将培育和树立以人民为中心的执政理念作为全面从严治党的重要任务,才能始终坚守国家治理的正确发展方向,实现国家治理现代化。

2. 勇于担当,以智慧引领国家治理现代化的实现

实现国家治理现代化是一项全新的实践,是时代和人民交付给共产党人的考卷,考验共产党人的能力和智慧。只有党员干部时刻保有热情、充满干劲、不怕苦难、勇于攻坚,国家治理现代化才能顺利推进。这就要求党员干部树立强烈的责任意识,致力于提高应对风险和考验的能力,做好国家治理现代化实践的引领者和支撑者。责任意识与应对风险考验的能力缺一不可。其中,责任意识为提高应对风险和考验的能力提供思想动力和支撑,应对风险与考验的能力是责任意识在实践中的最终展现。

党员干部要勇于担当。勇于担当和善于担当是中国共产党人的优良政治传统,展现共产党人的政治品格和政治追求,是党治国理政取得辉煌成就的重要法宝。治国理政现代化是一项艰巨的工程,涉及多领域、多方面、多主体,对党员领导干部的思想水平和执政能力都提出了更高的要求,没有强烈的担当精神是难以承担推进治国理政现代化的重任的。习近平总书记强调:"坚持党的原则第一、党的事业第一、人民利益第一,敢于旗帜鲜明,敢于较真碰硬,对工作任劳任怨、尽心竭力、善始善终、善作善成。"①反观现实,党员领导干部不担当不作为的问题依然存在,一些党员领导干部以自我为中心,只关心个人利益得失,为了个人利益不惜损害集体利益和群众利益;一些党员领导干部思想消极,有等靠和旁观的倾向;一些党员领导干部循规守旧,不愿变革等。全面从严治党就是要匡正领导干部出现的种种逃避责任的思想和行为,塑造新时代的合格干部。

担当不是蛮干,需要讲求智慧,树立正确的思维方式。思想从严是全面从严治党的重要维度,提高马克思主义理论水平是思想建设的核心内容。学习马克思主义,最重要的是学习其中蕴含的思维方式。习近平总书记指出:"马克思主义哲学深刻揭示了客观世界特别是人类社会发展的一般规律,在当今时代依然有着强大生命力,依然是指导我们共产党人前进的强大思想武器。我们党自成立起就高度重视在思想上建党,其中十分重要的一条就是坚持用马克思主义

---

① 十八大以来重要文献选编:上[M]. 北京:中央文献出版社,2014:341.

哲学教育和武装全党。学哲学、用哲学,是我们党的一个好传统。"①要牢牢树立战略思维、底线思维、历史思维、辩证思维,客观看待治国理政的基本内容、发展态势和基本要求,正确处理问题、科学协调矛盾,以智慧引领国家治理现代化的实现。

3. 严抓落实,把握国家治理现代化实现的现实保障

国家治理现代化是一个总体性的概念,其理念、要求和目标只有在党的领导下,在各主体的配合、各环节的衔接及各要素的协同中才能落到实处。严抓落实,是实现国家治理现代化的必要环节和最后步骤,影响着国家治理现代化的推进进程和实现程度。改革开放以来,我们党制定了一系列重大决策和战略方针,总体上都得到了贯彻落实并基本取得了预期效果,但是在落实中央重大决策的过程中,思想不够集中、措施不甚有力、效果不尽理想的情况也普遍存在。习近平总书记特别强调在全面从严治党中抓好中央政策的落实问题,要求全党以"踏石留印、抓铁有痕"的精神抓好落实工作。作为引领国家治理现代化进程的中心力量,党必须增强落实意识、提高落实能力、完善落实机制,为国家治理现代化的实现提供现实保障。

在全面从严治党中增强领导干部的落实意识。首先,要树立实干精神。习近平总书记曾强调:"党和国家事业发展,离不开全党脚踏实地、真抓实干。"要善于发扬钉钉子精神,做到"一锤一锤地接着敲,直到钉实钉牢再钉下一颗,周而复始,持之以恒"②,切实改变领导干部中存在的忽视微观、半途而废和夸夸其谈等问题,在实干中见精神,在细节处显成效。其次,要培育求真务实的工作作风。求真务实是党的优良传统,是一切事业取得成功的保障。求真就是要坚持一切从实际出发,努力探求和把握事物发展规律,做到一切行动有依据、有章法。务实就是要办实事、出实效,做出人民群众看得见的业绩。党员干部要以求真促务实,在务实中促求真,时刻保持积极进取的精神状态。

在全面从严治党中铸牢落实的制度保障。一方面,要建立和完善各类落实制度和惩处机制,为党员干部提供外在约束。保证制度设置的全面性、系统性和可执行性,实现国家治理要求的精细化落实,使各类要求落实到各领域、各环节与各主体。另一方面,保证制度落实的持久性。制度的力量只有在长期的实

---

① 推动全党学习和掌握历史唯物主义更好认识规律更加能动地推进工作[N]. 人民日报,2013 - 12 - 5.

② 安华,贵锐. 要在落细落小上下功夫[EB/OL].人民网,2016 - 5 - 31.

践中才能不断显现,要使党员干部始终处于"聚光灯"下,用"放大镜"开展工作,使党员干部在制度轨道内开展工作。

三、在全面从严治党中推进国家治理现代化

在全面从严治党中铸牢国家治理现代化的根基,就要加强理想信念建设,在理想信念建设中强化精神力量,为国家治理现代化的实现铸牢思想基础,完善制度建设,在重拳反腐中强化国家治理现代化的主体力量,抓住"关键少数",充分发挥"关键少数"在国家治理现代化中的引领作用。

(一)以理想信念补足精神之钙,铸牢思想防线

坚定的理想信念,是共产党人的政治灵魂。当前,部分党员干部出现信仰缺失、精神懈怠、能力不足、脱离群众、消极腐败等问题,不断有一些党员领导干部沦为腐败分子,坠入犯罪的深渊,其原因之一就在于理想信念出了问题。随着中纪委反腐力度的不断加强,很多官员产生了"为官不易"的心理,反腐取得一定成效,但是依然存在很多官员思想观念没有转变。知之愈深、信之愈笃、行之愈实。理想信念的稍稍动摇,思想上的小小缺口,体现在行动上就会是弊病丛生。

1. 坚定理想信念,强化党性修养

党员干部思想素质的一个重要方面就是具有坚定的理想信念。习近平总书记指出:"我们共产党人锤炼党性,首要的就是坚定共产主义远大理想和中国特色社会主义共同理想。"①坚定的理想信念是推进党的思想建设的重要内容,标志着党的思想建设取得的成效。坚定的理想信念为国家治理现代化提供思想保证,有利于促进党员干部站稳政治立场,有利于指导党员干部正确认识社会发展形势,坚持"四个自信",实现真正意义上的理论认同;有利于增强党员干部的自我意识,深刻认识自己的身份,明确自己的责任,促进自我修养,主动承担责任,做合格的党员干部。只有党员干部具有坚定的理想信念,才能够时刻不忘初心,牢记宗旨,自觉从自身做起,积极投身中国特色社会主义建设,实现国家治理现代化。

---

① 十八大以来重要文献选编:上[M]. 北京:中央文献出版社,2014:80.

坚定的理想信念是推进国家治理现代化顺利开展的重要动力。首先，坚定的理想信念能够增强克服困难的勇气。任何一项变革都会涉及不同的方面，也会遇到一些困难和阻力，只有具有坚定的理想信念，有着明确的奋斗目标，才能产生攻坚克难的动力。其次，坚定的理想信念能够坚定"咬定青山不放松"的信念。再次，坚定的理想信念能够激发不断进取的决心。理想信念内在地包含了对于未来的追求，只有具有坚定的理想信念，才能够准确地认识到在党的建设中存在的问题，科学地制定发展目标，激发不断发展的动力，才能提高国家治理水平，实现国家治理现代化。

坚定的理想信念是优秀党员塑造的重要内容，为国家治理现代化的实现提供人力支撑。从根本上讲，国家治理现代化根本的保障是拥有良好的思想素质、道德素质、政治素质、理论素质的优秀共产党员，具体表现为优秀的道德品质，正确的思维方式，深厚的理论功底、坚定的政治立场等。从一定意义上说，一个合格的党员必然具有坚定的理想信念，是否具有坚定的理想信念是衡量党员是否合格的"标尺"，只有具备坚定的理想信念，才能坚持不断学习，提高理论水平和增强实践能力，净化思想境界，树立正确的政治价值观，成为真正意义上的合格党员，成为推进党的建设科学化的支柱力量。

2. 坚持思想理论教育，筑牢思想防线

思想教育是党风廉政建设的固本之基，是遏制和治理腐败的基础性工作。"干部思想的进步是一切工作进步的枢纽……在一定物质基础之上，思想掌握一切，思想改变一切。"①理论学习的过程就是一个掌握知识、增强能力、明辨是非的过程。学习无止境，学习不是一蹴而就、一劳永逸的事情，学习上一旦放松就容易使人的思想观念变得保守僵化，容易被错误思想误导。正如邓小平所说："不注意学习，忙于事务，思想就容易庸俗化。如果说要变质，那么思想的庸俗化就是一个危险的起点。"②正确思想观念是构建理想信念大厦的基础，在一些落马官员中不乏高学历者，他们曾是理论的先行者，但是因为放松了理论学习，当面对各种利益诱惑时就走向了腐败的道路。因此，需要通过学习净化心灵，修正品德，不断清除思想上的"雾霾"。

"千里之行始于足下"，"不积跬步无以至千里，不积小河无以成江海"。一种思想观念的形成需要一定的过程，将思想观念上升为理想信念并始终坚信更

---

① 中共中央文件选集：第 12 册［M］. 北京：中共中央党校出版社，1986：445.

② 邓小平文选：第 1 卷［M］. 北京：人民出版社，1994：316.

需要一个漫长的教育过程。中国特色社会主义进入新时代,西方价值观念的渗透和社会矛盾凸显的挑战更加严峻,这就更需要不断加强理想信念教育。唯物辩证法告诉我们,事物的发展是由量变到质变的过程。"泰山不拒细壤,故能成其高;江海不择细流,故能就其深。"①没有谁天生就是腐败分子,都是从最初思想放松、不拘小节、不以为然到大节失守,在错误的道路上越走越远。"勿以恶小而为之,勿以善小而不为";"天下大事,必作于细;天下难事,必成于易"。理想信念不是空喊口号,它是通过践行生活中的点滴小事而逐渐形成的,通过点滴小事强化理想信念,当点滴小事变成一种生活习惯时,理性信念会更加坚定。

3. 强化心理疏导,树立正确的权力观

腐败现象的心理诱因决定了在反腐倡廉中需重视心理因素对腐化行为的推动作用,对为官者进行心理教育与疏导,疏导的目的在于"对个体的心理和人格进行正确引导和塑造,通过心理疏导,培养健康的心理和健全的人格"。在对领导干部进行心理疏导时应注意教育的针对性与实效性,凸显领导干部行政执法中面临的集中问题与心态,以针对性促进疏导的实效性。通过有针对性的教育疏导帮助为官者克服不健康心理,培养廉洁心理,构建心理防线。

英国哲学家霍布斯说:"全人类共同的爱好,便是对权力永恒的和无止境的追求,这种追求至死方休。"②但必须明确的是,为官者的权力不为天赋,而是民赋,公权力是为人民谋利益的杠杆,而非攫取个人私利的工具,权力完全彻底地为人民服务。《汉书·贾谊传》写道:"国而忘家,公而忘私。"③权力的最终指向为人民,权力为人民服务,不是一部分权力为人民服务,也不是为一部分人民服务,而是全部的权力为全体人民服务。以人民满意作为权力行使的评判标准。《尚书》中"以公灭私,民其允怀"的思想,认为朝廷官员应当以公心灭除自己的私欲,这样就可以得到老百姓的信任和依附。为官者既要对上负责,也要对下负责,把对上负责与对下负责统一起来,把人民群众满意作为行使权力的根本标准。

作为社会主义国家的官员,正确的权力观应该是全心全意为人民服务,一切从人民的利益出发。"共产党人的高尚情操,是由党的宗旨所决定的。作为一名共产党员理应有更高的思想境界,在个人利益与国家、人民利益发生矛盾

---

① 李斯. 谏逐客书.
② 〔英〕托马斯·霍布斯. 利维坦[M]. 黎思复,黎廷弼,译. 北京:商务印书馆,1986:72.
③ 班固. 汉书·贾谊传.

时,应该自觉地牺牲自己的利益,他们工作出发点不是为了金钱,而是为人民服务。"①这是树立正确的世界观、人生观和价值观,自觉抵御拜金主义、享乐主义、极端个人主义等资产阶级腐朽思想侵蚀的有效措施。

在全面从严治党中保证领导干部树立正确的权力观。习近平总书记上任伊始,在新一届中央政治局常委同中外记者见面会上就强调对于"一些党员干部中发生的贪污腐败、脱离群众、形式主义、官僚主义等问题,必须下大力气解决。全党必须警醒起来……坚持党要管党,从严治党"。② 党的十八大以后,习近平总书记再出重拳惩治"四风",在新的历史起点上进行了新的战略部署,开启了持之以恒从严治党的新篇章。习近平总书记多次强调,如果管党不力、治党不严,那我们党"迟早会失去执政资格,不可避免被历史淘汰"。③ 面对我党执政的"四大考验"和"四大危险",习近平总书记告诫全党一刻不能松懈,"党面临的'赶考'远未结束"。④ 面对影响我国国家安全和社会安定的各种威胁和挑战,习近平总书记告诫全党务必保持清醒头脑,强调"增强忧患意识,做到居安思危,是我们治党治国必须始终坚持的一个重大原则"。⑤ 习近平总书记要求各级党委和政府"自觉把维护公共安全放在维护广大人民根本利益中来认识,放在贯彻落实国家总体安全观中来思考,放在推进国家治理体系和治理能力现代化中来把握"。⑥

4. 增强政治意识,自觉维护权威

国家治理现代化的实现离不开坚强有力的领导核心。从严治党需要坚强的领导,党的领导是中国特色社会主义的本质特征,党的使命和任务决定了必须从严治党。党领导人民通过革命的方式建立的新中国,几十年过去了,形势虽发生了天翻地覆的变化,但党的性质和宗旨始终没有变。拥有 8900 多万党员的中国共产党,如果没有坚强的核心作为领导,就如同群龙无首,各自为政,就会各吹各的号,各走各的道,政令不畅,步调不一致。一支思想混乱、组织纪律松散的队伍不可能形成力量,既得不到人民的信任和支持,也不能完成自己

① 十三大以来重要文献选编:下册[M]. 北京:人民出版社,1993:1652.
② 习近平. 习近平谈治国理政[M]. 北京:外文出版社,2014:4.
③ 十八大以来重要文献选编:上[M]. 北京:中央文献出版社,2014:349 - 350.
④ 中共中央宣传部. 习近平总书记系列重要讲话读本[M]. 北京:学习出版社,人民出版社,2016:105.
⑤ 习近平. 习近平谈治国理政[M]. 北京:外文出版社,2014:200.
⑥ 中共中央文献研究室. 习近平关于协调推进"四个全面"战略布局论述摘编[M]. 北京:中央文献出版社,2015:46.

的历史使命,更不能履行自己的根本宗旨。作为一个执政的大党,必须从严治党,治党必须从严,必须守纪律、讲规矩,找准目标和方向,要有看齐意识,自觉向以习近平同志为核心的党中央看齐,与以习近平同志为核心的党中央保持高度的一致,确保以习近平同志为核心的党中央总揽全局、协调万方的核心地位是每一位党员领导干部应有的政治自觉,这也是对党员干部,尤其是领导干部政治意识的检验。

(二)在重拳反腐中助力国家治理现代化的实现

人民群众对党员及领导干部的作风和廉洁问题最为关注,只有坚定不移地正风肃纪、反腐惩恶,才能回应广大人民群众的期盼,巩固党的执政之基。在党的十九大报告中,习近平总书记谆谆告诫:"要坚持无禁区、全覆盖、零容忍,坚持重遏制、强高压、长震慑,坚持受贿行贿一起查,坚决防止党内形成利益集团。"①正是这样的决心与意志,拉开了社会转型时期中国共产党反腐败的大幕。制度具有根本性、全局性、稳定性和长期性的特点。"制度好可以使坏人无法任意横行,制度不好可以使好人无法充分做好事,甚至会走向反面。"②制度好,使有腐败想法的人不敢腐败,制度不好,容易使廉洁干部犯腐败错误。因此,设计出好的制度并严格贯彻执行才能有效遏制腐败现象。

1. 建立科学的选人用人制度,增强法律法规的执行力

要深化干部人事制度的改革,建立和完善科学的干部选拔任用机制,坚决革除选人用人上的腐败。在公务员任用选拔等方面,不同程度地也存在权钱交易的现象。"君子为政之道,以修身为本。"强化为官者的宗旨意识。全心全意为人民服务是党的宗旨所在,也是领导干部清清白白做人,干干净净做事的重要思想根基。广大干部只有树立牢固的宗旨意识,才能自觉抵制各种歪风邪风的侵蚀,真正落实"权为民所用,情为民所系,利为民所谋"。

完善党组织的监督,从党员的发展上严格入党的审查程序,通过党员之间批评与自我批评达到监督的目的。"中国的事情能不能办好,社会主义和改革开放能不能坚持,经济能不能快一点发展起来,国家能不能长治久安,从一定意义上说,关键在人……中国要出问题,还是出在共产党内部。"③有专家提出建

① 习近平. 决胜全面建成小康社会 夺取新时代中国特色社会主义伟大胜利——在中国共产党第十九次全国代表大会上的报告[N]. 人民日报,2018 – 10 – 28.
② 邓小平文选:第 2 卷[M]. 北京:人民出版社,1994:333.
③ 邓小平文选:第 3 卷[M]. 北京:人民出版社,1993:380.

立完善"四个制度":第一个是初始提名权制度;第二个是干部推荐说明书制度,即个人负责地向党组织提交干部推荐书并署名,经组织部门审核后在所在单位进行民主推荐,得不到拥护的不列为考察对象;第三个是实施"考任分离"制度。即考察时不任用,任用时不需要再考察;第四个是推广离岗考察制度。主要指"主要领导干部获得提拔需要离岗时,在公示提拔信息以后,适度延长公示时间,令其脱离原工作岗位,暂不进行新的任命或暂不就任新职,而是安排其到党校进行为期至少三个月的培训,在此期间可以排除干扰,使'一把手'得到最充分的监督"。① 建立干部晋升和奖惩与本人能力素质和业绩双挂钩,在考察干部时要看他的业绩如何,避免出现"消极怠工""不作为"现象,对于业绩突出的人员要给予充分肯定。

建立用人失察追究制度,要求领导在推荐干部时进行全方面了解,增强领导责任意识,谁授权谁负责,从而避免"带病提拔"。通过科学的选拔制度将政治坚定、能力突出、作风过硬、群众信任的干部选拔到合适的岗位,摆正"德"与"才"的关系,始终把"德"放在选拔人才的首位。在公务员人事任选方面,要逐步扩大民主,引入竞争机制,促使优秀人才脱颖而出,逐步实现公务员选拔任用考核交流监督等工作的规范化,从制度上防止和克服用人上的不正之风,以遏制腐败现象。

2. 建立健全惩治和预防腐败体系

建立健全惩治和预防腐败体系对党实现执政使命,实现长期执政具有重要的战略意义。习近平总书记在十八届中央纪委第二次全体会议上指出:"建立健全惩治和预防腐败体系是国家战略和顶层设计。"②"全面推进惩治和预防腐败体系建设是全党的重大政治任务和全社会的共同责任。"③改革开放 40 多年来,我国的综合国力不断增强,人民生活水平不断提高,国际地位不断提升,成就举世瞩目。但是,腐败易发、多发、高发的问题也随之凸显,严重危害党的执政使命的实现。从国家大局来看,建立健全惩治和预防腐败体系是一项重大战略和顶层设计。但是,必须清醒地认识到腐败问题是十分顽固的、复杂的,它已经侵害到党的肌体。因此,必须将全面推进惩治和预防腐败体系建设作为全党的重要政治任务来抓。习近平总书记指出,党风廉政建设和反腐败斗争的"核

---

① 辛向阳. 当前我国腐败现象的新特点与反腐败的对策[J]. 当代世界与社会主义,2010(5):152.
② 习近平. 习近平谈治国理政[M]. 北京:外文出版社,2014:394.
③ 十八大以来重要文献选编:上[M]. 北京:中央文献出版社,2014:644.

心的问题是党要始终紧紧依靠人民,始终保持同人民群众的血肉联系,一刻也不脱离群众。要做到这一点,就必须下最大气力解决好消极腐败问题,确保党始终同人民心连心、同呼吸、共命运"。① 全面推进预防和惩治腐败体系建设是全社会共同的责任。

以习近平同志为核心的党中央部署了建立健全惩治和预防腐败体系的具体格局。一是坚持不懈抓好党的作风建设。坚持党组织从严抓党风,大力弘扬党的优良传统和作风;持之以恒深入落实中央八项规定精神,进一步改进工作作风;扎实开展党的群众路线教育实践活动,建立健全作风建设长效机制;严明党的纪律,为党的作风建设提供保证。二是坚决有力惩治腐败。加大查办违纪违法案件力度,充分发挥惩治的震慑作用;严肃查处用人上的腐败问题,匡正选人用人风气;坚决查纠不正之风,着力解决群众反映强烈的突出问题。三是科学有效预防腐败。推进预防腐败工作,增强宗旨意识,使领导干部不想腐;坚持有腐必惩、有贪必肃,使领导干部不敢腐。四是加强党对党风廉政建设和反腐败工作的统一领导,形成在党中央领导下,全党全社会一起抓的新局面。②

3. 推进反腐倡廉体制机制创新

反腐倡廉的成效是衡量党执政中自我清理、自我净化能力的重要参照。在反腐倡廉问题上绝不能瞻前顾后,犹豫不决,前怕狼后怕虎,减少一切腐败问题出现的可能,就是对反腐倡廉重要性的认识和理解。反腐败制度体制建设是反映反腐倡廉最根本、最本质的东西。2013 年 1 月 22 日,习近平总书记在中央纪律检查委员会第十八届二次全体会议上强调指出:"制度问题更带有根本性、全局性、稳定性、长期性。"③体制是反腐倡廉法律法规的具体表现形式,机制是反腐倡廉制度在实践中的运行方式及其运行过程中呈现出来的特点,体制机制对于反腐倡廉制度发挥根本性、全局性作用具有重要作用。

把不能腐的约束机制、不想腐的教育机制、不敢腐的惩戒机制、不易腐的保障机制融合到反腐倡廉工作中去,提高防治腐败的综合效能。具体而言,要构建不敢腐的法律惩戒机制。英国哲学家洛克说:"在一切情况和条件下,对于滥用职权的强力的真正纠正办法,就是用强力对付强力。"④保持反腐高压态势,提升法律威慑力。第二,构建不能腐的法律防范机制。这里主要是指"一把手"

① 习近平. 习近平谈治国理政[M]. 北京:外文出版社,2014:391.
② 十八大以来重要文献选编:上[M]. 北京:中央文献出版社,2014:645 - 653.
③ 习近平. 习近平谈治国理政[M]. 北京:外文出版社,2014:391.
④ 〔英〕洛克. 政府论:下篇 [M]. 叶启芳,瞿菊农,译. 北京:商务印书馆,1964:95.

监督制度和巡视制度,对"一把手"的监督一方面要明确其权力界限,压缩"一把手"滥用职权的可能性空间。同时在领导班子内部落实民主集中制,防止"上行下效"形成团体式腐败。通过"一把手"监督机制与巡视机制促使反腐常态化。第三,构建不想腐的自律机制。为官者不想腐、不愿腐是从源头上预防和惩治腐败的重要举措。"不想腐"一方面是外在廉洁教育的结果,同时离不开党员领导干部内在的自律、慎独,因此,要求为官者常思贪腐之恶,长修为政之德。

强化制约,科学配置权力,形成科学的权力结构和运行机制。强化监督,着力改进对党员领导干部特别是"一把手"行使权力的监督,加强领导班子内部监督。强化公开,依法公开权力运行流程,让广大干部群众在公开中监督,保证权力正确行使。各项改革措施要体现惩治和预防腐败要求,同防范腐败同步考虑、同步部署、同步实施,堵住一切可能出现的腐败漏洞,保障改革健康顺利进行。强化责任追究机制,狠抓任务落实,不能让制度成为"纸老虎""稻草人"。

4. 反对特权思想和遏制特权现象出现

马克思、恩格斯在《共产党宣言》中指出:"共产党人不是同其他工人政党相对立的特殊政党。他们没有任何同整个无产阶级的利益不同的利益。"①破除特权是党的性质宗旨的根本要求,是马克思主义政党的本质规定,反对特权思想和特权现象是符合党章规范的治党举措。习近平总书记提醒大家:"在我们的国家中,人们只有分工的不同,没有尊卑贵贱的分别。谁也不是低人一等的奴隶或高人一等的贵族。那种认为自己的权力可以不受任何限制的思想,就是腐朽的封建特权思想,这种思想必须受到批评和纠正。共产党员和干部应该把谋求特权和私利看成是极大的耻辱。"②特权思想之所以存在,固然有监督制度不健全的原因存在,权力不受监督必然腐败,但思想根源也不容忽视,社会上有些人也一方面痛恨这种不平等,但另一方面又羡慕当权者享有特权,甚至以享有特权为出人头地的标志。这说明一些人缺乏平等思维,在一个缺少平等思维的社会中,缺乏对以崇尚人人平等的社会氛围中,即使有监督制度,也很难真正得以落实。因此,反对特权思想和特权现象是对党员干部进行廉洁自律教育,反腐倡廉的政治必修课。

习近平总书记在中纪委十八届二次全会上指出:"反腐倡廉建设,必须反对特权思想、特权现象。共产党员永远是劳动人民的普通一员,除了法律和政策

---

① 马克思恩格斯选集:第1卷[M]. 北京:人民出版社,2012:413.

② 十八大以来重要文献选编:上[M]. 北京:中央文献出版社,2014:137.

规定范围内的个人利益和工作职权以外,所有共产党员都不得谋求任何私利和特权。这个问题不仅是党风廉政建设的重要内容,而且是涉及党和国家能不能永葆生机活力的大问题。要采取得力措施,坚决反对和克服特权思想、特权现象。"①深刻揭示了反对特权思想和特权现象是反腐倡廉的重要任务,是整肃党风、惩治腐败的重要领域。党的十九大又一次明确提出"坚决反对特权思想和特权现象"②,这是党第二次在最高级别的会议上强调消灭特权的重要性,为新时代反腐败斗争提出更高要求,指出了努力的正确方向。

5. 发挥网络反腐的重要作用

网络反腐具有公开、透明、高效等特征,人们可以通过政府机构建立的专门举报网站举报腐败分子,也可以通过个人建立的专门反腐网站,或者通过微博、微信、论坛等网络新平台进行反腐。党的生命在人民,力量在人民。脱离人民群众,反腐难以取得长久实效。只有充分调动人民的反腐力量,对贪污腐化行为形成"人人喊打"的高压局面,才能最大限度消除腐化动机,促使为官者树立正确的地位观、利益观,扎扎实实为人民办实事。执政生命力的基础是密切联系人民群众,如果脱离了人民群众就没有了根基,就会失去执政地位和政权,腐败一直是困扰人们的大问题,既损害人民群众的根本利益又危害社会秩序。

如果说大众媒体的舆论监督是一个很好的监督方式,但是在政府主导下的舆论宣传工作往往把服务作为主要工作,监督的对象只是日常生活中的一些违规不法现象的跟踪、采访、报道、曝光,对经济社会的健康发展确实起到了非常重要的作用,但对领导干部的监督却显得有些虚弱。在现实生活中,对于绝大多数人来说,很少有人能够正确行使监督的权利,也缺乏这方面的基本素质和能力。现存的监督方式没有整合形成合力,权力监督系统离散容易助长贪腐侥幸心理。

畅通人民群众举报和监督渠道,利用好网络反腐。2015 年新年第一天,中纪委监察部推出新版网站同时客户端也开始上线运行,充分利用新媒体技术。"网络反腐是时代进步的必然产物,是信息化条件下推动社会建设的鲜明标志,是不可逆转的趋势与潮流,只可重视不能忽视,只可利用而不能排斥。"③随着计算机技术及互联网的普及,网络正成为反映社情民意的重要渠道。因此,调

---

① 习近平. 习近平谈治国理政[M]. 北京:外文出版社,2014:388.
② 习近平. 决胜全面建成小康社会 夺取新时代中国特色社会主义伟大胜利——在中国共产党第十九次全国代表大会上的报告[N]. 人民日报,2018 - 10 - 28.
③ 禹安华. 推动网络反腐向纵深发展[J]. 新华网,2008 - 10 - 10.

动人民反腐力量主要是合理、充分发挥网民在反腐中的重要作用。网络反腐具有迅速便捷、生动形象等优势。春晚的反腐节目,让观众们在娱乐的同时受到廉政文化的洗礼,有助于弘扬风清气正的社会氛围。同时,也要注意网络反腐的两面性,网络反腐也要进行制度化、规范化建设,控制网络空间的虚拟性及制度监管的不健全所引发的质疑失控式的"网络暴力",避免网络谣言侵犯公民权利,让网络成为发泄社会不满,引发群体性事件和以官员桃色新闻来吸引眼球,导致反腐败庸俗化和不雅信息在网上大行其道而影响青少年身心健康。所以,要坚持正确的舆论导向,发挥报刊、广播、电视等传统媒体和互联网、手机等新兴媒体的积极作用。

6. 发挥廉洁文化的规引作用

文化对人具有潜移默化的教育与引导作用。习近平总书记强调:"要大力加强反腐倡廉教育和廉政文化建设,坚持依法治国和以德治国相结合。"①廉洁文化就是培养人们的耻感文化,为整个社会创造新鲜氧气,在社会上营造贪污可耻、腐败可恨、廉洁光荣的社会风气。"染于苍则苍,染于黄则黄;所入者变,其色亦变。"②廉洁的文化氛围以其强大的渗透力可以渗透到每一个微环境中,渗透到单位机关、领导班子,渗透到社区街道、个体家庭。通过廉洁教育使廉洁意识深入每一个公民心中,让廉洁文化如空气一般,春风化雨、润物无声,扫除贪腐之风、净化人的心灵。

利用历史中的廉洁文化素材。习近平总书记在中央政治局第五次集体学习时强调:"积极借鉴我国历史上优秀廉政文化,不断提高拒腐防变和抵御风险能力。"③中国共产党第十八届中央纪律检查委员会第四次全体会议也强调:"中华传统文化是责任文化,讲究德治礼序。孝悌忠信礼义廉耻是中华文明的DNA,为国尽忠、在家尽孝,天经地义。"中国传统文化讲"修身齐家治国平天下",修身是第一位。翻开历史古籍,发现其中有很多反映廉洁文化的典故和人物。比如安徽桐城"六尺巷"的故事,讲的是清朝大学生张英的家人与邻居在宅基地问题上发生争执,谁也不肯相让的事,由于双方都是名门望族,县官不敢轻易判决,于是张家人千里传书给在京为官的张英,张英收到家信后,批了一首发人深思、脍炙人口的打油诗:"千里来书只为墙,让他三尺又何妨? 万里长城今

---

① 习近平. 习近平谈治国理政[M]. 北京:外文出版社,2014:391.

② 墨子·所染.

③ 习近平在中共中央政治局第五次集体学习时的讲话[R]. 2013-04-19.

犹在,不见当年秦始皇。"化解了双方矛盾。"让他三尺又何妨"体现出张英宽容旷达、谦逊礼让,不因自己位高权重而特权压邻。

结合地域特色深入挖掘廉洁文化资源。反腐斗争不仅是政治治理工作,也是文化的较量。从一定意义上而言,制度及惩罚等刚性措施只是外部力量,而文化、思想的软力量才具有内因动力。因此,反腐工作必须重视廉政文化建设。"廉政文化是运用文化的手段来探索、研究、宣传廉政的思想观念、制度规范和行为准则,并运用文化形式来进行推广和传播的先进文化。"①廉政文化建设应致力于传承优秀文化传统,摒弃消极文化因子,在文化传播中弘扬公仆精神,为领导干部的清正廉洁创设环境氛围。

如被誉为"天下廉吏第一"的于成龙,又如康熙帝师、一代名相陈廷敬,为官清廉,陈氏家族38人做官无一人贪腐。各个地区要从本地区的乡土志、地方志、民歌、民谣、村规民约汲取廉洁素材。廉政文化建设是一项系统工程,"廉政文化就像一只无形的手,一张构建在心中的道德之网,法律制度之网能网住的是几条大鱼,道德之网所能阻挡的是所有的鱼"。② 廉洁意识的培养要通过形式多样的方式进行。

第一,开展廉洁文化专题教育。2014 年 12 月 15—18 日 CCTV - 1 黄金档播出四集专题片《作风建设永远在路上》,展现了以习近平同志为核心的党中央坚持党要管党、从严治党,制定八项规定,以上率下,狠抓作风建设取得的成效。通过观看专题片既教育了群众,也增强了人民群众对党反腐败的信心和支持。第二,将廉洁文化纳入影视剧、电影、文学作品、戏曲、小品、相声中。通过文艺作品向社会传递向上向善、清正廉洁、修身正心的价值观。"一部好的作品,应该是把社会效益放在首位,同时也应该是社会效益和经济效益相统一的作品……文艺不能当市场的奴隶,不要沾满了铜臭气。"③在反腐力度空前的今天,文艺作品体现廉洁文化即是思想上的成功,也会得到市场的欢迎。第三,建立廉洁文化博物馆、廉洁文化活动基地,将廉洁教育常态化、规范化、制度化。专家学者推荐关于廉洁文化的优秀读物,比如《大清相国》。廉洁意识的培养能够激发群众热情参与,提高辨识腐败现象能力,科学理性参与反腐败斗争。

以道德确保权力更合乎正义。改革开放以来,社会生活的各个领域都在发

---

① 罗任权. 新时期廉政文化建设研究[M]. 北京:中国社会科学出版社,2010:5.
② 姚增科. 把文化的力量融入反腐倡廉建设[J]. 中国党政干部论坛,2012(3):8.
③ 十八大以来重要文献选编:中册[M]. 北京:中央文献出版社,2016:132.

生着翻天覆地的变革。这些变革也在某种程度上转变着人们传统的认知方式、心理情感、交往方式、社会行为规范以及社会价值选择判断体系。在社会转型时期，新的现代伦理和社会核心价值体系尚未完全建立起来，这就使得人们的行为缺少必要的道德约束，使人们成为道德的陌生人。这样一来，腐败就仍然是人们难以抵挡的诱惑。

道德对权力的制约是依靠社会舆论、风俗习惯、个人内心信念和价值判断来实现的。权力在法律干预不到的领域，道德是确保权力更合乎正义的保证。为官从政要有官德，首先要自觉遵守道德规范，所作所为符合民意，能够让老百姓发自内心地拥护和支持。"为政以德"是孔子学说中非常有价值的思想。"为政以德，譬如北辰，居其所而众星拱之。"统治者如果能把道德作为治国的基本理论和原则，那么，国家的秩序就会像天上的星体那样有序而和谐。在社会转型时期，人们道德理想的迷失、道德观念的错位、道德准则的失范，引起道德行为的失序。"物必自腐，而后虫生。"[1]"从长远的角度观之，社会的道德水准以及公职人员的道德水准是更基本更带根本性的东西，道德防线的溃散或突破往往就是腐败的开始。"[2]因此，要在全社会培养廉洁文化必须从改善官德入手，党员干部都不能做到"为民务实清廉"，如何要求其他人接受廉洁文化教育、树立廉洁意识，正所谓"其身正，不令而行；其身不正，虽令不行"。官德不过关，不被老百姓认可，再怎么进行廉洁文化宣传也显得苍白无力，反而消极影响更大，动摇共产党在人民群众中的影响力和威信力。

（三）以党内监督问责保障党内法规制度体系建设

党内监督问责是对党内民主权利实现有效约束的重要手段，是衡量党内法规制度体系建设水平的客观标准。随着形势的发展变化，党内法规制度体系的科学化、系统化和规范化程度不断加深。

1. 党内监督问责是全面从严治党的基础

党内监督问责是党内组织建设的一项基础性工作，也是发展党内民主的关键环节。党内监督问责是指对各级党员领导干部失职失察失范行为造成的不良后果进行依规追究的活动。对于那些违法乱纪的党员领导干部，必须严厉追责，依法依规处理。党的十八届四中全会强调："运用党内法规把党要管党、从

---

① 苏轼. 范增论.
② 王沪宁. 腐败与反腐败[M]. 上海：上海人民出版社，1990：11.

严治党落到实处,促进党员、干部带头遵守国家法律法规。"①在实践中,要根据依法依规管党治党的原则,健全和完善党内法规制度体系,培育和践行中国特色社会主义法治文化和法治精神,强化党员领导干部尚党性、讲规矩、守纪律的理念意识,把全面从严治党贯彻落实到位。

党内监督问责没有禁区、没有例外、不搞特殊。全面从严治党要从加强党内法规制度体系建设做起,依法依规治党离不开严格的制度体系和常态化的问责机制。习近平在十八届中纪委六次全会上指出:"要完善和规范责任追究工作,建立健全责任追究典型问题通报制度,把问责同其他监督方式结合起来,以问责常态化促进履职到位,促进党的纪律执行到位。"②当前,全面从严治党的形势依然严峻,全党上下必须继续保持高压态势,加强党内法规制度体系建设,提高党内法规制度体系的质量,确保党的纯洁性和战斗力,提高党的执政能力和执政水平,健全和完善党内法规制度体系,用严密的制度法规来管党、治党、建设党。

2. 全面从严治党需要强化党内监督问责制度

作为法治精神在党内治理的最好体现,党内法规制度是规范党组织和全体党员活动及行为的重要依据。党内监督问责不仅是由党内文件到党内法规的理论发展,也是解决当前部分党组织和领导干部管党治党不严,责任担当缺失的重要举措。

提高党内法规制度体系建设科学化水平。党内法规作为政党现代化发展的产物,也是中国共产党加强自身管理的手段。党内法规制度建设是推动党内法规制度体系建设走向科学化、规范化、系统化的重要措施。党内监督问责是完善党的组织建设方面的党内法规的重要内容,政党治理离不开政党法规制度,尤其中国共产党作为社会主义国家的执政党,更要严格落实依法依规治党,积极探索科学全面的党内监督问责方式方法,增强党内法规对党员领导干部的监督和约束能力,不断适应党内法规制度体系的自我完善和自我更新。

深入推进党风廉政建设和反腐败斗争。缺少监督的权力必然导致腐败,党内监督问责通过党内法规的形式把"达摩克利斯之剑"高悬起来,体现了我们党的反腐策略从被动应对转变为主动出击,从惩治腐败转变为预防腐败,以有效

①　十八大以来重要文献选编:中[M]. 北京:中央文献出版社,2016:178.

②　习近平在十八届中央纪律检查委员会第六次全体会议上的讲话[N]. 人民日报,2016－01－12.

解决当前全面从严治党在落地环节的诸多问题。只有促进惩治腐败和预防腐败的相互配合和共同作用，才能在反腐倡廉建设中真正发挥党内监督问责在预防腐败行为，降低腐败风险的效用。

发扬党内民主和建设社会主义政治文明。党内监督问责是对全体党员干部的行为表现具有普遍约束力的基本标准和红线，代表了党内合理有序的运行规则，是完善党的组织建设的重要内容。党内民主是党的生命，党的整个内部组织要处于良性运行、科学发展状态，就必须要有一系列党内法规制度约束党员干部的行为，就不能没有党内监督问责机制。党内监督问责以党内法规的形式对权力加强了监督和管控，对党员领导干部的行为进行有效的约束，保证了党内民主清正廉洁的氛围，一定程度上调动了党员的积极性和主动性。

3. 准确把握党内监督问责与纪律处分对象的不同

党内监督问责实现了由党内文件到党内法规的升级转化，是更加权威、科学、系统的党内法规，对于提高管党治党效率，把好制度笼子的开关，应对当前全面从严治党突出问题意义重大，保证了党内监督问责制度与党纪政纪处分、法律责任追究制度的有效衔接。要正确处理好党内问责和党内纪律处分的逻辑关系，既要做到严格区分不能将二者混同，同时又要看到二者的统一性而使二者形成合力，以此不断提高全面从严治党的效率。

党内问责的主体不同。党内问责的主体机关主要是面向领导干部的县级及以上的党委。从涵盖范围来看，党内问责机关的决定主体要小于党内纪律处分的决定主体，党内纪律处分的决定主体主要是党的纪律监察机关。党内问责面向的更多是领导干部群体，是从追究失职领导干部领导岗位职责和组织任务的角度来进行管理，因此，其决定机关是负责其管理的党委或者上级党委组织。党内纪律处分面向的全体党组织和党员，对他们的行为和活动进行监督和管理的范围要比问责大的多，决定主体要更加丰富，其中包括了党委、组织部门和纪律监察部门。同时，要认识到决定主体的不同导致的处置结果也是不尽相同的。党内问责与党内纪律处分既可以同时进行，也可以独立实施。由于领导干部既是党员个体，同时又担负领导职务，进行党内问责的同时一般伴随着纪律处分。而普通党员由于没有领导职务，一般不适用于党内问责，更多的适用于党内纪律处分。

党内问责的客体对象主要是领导干部群体。从政党规范的角度而言，党内问责的客体对象主要是领导干部群体，他们负有领导职责和决策权力，只有加强对强权的监督和限制，建立科学的问责机制，才能使领导干部树立正确的权力观。党内纪律处分的客体对象基本可以涵盖全体党员,具有最广泛的效力,是对党的每一个组成细胞划定的纪律"红线",是对国家法律体系关于"任何组织和个人都必须在宪法和法律的范围内活动"的有益补充,是全面从严治党真正落地落实的法理基础和制度保障。

党内监督问责与纪律处分的差异取决于主体和客体对象。从监督的目的和方法来看,二者的差异取决于主体和客体对象不同。党内问责主要针对党组织和党员领导干部,相比之下党内纪律处分范围略广一些,是面向全体党组织和普通党员。党内问责的决定主体主要是党委,党内纪律处分的问责主体则是党委、组织部门和纪律监察部门。党内纪律处分是面向全体党组织和普通党员的,按照惯例一般由党的纪律监察部门做出处分的决定及执行处分。当然,无论是党内问责还是党内纪律处分,都是对党组织和党员领导干部进行监督和管理的有效办法。

4. 党内法规制度建设的关键在于落实

建设科学完善的党内法规体系是建设中国特色社会主义法治体系的重要基石,是运用完善的党内法规体系管党治党,把全面从严治党落到实处的关键。尽管权力监督方式是多种多样的,有党内监督、民主监督、法律监督、舆论监督等不同方式,但它们也都存在着不同程度上的缺位现象。行政权力的过于集中和强势,同级层面的监督很难发挥应有的效力,尤其是对主要领导干部的监督几乎没有可能,甚至出现监督的真空地带。权力的滥用而又缺少有效的制约,对社会造成的伤害是极端致命和无法弥补的。正如法国思想家孟德斯鸠所说:"一切有权力的人都容易滥用权力,这是万古不易的一条经验。有权力的人们使用权力一直到遇有界限的地方才休止。"①所以,没有绝对的权力,也没有不受制约的权力。权力必须得到有效的监督,才有可能做到正常的运用。

党内监督问责是党内法规制度体系建设的重要组成部分,是党内法规制度体系完善和发展的基石。党内问责,不能简单等同于引咎辞职,也不完全等同于纪律处分。党内问责是对党内权力约束和党员权利保障的手段,是全面从严治党能否顺利推进的关键。从党的组织建设的角度看,党内问责是关于全体党员及党组织由谁问责、问谁的责、问什么责、怎样问责、责任后果等问题的制度体系。

问责的内部主体是中国共产党组织系统内部的问责,是党内对自身管党治

---

① 〔法〕孟德斯鸠. 论法的精神:上[M]. 张雁深,译. 北京:商务印书馆,1961:154.

党行为、活动和能力的监督和管控。问责的外部主体是指政府机关、各民主党派、人民群众、新闻媒体等，在既定的法律法规范围内对党的组织和领导干部的失范行为履行民主监督和舆论监督。因此，问责的主体既有来自党内的也有来自党外的，共同构成了多元化多渠道多视角的问责主体，其最终的目的是促进依法执政、依规治党。

从一定程度上看，问责的适用范围就是问责的具体内容，是指问责主体依据国家法律和党内法规对问责客体所进行的具体的责任追究。党内问责的适用范围即问责的内容问题，是党内监督问责的重点和关键。问责的适用范围只针对党内，不溯及党外组织和公民。只有严格划分党内问责的适用范围，才能起到党内监督的作用。问责适用于违反国家法律、党内法规及党内纪律的党组织和党员领导干部。从执政党内部来看，任何违反党章党规党纪的行为必然要受到党内的责任追究和纪律处分。问责的目的只是引导广大党组织和领导干部守住党性和权力底线，主动把权力关进制度的笼子里，不断适应当前全面从严治党总体要求，增强廉洁自律、勤政爱民、管党治党的自觉性和主动性，提高防腐拒变的能力。

（四）在全面从严治党中发挥"关键少数"的牵头作用

全面从严治党是实现发展目标的组织保障。中国共产党身担历史重任和民族复兴使命，就要勇于面对自身存在的问题。只有不断加强自身建设，从严治党，保持党的队伍的先进性和纯洁性，才能巩固执政地位，完成执政使命。党的十八大以来，以习近平同志为核心的党中央重拳出击，从严治党取得了巨大成效，赢得了党心和民心，为实现"两个一百年"奋斗目标和全面建成小康社会奠定了坚实基础。党要管党，首先是管好干部，尤其是高级领导干部这个"关键少数"，落实好领导干部一把手的主体责任，就要盯紧这个关键少数。

1. 从严治党，领导干部要发挥率先垂范的示范效应

榜样的力量是无穷的。领导干部作为社会的优秀分子，掌握和使用着公共权力，遵守社会道德，成为社会表率，无疑是他们的天职。主要领导干部，尤其是一把手责任重大，对于净化政治生态环境，打造海晏河清的良好政治生态环境担负着不可推卸的责任。作为长期执政的中国共产党能否带领人民长期执政并执好政，关键在于党员领导干部能否摆正自己的位置，模范遵守党的纪律。正如德国哲学家费希特所说："如果出类拔萃的人都腐化了，那还到哪里去寻找

道德善良呢?"①一定意义上,党的路线方针政策要靠党的干部去制定、贯彻和落实,没有高素质的干部队伍,党的奋斗目标就难以实现。领导干部的重要职责在于,既要贯彻落实好上级的精神和任务,还要管好班子、带好队伍,不但要自己做好,还要把自己分管的部门管好。党员和领导干部只有充分发挥先锋模范作用,高标准严格要求自己,要求群众做到的,自己首先做到,才能赢得群众的信任和拥护,要求群众不做的,自己首先不做,才能让党放心和人民满意。

2. 党员领导干部要自觉接受监督和组织约束

政党的兴衰存亡也是有规律可循的,一些政党在初建时期目标明确,奋力而为,在夺取政权的残酷斗争中也能百折不挠,一旦获得了执政地位,各种骄横自满、懈怠松散情绪滋生,放松了对自己的要求,忽视了自身建设,失去党心民心,最后,亡党亡国,无论大党小党都有类似的教训。

抓好干部队伍建设,抓早抓小,早抓比晚抓好,抓苗头比抓后果好。通过中纪委工作的"四种形态",尤其是第一种形态,使提醒、约谈经常化,纪检工作前移,达到惩前毖后的目的。平时严一点,遇事不犯糊涂。在大是大非面前不暧昧,暧昧就是有私心,有私心就不能坚持原则,就容易被他人的言行,甚至是错误的言行所左右,失去作为党员干部应有的政治责任感。我们党是光明磊落的党,出现问题敢于直面不回避,这才是治标治本之道。

3. 领导干部要带头遵守和执行党的纪律

党的纪律是全党意志的体现,是党的各级组织和全体党员必须遵守的行为准则。党的纪律的政治作用就是维护党的团结统一,增强党的凝聚力和战斗力。如果党员干部无视组织纪律,为所欲为,那么,我们党就不称其为马克思主义的政党,就会丧失战斗力。当前,有一些领导干部不断出现问题,其原因之一在于他们漠视纪律,无视政纪条规,导致权力滥用,最后坠入腐败的深渊。因此,要"加强警示教育,让广大党员干部受警醒、明底线、知敬畏,主动在思想上划出红线、在行为上明确界限,真正敬法畏纪、遵规守矩"。

习近平总书记指出:"从严治党,最根本的就是要使全党各级组织和全体党员、干部都按照党内政治生活准则和党的各项规定办事。"②严明的纪律是中国共产党领导人民进行革命、建设和改革事业成败的关键,是我党执政以来取得

①　[德]费希特. 论学者的使命与人的使命[M]. 梁志学,沈真,译. 北京:商务印书馆,1984:45.
②　十八大以来重要文献选编:中[M]. 北京:中央文献出版社,2016:96.

胜利的宝贵经验和法宝。自中国共产党执政以来，特别是改革开放以来，我们党陆续制定颁布了一大批重要的党内法规，初步形成了党内法规制度体系框架，为管党治党、治国理政提供了重要法律保障和制度支撑。从 1978 年到 2016 年，中央共发布了近 800 多件党内法规和规范性文件，初步形成了以党章为核心的党内法规制度体系。但也要看到，党的建设和制度改革任务愈加繁重，与形成更加成熟更加完备的制度体系还存在一定的差距。习近平总书记在十九大报告中指出："增强依法执政本领，加快形成覆盖党的领导和党的建设各方面的党内法规制度体系，加强和改善对国家政权机关的领导"①，充分体现了制度建党的决心和力度。一系列党内法规的制定构筑起了从严治党的严格体系，对于建立健全制度层面的规定以及可操作性的具体要求真正做到了有章可循，让所有党员干部知道，规矩是什么，红线在哪里。各级党员干部都要切实做到令行禁止，对照执行。

---

① 习近平. 决胜全面建成小康社会 夺取新时代中国特色社会主义伟大胜利——在中国共产党第十九次全国代表大会上的报告[N]. 人民日报，2018 – 10 – 28.

第五章

法治思维:国家治理现代化的社会基础

在党的十八大上,中国共产党首次将法治思维写入行动指南,提出要"提高领导干部运用法治思维和法治方式深化改革、推动发展、化解矛盾、维护稳定能力"。党的十八届三中全会进一步将法治思维纳入国家治理过程中,强调"运用法治思维和法治方式化解社会矛盾"。在中央全面深化改革领导小组第二次工作会议上,习近平总书记指出,要高度重视法治思维,在法治的轨道上推进改革。十八届四中全会对法治思维的执政主体提出具体要求,"党员干部要自觉提高运用法治思维和法治方式深化改革、推动发展、化解矛盾、维护稳定能力,高级干部尤其要以身作则、以上率下"。① 党的十九大对领导干部的思维能力提出要求,其中法治思维就是其中之一。由此可以看出,党的十八大以后,法治思维这一概念开始受到广泛关注,法治思维已经成为中国共产党治国理政中的主要思维方式之一。

一、法治思维在国家治理现代化中的价值定位

对比全球实行民主与法治的国家,虽然都采取民主和法治的国家治理方式,但效果却相差甚远,其中原因是多方面的,但其中一条重要的原因是有些国家缺少法治文化,没有真正养成法治思维。任何一种国家治理方式都需要一定的文化观念和思维方式与之相适应,中国共产党的十八届三中全会确立了推进国家治理现代化的深化改革的目标,建设现代化民主法治国家,与之相适应要

---

① 习近平. 在省部级主要领导干部学习贯彻十八届四中全会精神全面推进依法治国专题研讨班开班式上的讲话[R]. 2015 – 02 – 02.

求现代法治思维的建立，因此，推进国家治理现代化，必须具备法治思维方式。

（一）法治思维推进国家治理现代化

当前，我国正处于社会发展的关键时期，变革原有的社会治理方式，实现国家治理的法治化成为进一步推动经济社会发展的核心和关键。但实现国家治理的法治化，推动现代国家治理体系的构建和治理能力的提升，都需要法治思维的养成，没有法治思维作为社会基础，实现国家治理现代化是不可能的。法治思维培育对国家治理现代化有着其重要的现实价值。一是有利于推进人的现代化。进行法治思维培育能够增强公民的法治意识和法治观念，帮助个体提升主体自觉，促进人的全面发展，推动公民由传统人向现代人的转变。二是有利于推进社会现代化。法治思维培育能够帮助人们更好地理解法治精神背后蕴涵的民主、自由、平等、公平和公正的价值追求，有利于形成规则意识、宽容心态，促进社会的和谐稳定。三是有利于推进政党建设现代化。法治思维渗透在党的肌体中，把法治作为治国理政的基本方式，有助于推动传统人治向现代法治转型，提高党的政治权力的权威性、巩固党的政治权力的合法性。四是有利于推进国家现代化。公民法治观念和意识及构建在此之上的法治思维是推进法治的关键因素。从法治思维培育入手，塑造具有现代法治思维的公民，实现人、社会、政党的现代化转型，从而推进国家治理实现现代化。

1. 提高人们参政议政的积极性，推动政府决策民主化和科学化

民主思维有助于提高人们参政议政的积极性，推动政府决策民主化和科学化。政府决策民主化、科学化是国家治理现代化的根本要求和重要标志。政府决策事关国家命运，涉及广大人民群众的利益，从保障人民主权角度来说，政府决策应该让人民参与和倾听人民的意见和建议。而从决策的科学化来说，任何个人无论多么英明和智慧，都不能永远保证正确，倾听不同意见，倾听各方面的要求，让人民充分发表意见和集思广益是保证政府决策正确性的必要手段。同时，一个政府的决策正确与否其关键是要符合社会实际，政府决策不同于科学研究，科学研究往往因为外行人缺乏专业知识而无法发表意见和建议，而政府有关社会的决策主要是涉及社会各方面的利益和社会生产，而普通老百姓最知道实际情况，因此，让普通老百姓参与的政府决策才能保证决策符合社会实际，符合各方利益诉求，而不是脱离实际。

政府决策的科学化和民主化也离不开民主思维的养成，一方面，如果没有外界需求，政府的决策者很难自愿将决策权让出，权力的诱惑往往造成专权而

不是民主。因此只有公民民主意识提高,民主思维逐步确立的情况下,主动要求参与相关决策,才能迫使政府逐步吸收广大公民意见。另一方面,如果公民本身缺乏民主思维,即使是允许公民参与决策过程,公民也很难真正提出合理建议,很难形成对权力的监督。当前一些听证会制度在执行过程中,出现"听证专业户"、逢听必涨等现象,说明我国的听证会在一定程度上流于形式,其中与我国公民缺少法治思维方式、权利意识,以及监督意识不强具有很大关系。因此,公民民主思维对于国家治理现代化具有积极意义。

2. 人们的法治意识和法治思维能力有利于国家治理现代化的实现

允许人们广泛参与国家治理对于政府官员和执政者来说,等于是削减其权力,与其自身利益扩大化是相矛盾的。当然,我们不否认有一部分政府官员会认识到这是大势所趋,是历史潮流,会自觉顺从社会发展。但我们也不得不承认有相当一部分政府官员不愿意失去自己的既得利益,不想让自己的权力受到约束,不想受人民的监督。对于中央提出施行法治的要求阳奉阴违,故意拖延,使得中央提出的法治改革难以落到实处,这也是我国政治体制改革难以推进的根本原因。要实现法治,推动国家治理现代化的实现,最根本的办法就是提高人们的法治意识和法治思维能力,让公民自觉地起来维护其权利,从而形成强大的社会压力,"逼迫"政府官员不得不推行与自身利益相违背的法治建设,按照法律来行使手中的权力,从而实现国家治理现代化。当然也有少数学者认识到这一点,认为法治思维不应该是执政者专有的思维。"仅有少数国民奉行法治,很难称得上一个国家的国民具备了法治思维,因此,法治思维应当是全体国民共享的一种'集体性''群体性'思维方式。"①"法治思维的主体是一个多元的开放的系统,法律人(法官、检察官和律师)乃至普通公民都应该是这个系统中的主体。"②由此可见,法治思维绝不仅仅为执政者所独立拥有,否则仅靠这些执政者即使有法治思维,而没有公众法治思维作为呼应和动力,国家治理法治化、现代化也很难实现。

3. 公民法治思维有利于形成社会监督力量

法治思维缺失为法治的实施造成了困难,这种缺失主要表现在多个方面,例如信访不信法,遇事找熟人拿钱摆平,相信权力而不信法律等。人们遇到事情首先想到的不是通过法律解决,而是通过政治手段解决。例如农民工讨薪问

---

① 杨建军.法治思维形成的基础[J].法学论坛,2013(5):15.
② 蔡晓卫.论高校大学生法治思维的养成[J].中国高教研究,2014(3):76.

题,在解决这一问题过程中,无论是政府还是农民工,首先想到的都不是通过法律,而是通过行政部门、通过找政府,而政府也理所应当地接受了这一任务。政府年年替农民工讨薪,而年年都出现欠薪现象。在这一社会问题的解决方面,无论是政府、农民工,还是欠薪的老板都形成了一种思维方式,就是靠政府权力是解决问题的最佳途径,而不是通过法律。因此,政府在解决这一问题中不是加强法律部门的权威而是通过红头文件、以政治任务的方式解决。农民工则顺理成章不去法院而是去政府部门上访,而欠薪的老板则根本不怕法院反而惧怕政府。

造成这种现象的原因自然有官员自身法律素养不够的问题,在国家治理方面存在的问题主要是有法不依,政府不依法行政的问题。习近平总书记指出:"一些党员、干部仍然存在人治思想和长官意识,认为依法办事条条框框多、束缚手脚,凡事都要自己说了算,根本不知道有法律存在,大搞以言代法、以权压法。"①但另一方面也有群众自身的问题。② 我国传统的权力崇拜思想也是导致这些问题的又一原因。我国公民本身的传统思维中就存在权力崇拜的基因,怕官心理严重,对于官员的违法行为往往视而不见,甚至是存在一种羡慕嫉妒心理。对于不关系自身利益的官员违法现象,自己不愿意去积极进行监督。相反,对于官员则一味阿谀奉承,希望通过官员的特权去获得自己的好处。这样的社会环境不利于形成严格的社会监督,也对政府官员的专横和无视法律起了推动作用。因此,只有时刻坚守法治思维,遇事诉诸法律,才能形成严密而有力的社会监督。

(二)依法治国和实现国家治理现代化的基础条件

从 1997 年正式提出依法治国也已 20 多年了,在这具有世界影响的改革进程中,我国发生了翻天覆地的变化,人们的思想观念和思维方式也发生了显著的变化,但是,正如我国的改革历程处于不断深入的过程一样,人们的思维方式也正在经历着一个不断从传统思维方式向现代思维方式转变的过程,新的现代法治思维方式正在逐渐形成,旧的传统思维方式在人们的潜意识中渐渐褪去。全面推进依法治国,并将其作为治国基本方略提出,其中一个重要方面就人们

①　习近平. 在党的十八届四中全会第二次全体会议上的讲话[R]. 2014 - 10 - 23.
②　李明娜,闫坤如. 法治思维视域下新时代全面从严治党路径探析[J]. 理论导刊,2018(3):4 - 9.

对于法治的真诚信仰,这就要求在实践中广泛传播法治理念,培育人们的法治思维,增强人们对于法治的认同。法治中蕴含着民主自由、公平正义、平等诚信、人权尊严等基本价值,现代化的国家治理同样包含着对自由、平等、公正、法治等价值理念的追求。法治理念和法治思维的传播和培育就是对这些核心价值肯定的过程,这对国家治理现代化能够起到价值引领作用。

1. 民主和平等思维逐渐形成

民主是法治的灵魂和精神,法治离开民主就不能成为真正的法治。中国长期处于封建社会,长期的农耕生产方式导致的是封闭的等级观念,中国没有形成现代的民主观念和民主思维,因而也没有形成现代法治思想和法治制度。民主作为一种舶来品,西方民主社会的繁荣和强大及对人权的尊重和保护,引发了优秀中国人的深思,民主自20世纪初开始进入国人视野便成为我们追求的理想。但实践证明,真正让中国实现民主不能仅仅靠少数的先进分子,而必须依靠广大普通民众民主意识和思想的发展。只有广大民众建立起民主的思想,并努力追求民主,中国才能真正实现民主社会,人民的权利才能得以保障。因此,公民的民主思维是中国走向民主和法治社会的基础。只有人们真正具有了民主意识,形成了民主精神,养成了民主思维,法治才真正建立起来。

随着改革开放的深入和市场经济的进一步发展,特别是随着法治文化的提升,人们的民主意识和民主思维已经开始有了巨大进步。在一份调查报告中,对于"您认为,当代社会的核心价值理念应该是什么",人们给出的答案中居前三位的价值理念是:民主(51.45%)、自由(49.27%)和公正(40.76%)。① 选举是民主的基础,选举制度是民主的核心,选举是最能体现一个国家民主程度的活动。在相关调查中显示,多数人倾向于自下而上的选举方式。在"您认为基层干部应该怎样产生"这一问题上,"绝大多数(86.7%)的人民群众追求直选的形式,充分体现出人民群众较为现代的选举观"。② 人们对民主思维方式也在另一个问题的调查中显示出进步,民主思维的进步就是如何对待威权。威权是指拥有制度权力而没有思想合法性的权力。人们是否信奉威权,可以看作人们对上级的看法,即人们是否会盲目服从领导和上级的安排,是否为上级和领导马首是瞻。实际上,绝大多数人不愿意服从威权,越来越多的中国人选择不

---

① 孙伟平,陈慧平. 当代中国社会价值观调研报告[M]. 北京:中国社会科学出版社,2013:134.

② 宣兆凯. 中国社会价值观现状及演变趋势[M]. 北京:人民出版社,2011:101.

一定都听领导的。

没有平等就没有民主,试想地位不平等的人怎么可能坐在一起讨论问题,怎么能够相互尊重彼此的意见。因此,平等是民主的前提,是民主的应有之义。所谓平等思维,简单说就是平等地对待自己和他人,这里的平等不是指人们之间的相互关系,而是指人们在法律面前的平等,是权利和义务的平等,即人们在法律面前不分民族、种族、性别、年龄和社会地位高低,在法律面前一律同等的权利,也享有同等的义务。这里的平等主要是反对特权,反对某些人享有法律之外的特权。

2. 权利观念增强、人们逐渐学会依法维权

随着我国法治建设的不断进步,相应的法律体系也在不断健全。而运用这些法律来维护自己权益是法治思维养成最佳的表现。依法维权暗含着对法律的信任,也包含着对司法公正的期待。一般而言,人们维权的方式是上访,而且我国也设有专门信访机构。在我国古代就有进京告御状的传统,这种上访的内在逻辑是:第一,以权力制约权力,上访的逻辑是以上级权力制约下级权力,以中央制约地方。第二,相信更高一级的有着更大权力的官员能够主持所谓"公道",上级官员比下级官员更开明,更能体察民情。第三,上访的群众不知道或者不相信通过法律能够维护自己的合法权益。而这种依靠上访来解决问题的做法,是传统权力思维方式,不利于法律权威的树立,也不利于法治社会的建设。

在大部分人通过上访来解决个人与政府之间矛盾冲突的做法中,人们开始了通过法律来捍卫自己的权益。全国第一例民告官发生在 1988 年,此案成为改革开放后第一例公开审理的"民告官"案例,虽然败诉,但这件案例意义重大,它代表了当时人们权利意识的觉醒,也宣告了政府从管理者同时作为被监督者的角色转换。两年后我国颁布实施了《行政诉讼法》,为民告官提供了法律依据。此后,一系列约束政府行为的法律出台。在一系列相关法律出台和依法治国的宣传下,我国行政诉讼案成大幅增长趋势。

3. 法律在人们心中的地位逐步上升

法治社会与传统专治或人治社会的最大区别是法律的地位。在传统专治社会,法律在权力之下,特别是在皇帝专治权力之下,法律可以被皇帝用来惩罚那些违背他意志的人,皇帝也可以饶恕那些按照法律应该受到惩罚的人。也就是说,法律是皇帝统治人民的工具。同时,在传统社会,人情大于法律。中国传统社会是人情社会,讲求重情重义。虽然中国古代也讲求法不容情,讲求王子

犯法与庶民同罪,但是在中国古代,上至皇帝下到地方官员,法律不容情只不过是愚弄人民的幌子。中国封建社会早已经被推翻,但封建社会遗留下来的传统思维方式却没有马上随着封建社会的消失而消失。权力思维和人情思维依然在中国人的思维中遗留下来。随着社会主义市场经济的发展,也随着西方法治观念的输入和被理性认识,特别是中国提出进行法治社会建设以来,法律在人们心中的地位成为反映法治思维是否形成的标准之一。

(三)法治思维的养成为法治建设营造有利社会环境

实践证明,单纯依靠制度构建法治仍然会遇到许多问题,一个民族若是法治意识基础匮乏,公民若是缺少法治思维,就难以形成良好的法治状态,从这个意义上说,人们的法治观念和意识及在此之上形成的法治思维是法治运行的真正基础。养成法治思维,就为法治建设提供了有利的社会环境,转化为民意和法治要求,为法治政府建设提供了动力和外在监督,为法律的落实和执行提供良好的社会基础。

1. 法治思维方式是对人的尊重和保护

法治思维方式表面上是遇事找法、依法办事,但更内在的是对人的尊重和保护,是对人权的尊重。法治思维方式在政府官员中的表现就是严格按照法律授权行使手中的权力,尊重和维护社会成员的权利。对普通公民来说,就是明确自己享有的权利,善于运用法律来维护自己的权利。

2. 法治思维有助于人们养成现代行为方式和建立现代社会关系

除了在思想和价值观念方面存在巨大差异之外,与传统社会的人相比,现代人的素质能力、行为方式和社会关系的处理方面也有较大不同。在素质能力方面,现代人应该具有现代科学文化知识和适应现代生产需要的技能,还有就是根据法律思考问题的习惯。在行为方式上比较理性,独立自主同时又具有较强的纪律性;在社会关系方面形成平等、开放的社会关系。

传统社会是农业生产为基础的社会。在传统社会里,社会规则变化较慢,人的交往范围也较狭小,一般根据传统风俗习惯来调解矛盾、化解纠纷。由于传统农业生产不需要多人合作,因此,传统的人合作、协作精神较差,规则意识不强。而今天是工业社会、商业社会。工业生产需要人们之间的相互配合,要求人们遵守规章制度和纪律。现代交通工具的发展和信息通信的发达,使得人们的交往范围大大扩展,人与人之间靠传统风俗习惯和口头约定的方式已经不能很好地调整人与人之间的关系。现代人主要靠法律和契约约束人与人之间的利益关系，因此，和古人相比，现代人在人的素质能力、行为方式和社会关系方面的要求有了较大不同。现代人要善于运用法律和契约与陌生人打交道，在社会行为中具有较强的纪律意识，在社会关系方面，丢掉传统狭隘的身份和等级观念，建立现代平等关系。契约意识既是市场经济的本质价值观之一，也是法治社会中人们应该具备的思维方式。法治思维作为现代人所具有的基本思维方式，成为推动人的行为方式和社会关系现代化的基础。

3. 维护公民权利，强调民主是法治思维的根本特征

法治思维的树立对于培育公民的主体意识、自主自立意识和自身权利观念具有积极意义，法治思维的树立是建立在公民自我权利意识觉醒基础之上的。在传统臣民思维中，等级观念严重，人与人之间的附庸意识较重。"把自己看成政治的附庸，在政治上习惯于做奴隶而不习惯于做主人，把个人的物质利益和政治命运寄托在少数包公式的清明领导者身上，而对现实政治中的某些腐败现象熟视无睹、冷漠容忍。""附庸意识的再一种表现类型是活动在具有浓厚主宰意识的掌权者周围的一些工作人员的卑微心理。他们认为掌权者是极端重要的，而自己则是微不足道的；某些人出于私利，甘当'贾桂式'的角色，不讲原则，俯首帖耳，极尽阿谀逢迎之能事。"①

法律给我们的只能是相对公平，而非绝对公平，俗话说，一个巴掌拍不响，没有绝对的对与错。所以，在很多情况下，都应该尽可能端正态度，不应该把希望都放在绝对公平上。法律建设只是在大的方面对我们提出了要求，而对于一些日常小事，就必须靠自觉和本身的涵养。

二、社会转型时期中国社会的法治思维与人的现代化

现代社会，人的现代化水平的提高有利于法治思维的形成。在社会转型过程中，处理各种社会矛盾，化解不安定因素，维护社会稳定，必然需要法治的力量，将各种利益矛盾调整到社会可控制的范围之内，并逐渐缓和乃至最终化解那些影响社会稳定的利益矛盾。这是古今中外的一条重要治国经验，也是我国社会主义现代化建设过程中必须重视的重大问题。不可否认，中国人的法治思维能力和法治观念是相当淡薄的，大量的事实可以证明这一点。处在社会转型

---

① 包心鉴. 论现代政治发展中的主体意识[J]. 求索，1989(3)：29.

时期的当代中国,与各种矛盾凸显不相适应的社会治理,在很大程度上是普通民众对法律的认知还停留在朴素的正义感的基础上,因此,法律适用常常难以按照其本来的路径进行。

(一)国家治理现代化的关键是人的现代化

人是社会构成的最基本要素,更是社会发展的最基本动力。国家治理现代化的关键和核心是人的现代化,而人的现代化主要是观念的现代化,只有构成社会主体的人在观念上实现了现代化,社会的现代化才有真正的动力和基础。

1. 人与制度的相互推动

政府与公民之间是相互影响、相互制约的互动关系,建设法治国家、法治政府,实现国家治理现代化不仅需要党和国家层面的顶层设计和全面推进,还应当提高人们的法治素养,培育公民法治思维。具有法治思维的现代群体的形成既是法治社会形成的标志,也是法治政府建设的社会基础和强有力支撑。

唯物史观认为,经济基础决定上层建筑,其中包含了非常复杂的社会运动过程。"随着新生产力的获得,人们改变自己的生产方式,随着生产方式即保证自己生活的方式的改变,人们也就会改变自己的一切社会关系。"①而生产方式和生产关系的改变导致人们的价值观念和思维方式的改变,人们观念的变化又促使人们要求改革上层建筑——国家制度。以上这一过程是一种社会自然成长的过程。在这一过程中,人们的价值观念和社会心理的变化成为社会经济基础与社会制度之间的中介环节。人们社会心理和价值观的变化首先是由社会经济基础的变化引起的,然后再转换为政治价值观和国家观等。因此,往往是经济发展到一定程度,原有的制度及其价值观基础不能适应这种变化时,社会上就会出现新的思潮的启蒙,当这种思想启蒙使得人们形成共识的时候,上层制度的变化也就随之而来了。对此,美国的英格尔斯深刻指出:"那些完善的现代制度以及伴随而来的指导大纲,管理守则,本身是一些空的躯壳。如果一个国家的人民缺乏一种能够赋予这些制度以真实生命力的广泛的现代心理基础,如果执行和运用这些现代制度的人自身还没有从心理、思想、态度和行为方式上都经历一个向现代化的转变,失败和畸形发展的悲剧结局是不可避免的。"②从某种意义上来说,社会心理和价值观念是一种制度的心理基础。如果一种制

---

① 马克思恩格斯选集:第1卷[M]. 北京:人民出版社,2012:222.
② 〔美〕阿历克斯·英格尔斯. 人的现代化[M]. 殷陆军,译. 成都:四川人民出版社,1985:4.

度的心理基础还没有形成,制度往往不能真正得到变化。

2. 人的现代化是国家治理现代化的题中之义

现代的公民不仅应该是具有科学文化素质和专业技术的人,还应该是具有民主意识和权利意识的人。只有人民具备了现代主体意识和自我权利维护意识,才能推动国家治理制度的不断进步。

任何政府都是在一定的历史传统、文化传承和社会发展基础之上形成的,臣民思想观念下产生的是专制的政府和管理方式,而公民观念下产生的是法治的政府。现代的国家治理制度应该奠定在具有现代思想意识的公民社会基础上。"所谓人的现代化,说到底就是适应现代实践发展需要的人的主体能力的现代化,人的现代化不仅包括知识、技能的现代化,也包括人的价值观念和思维方式的现代化。"①人的现代化是国家治理现代化的根本,是社会现代化进程的出发点和落脚点。"一个国家,只有当它的人民是现代人,它的国民从心理和行为上都转变为现代的人格,它的现代政治、经济和文化管理机构中的工作人员都获得了某种与现代化发展相适应的现代性,这样的国家才可真正称之为现代化的国家。否则,高速稳定的经济发展和有效的管理,都不会得以实现。即使经济已经开始起飞,也不会持续长久。"②是否具有现代法治观念是衡量一个人是否是一个现代化的人的根本标准之一。因此,国家治理现代化要求民主和法治,民主要求公民参与国家治理,而只有具有现代主体意识和法治意识的公民才能真正当家作主,缺乏主体意识和缺乏法治观念的人是胜任不了当家作主的责任的。

3. 具有现代意识的人推动国家治理体制的优化

思想是行动的先导,任何社会发展的新要求首先要反映在人的观念中,形成人们的进步思想,在进步思想的指导下去推动社会改革,建立相应的先进制度。唯物史观指出,人民是历史的创造者,只有具有现代思想的人民才是国家治理现代化真正的推动者。从中外国家治理发展历史来看,现代国家制度的进步的直接动力都源于人民对自身权利的斗争和争取,而人们自主意识和权利保护意识的觉醒是人们起来主张权利的思想根源。20 世纪中叶,美国民权运动领袖马丁·路德·金之所以能够成功促使美国最高法院宣布废除种族隔离政策,关键就在于美国民众的维权意识觉醒和对民权运动的大力支持。从中国 2003

---

① 何涛,刘翔. 公民社会视域下的人的现代化发展理路[J]. 理论观察,2014(12):23.

② 〔美〕阿历克斯·英格尔斯. 人的现代化[M]. 殷陆军,译. 成都:四川人民出版社,1985:8.

年颁布的《城市生活无着的流浪乞讨人员救助管理办法》代替《城市流浪乞讨人员收容遣送办法》，废止劳动教养制度等来看。这既与案件反映出这些制度的弊端有关系，同时也不可否认我国公民法治意识的进步也是真正的推动力。只有公民首先具有民主、自由、平等的现代公民意识，才会促进国家治理体制的现代化。

４. 具有现代意识的人能够保证制度的落实

现代的国家制度需要现代的人来执行，也需要现代的公众监督。这就需要执法者具有现代法治意识，同时也需要个人具有法治意识。

维权意识不强是最大的隐患，很多人只把杀人放火之类的重大问题看作需要上报的事情。在很多情况下，即使权益受损，他们也是本着忍一忍风平浪静的原则，默默承受着他人给自己造成的伤害。总体来说，大众对自身权利的认识不到位，对如何维权的问题没有深度的思考。无论是在大城市、小城镇还是农村，经常出现的一个情况是丢失了自行车、电车、摩托车之类的代步工具，几乎没有人将其上报当地派出所，总认为这是小事情，总觉得这样的小事不足以交给政府部门来处理。对此事，他们唯一处理方法就是，在心里咒骂一通，然后自认倒霉，重新买一辆。最可恶的事情莫过于这些受害者买一些非法倒卖的二手车，毫不夸张地说，如此循环往复，把自己原来丢失的车买回来也是极有可能的，行窃者便是抓住大众的一些微妙心理来从中谋取利益。执法人员缺少现代人所应该具备的法治意识，就会把法律当作打人情有可原的挡箭牌，谁也没有打人、打死人的权力，"不打人"是法治社会对执法人员的最基本要求。一些城管在执法过程中的暴力执法现象，信访中出现的闹访、缠讼等事件，说明我国的普通公民法治意识的缺失。由此可见，如果仅仅具有了现代的制度而没有现代的人，制度也将成为空壳。

（二）人的现代化是国家治理现代化的追求目标和内在要求

人的现代化是指人适应经济社会发展的需要，自身素质不断提高的过程，是一个连续不断、永恒发展的过程。从当前来说，人的现代化有着确定的含义，就是要求人适应当前经济社会的发展的需要，逐渐从传统农业社会向现代商业社会转变，当然，这一转变包含多方面的内容，包括思想观念的转变、素质能力的提升、行为方式转换等。在这里主要是指人们逐渐抛弃原有的传统权力思维和人情思维，树立现代民主法治观念，养成法治思维的过程。因此，法治思维的养成是人的现代化的根本要求。

1. 国家治理现代化内含人的现代化

国家治理现代化以实现人的现代化为最终目标。马克思主义告诉我们,"人的全面而自由发展"是人类的最高价值追求,社会的一切发展都是为了实现人的发展,而"人的全面发展是人实现现代化的目标,人的现代化是实现人的全面发展目标的重要手段,同时也是人自身全面发展的重要内容和前提条件。"①因此,人的现代化就是实现人全面自由发展的过程,国家治理现代化的最终目标不是为了治理而治理,也不是为了便于治理而治理,实现治理现代化的最终目标是实现人的现代化,实现人的权益的保障,促使人的发展。可以说,中国国家治理现代化的历史走向,就是在以"平等"为核心的社会主义现代化基础上,最终走向以"自由"为核心,实现"人的自由而全面发展"的共产主义理想的现代化。②

人的现代化与社会的现代化是相互影响和促进的关系,一方面,人的现代化促进社会的现代化,另一方面,社会的现代化又为人的现代化的发展提供了社会环境和条件。国家治理现代化属于社会现代化的重要方面,国家治理现代化意味着社会管理的民主化(治理主体多元化)和法治化。民主化要求公民广泛参与社会管理活动,公民有机会充分表达自己正当的利益诉求,为他们争取个人发展的空间提供机会;同时,国家治理现代化还要求限制政府权力、保护公民权利,对政府要求"法定授权必须为",为公民发展提供最大程度的自由发展的空间。因此,在国家治理现代化条件下,法治是保障人权和自由的武器,有利于人的全面自由发展,为人的现代化提供了制度环境。

2. 国家治理现代化有利于培育现代公民的主体意识

主体意识的养成也是人自由全面发展的前提,而强调人的个性也是人自由全面发展的表现,是人的现代化特征之一。同时强调人的个性,一方面是现代商品经济发展的需要,另一方面是个人潜质发挥的需要。

主体意识具有强烈的权利意识和责任意识,因为"社会整体现代化是一个具有主体意识的人的自由自觉的创造性实践的客观历史过程"。③ 所谓主体意识,简单说来就是主人意识,把自己看成自己的主人,自己主宰自己的命运,具有强烈的权利意识和责任意识。把自己看成社会政治生活和公共生活的主体,

---

① 柯卫. 法治与人的现代化关系刍论[J]. 河北法学,2009(11):91.
② 陈江波. 习近平新时代中国特色社会主义现代化思想[J]. 云南民族大学学报(哲学社会科学版),2018(9):12.
③ 田芝健等. 现代化的核心是人的现代化[N]. 光明日报,2013-01-28.

而非无足轻重的客体,认识到自己是作为一个有独立意识和独立地位的政治权利主体加入社会政治关系和政治程序中。人的主体意识表现在多个方面,其中之一就是强调个性,强调自己的与众不同,强调自身的价值。发展人的个性不仅是商品经济的需要,而且也是人的本性的要求,因为人来到世界上,本身的潜质就具有差别,强调个性、强调自己的与众不同是每个人主体意识觉醒的表现,对于人的自由发展具有积极进步意义。

当然,传统思维是建立在古代农耕生产方式基础之上的,不能启发人们的个性思维。而现在的我国已经是市场经济社会,但传统思维的思想依然根深蒂固,一方面限制了我国市场经济的发展,另一方面也阻碍了人的现代化,严重影响了我国现代政治管理机制的建立。只有在现代化的国家治理体系中,法治思维才能作为与人治思维相对立的思考和解决问题的路径选择,人们按照在平等基础上社会成员共同承认的规则——法律来解决问题,而不是遵从当权者的意见。因此,法治的目的就是要求保护公民的基本权利和自由,保护公民在最大限度内选择自己喜好的生活方式和发展方向的自由,法治思维的树立对于启发人民的主体意识,推动人的自由发展,推动人的现代化具有积极意义。

3. 现代化的国家治理有利于公民权利义务观念的提升

法治的根本原则就是限制和约束权力,保护公民权利。权利是法治思维的核心概念,在法治思维中,国家、政府与公民之间的关系是通过法律以权利与义务加以界定的,因此,培育公民法治思维方式,某种意义上就是要求公民以权利与义务思维来处理个人与政府和国家的关系。

权利义务观念是现代公民基本观念,是法治思维的核心内容。"公民的权利意识,即公民对宪法和法律赋予自己某种行为合法性的意识,以及对他人合法权利的尊重。"①传统观念中,人们把国家看作凌驾于自己之上的神的意志的代表,相信君权神授。公民的权利和义务观念在传统人治思维方式中,主要特征就是忽视公民权利,常常宣扬无权利的义务,把承担义务的行为神圣化,"人治思维惯于割裂权利与义务的辩证关系,当权者拥有大量的特权却不必承担什么义务,而普通民众没有什么权利却需要担负多如牛毛的义务"。② 在现代化的国家治理体系中,权利义务观念改变了以往个人对国家的依附关系,把政府与个人之间看作契约关系,强调政府与个人之间应该相互承担责任,即政府和

---

① 许耀桐. 大力加强公民意识教育[J]. 求是,2009(5):44.
② 任红杰. 人治思维的四大误区[J]. 学理论,2014(30):10 - 11.

国家为每个公民提供良好的社会秩序,以保护每个公民生命安全和自由发展的权利,同时,每个公民也要对国家承担一定的义务,例如纳税、服兵役等。而正是这种权利义务观念,体现了公民的主人翁地位,是人在全面自由发展过程中的一个环节,也是人的现代化的具体表现。

(三)法治思维与国家治理现代化要求之间存在的差距

是否具有法治思维是法治国家形成的社会基础,也是一个国家和社会法治制度和法治体系生命力的来源。随着我国社会主义市场经济体制的建立和社会主义法律体系的基本形成,经过30多年的普法教育,人们的法治意识有了很大提高,但真正的法治思维尚未真正形成。

1. 人们对自身民主素质信心不足

法治思维的目的和要求是用法律约束权力,保护公民合法权利。法治思维的价值基础是民主、自由、平等、公平。民主和平等是现代社会应该追求的社会理想和目标,从相关的社会调查中可以看出人们对民主的信心倾向。在关于民主与中国人的政治素质这一问题中,认为"中国人政治素质不够,民主意识不强"的,表示很赞成的占10.71%,赞成的占25.37%,基本赞成的占35.84%,明确表示不赞成的占20.23%,不清楚的占7.23%。① 其中表示赞成的人数占到被调查者人数的71.92%。从调查数据中可以看出,人们一方面希望能够实现民主,但同时又对能否真正建成民主社会表现出一定的担忧,表明我国民主社会建设还有较长的路要走,同时也表明人们法治思维的缺乏。

国家治理现代化,要求公民参与社会管理,但现在存在的问题是,我国公民依然是传统的思维定式,对于眼前不牵涉自身利益的事情不去关心,事不关己,高高挂起。而对于维护自身利益的问题,则是往往采取各种手段,不讲规则,善于运用权谋,注重结果而不注重规则公平。在农村选举中还出现较多的情况是,对于自己不想参与村干部争夺的人来说,他们根本不关心选上谁,因此弃权,找人代替选举甚至让未成年的孩子代替自己投票,这种现象较多。这也反映出我国公民在参与社会管理方面缺乏规则意识,缺乏自我管理的能力。

2. 缺乏法治意识和规则意识

规则思维是法治思维的基本要求,法治思维从根本上来说就是要求公民要遵守规则(法律),规则至上。从某种意义上来说,法治维护的公平和正义就是

---

① 龚群. 当代中国社会价值观调查研究[M]. 北京:北京师范大学出版社,2012:105.

规则的正义,没有规则的正义不能算作正当的正义。因此,能否信守规则、遵守规则就成为公民法治思维水平的一个衡量标准。

从当前的现实行为来看,人们的规则意识较令人担忧。比较突出的表现就是"中国式过马路",中国人常常抱着"法不责众"的心理,人多了就敢于不遵守规则,不遵守秩序。规则意识较差还表现在为了取得成功不择手段。在一项调查中,当问及"为了成功是否可以不择手段"时,明确选择"为了成功,可以不择手段"的仅占6.24%,选择"视情况而定"的占33.36%,还有10.79%的人选择"说不清"。① 这些数据也在我国当前商业领域的欺诈行为和造假行为中以及部分官员为了升迁而不择手段的社会现象中得以印证。

还有一个值得注意的现象,当前,受到大众追捧的一些文化作品中缺乏法治意识和规则意识,它们往往以传统文化的名义得到认同但却与我国进行法治建设的要求相去甚远。由于我国封建社会历史悠久,当前一些宫廷斗争剧在我国大众中非常受欢迎。这些宫廷斗争电视剧出于吸引观众的目的,往往在宣传一些正面人物历经磨难而取得成功的同时,也加入一些勾心斗角的权谋斗争过程。这些宫廷权谋斗争文化当前在普通民众中非常受欢迎,说明我国公民法治思维较差,对待封建社会那种不讲规则,只讲权谋和手段的做法有认同感,认为只要目的好,可以不择手段,甚至认为对待那些所谓的敌人,可以不讲规则和手段。

3. 公民对公共事务的关心程度和参与积极性比较低

积极参与和关心公共事务是法治思维的必然要求。法治思维首先是一种民主思维,是公民自身主体意识觉醒的基础上的一种思考问题的方式,法治思维不仅要求人们关心自身利益,还要求公民在思考自身利益的时候要顾及他人利益,追求公平公正。因此,公民是否能够积极参与公共事务,公平公正地思考社会公共利益,也是公民是否具备法治思维的标志之一。但是从调查数据来看,公民对公共事务的关心程度不够。当被问及"您对居住的村(社区)里的各项事务的关心程度如何"时,表示"很少关注"的占总数的34.3%,"从不关注"的占5.7%,只有15.8%的人表示经常关注各项事务,经常参与。"只关注和自己切身利益相关的事务,但很少参与"的占17.4%。"只关注和自己切身利益

---

① 孙伟平,陈慧平. 当代中国社会价值观调研报告[M]. 北京:中国社会科学出版社,2013:152.

相关的事务，且经常参与"的占 5.8%。① 以上数据表明，我国还没有形成关心社会公共事务的心理和习惯，法治思维也没有真正建立起来。

社会上总有那么一部分人抱着搭便车的心理，自己不想付出时间和精力，只想获得相关的好处和便利。这部分人要么工作忙，要么确实没有时间，但更多的是缺乏权利维护意识，他们自己权利受到侵犯时，不去主动积极争取，而是等着别人出头为他们争取，缺乏积极主动的维权意识和行动，这种心理是法治思维形成的一大障碍。

此外，现有的机制缺乏公平竞争。现在农村社区的群众自治组织，在选举中缺乏相关约束机制，导致选举成为农村中家族势力之间的竞争。"现在的基层干部选举就是从外表看起来民主、有秩序，实际上里面是一团乱，拉票、倒票的有很多。有的人家里经济势力跟得上，家族又比较大，像他们就可以去请客吃饭、拉票贿选。"②这种情况导致农村势力比较大的家族来掌控选举，原因就是在基层选举中，人们法治思维缺乏，出现拉票、贿选等事项没有人监管和追究责任。这导致拉票贿选成为一种司空见惯现象，打击了人们对于民主选举和法治建设的积极性。

4. 人情思维依然严重

中国人特别重视人情关系是出了名的。重视人情具有两面性，重视人情是人的自然本性之一，让人们感觉到一份相互关爱的温暖和温馨。但是，中国由于特殊的国情，将人情关系与政治和文化紧密结合在一起，成为中国传统政治和文化的一大特色。

中国传统社会是建立在农耕基础上的自然经济社会，由于农耕生产方式导致人们以血缘关系为纽带而聚居在一起长期生活，形成了以血缘家族为组织的社会基层单位。中国封建社会的政权也是以血缘为纽带而得以继承。同时由于中国地域广大，人们之间出于团结起来力量大和抱团取暖的心理，血缘和地缘成为人们之间相互区别关系远近的一个衡量标准。梁漱溟指出："中国是伦理本位的社会……伦理本位者，关系本位也……以至于一切相与之人，随其相与之深浅久暂，莫不自认有其情分，因情而义，自然互有应尽之义……全社会之人，不期而辗转相互连锁起来，无形中成为一种组织。"③这种人情思维和关系

① 宣兆凯. 中国社会价值观现状及演变趋势[M]. 北京：人民出版社，2011：110.
② 宣兆凯. 中国社会价值观现状及演变趋势[M]. 北京：人民出版社，2011：113.
③ 梁漱溟全集：第 3 卷[M]. 济南：山东人民出版社，1993：63.

思维,致使中国人处于各种人情关系之中,对于事情的处理,要根据人情和关系来拿捏。"可以说,今天的中国仍然属于典型的人情社会。以亲缘关系、地缘关系为基础建立起来的人情关系仍然在很大程度上影响着社会成员的交往方式。即使是在政府机构中,拥有一定权力者为自己的亲友谋取地位和利益在许多人看来天经地义,并不是一件可耻的事情,反而会得到'够义气''乐于助人'等赞许。"①

在相关的调查中也证明人际关系依然对我国的法治产生着重大的影响。当被问及"您认为,要打赢官司靠什么"时,在全部被调查对象中,有11%的人选择了认为关系至上的"没有关系,即使有理也打不赢官司";27%的人选择了认为法律至上的第二项"只要有理就行";59.9%的人选择了认为法律与关系同等重要的第三项"有理还得有关系才打得赢官司",还有11.1%的人表示"说不清",这表明在我国,人情关系思维依然严重干扰法治实践。

5. 维权意识有所提升,但维权行动不足

意识不仅是自然界长期发展的产物,更是社会的产物,是在人类劳动实践的基础上产生的。法治思维作为国家治理的主流思维方式,最大的一个特点就是实践性,法治意识与法治思维之间最大的区别就是,法治意识可以仅仅停留在意识之中,而思维则是体现在行为之中,只有把法治意识与行动结合起来才能称之为法治思维方式,这里的思维方式就是行为方式。因此,在考察我国公民的法治思维现状的同时,不仅仅应该考察公民的法治意识,也就是不仅仅要考察公民认为社会应该是什么样子,不仅仅考察公民自己理想中应该是什么样子,而应该考察他们在实际行动中是怎么做的,就像闯红灯问题,不是问大家应该不应该闯红灯,而是看他们在实际中到底闯不闯红灯。

如前所述,我国公民的权利意识有了很大提升,大部分人也知道我国公民享有的权利。但在落实到维权行动上时,人们的确缺乏动力。当被问及"如果政府的某项政策不合理,或侵犯了你的利益,你会怎么办"这一问题时,选择"想方设法反映情况,表达自己的意见"的占35.55%,选择"在方便时顺便说一下"的占22.37%,表示会"私底下发牢骚"的占15.66%,而"在其他人提出来时也会跟着响应"的占18.09%,"不清楚"的占7.9%。② 从统计数字看,能够积极

①　孙伟平,陈慧平. 当代中国社会价值观调研报告[M]. 北京:中国社会科学出版社,2013:147.

②　龚群. 当代中国社会价值观调查研究[M]. 北京:北京师范大学出版社,2012:130.

维护自己权利的仅仅三分之一多一点,而更多的人则选择消极行为。这种现象表明我国公民目前权利意识已经开始具备,但是由于各个方面的原因,没有将权利意识转变为实际的行为,法治思维还没有真正养成。

三、国家治理现代化视野下法治思维培育的体系建构

法治思维是按照法治精神和法治价值原则来分析和思考问题,具体表述为办事依法、遇事找法、解决问题靠法,自觉抵制违法行为、维护法治权威的思维。法治思维将为国家治理现代化的实现奠定广泛的社会基础,对于法治政府、法治国家和法治社会的建设具有极为重要的意义。法治思维是法治精神和法治价值观在人的思维活动中的具体运用,培育法治思维,就要立足法治实践,充分发挥法治政府的表率作用,培育法治价值观、法治精神和法治文化。

(一)法治价值观:法治思维形成的观念基础

任何思维方式都以一定的价值观为基础,都是一定价值观念的体现,任何思维方式的形成过程也是某种价值观念逐渐被接受的过程。因此,要形成一种新的思维方式,就必须相应地转变价值观念而形成新的价值观。法治思维方式不同于传统的人治思维,要形成法治思维就先要树立和培育与法治相适应的新价值观念。

1. 法治价值观对于法治思维的养成处于基础性地位

法治思维与法治价值观是既有区别又有联系的辩证关系,明确法治思维的内涵、养成法治思维都是必要的。人的思维活动是一个复杂的系统活动。"就划分标准与表述侧重而言,价值观主要是针对价值取向与伦理判断而言,而思维方式则主要是针对思想言行的方式方法而言,二者又有着相对明确的区分。"①价值观是思维的结果,又反过来给予思维以指导。从总体上来说,价值观的形成属于归纳思维,是对生存环境、经济地位、民族传统文化等的综合;而思维则是演绎过程,是将某种价值观念在不同环境下的适用,在价值观的指引下对具体事物进行分析和判断并决定自己行为的过程。法治价值观是指在法治制度和具体理论当中内涵的、所崇尚和追求的最高的理念,是这种制度和具

---

① 李明 . 儒教基本价值观与思维方式述要[J]. 孔子研究,2014(6):99.

体思想所要追求和维护的最终目标,是论证这些规则合理性的理论和依据。而法治思维则是这种价值和目标在人的具体思考和解决问题过程中的落实和运用。法治价值观是最高理念,是整个法治思想中最核心的部分。而法治思维则是这种理念和核心思想的展开和运用,是这种思想的延伸,属于操作和实际应用层面。

任何事物都是相互影响相互制约的,法治价值观是法治思维的基础,而法治思维也会反过来影响法治价值观。在一个人形成法治思维后,就会反过来固化他的法治价值观念。因为当他尝试着去运用法治思维来看待和解决社会问题时,他会看到法治的优势,会反过来去帮助他更加认同法治价值观念,会更加坚定地信仰和追求法治。同时,当社会上一部分人特别是社会精英分子具有了法治思维时,就会逐渐影响其他人对法治价值观的认同,唤起更多人对法治价值观念的向往。

2. 法治价值观在法治思维中的形成

法治思维是价值思维。法治思维不是一种认知思维,而是一种价值思维。认知思维受世界观的影响,而价值思维受价值观的指导。所谓价值思维就是基于对某种事物的认知基础上的对主客体关系的一种判断,是主体对外在事物的价值判断,是对某种事物重要性和作用的看法,这直接影响着主体的态度和行为。法治思维就是作为主体的人对于法律和国家权力与公民个人的关系的理解,法治思维的对象是法律、国家政权、公民权利三者的关系,原则是权利保护和权力约束。法治思维追求的最高价值是民主、自由、平等、公平。作为一种价值思维,法治思维是以法治价值观为基础,没有法治价值的认同,就不会形成法治思维方式。

法治价值认同是法治思维的合法性基础。一种思维方式是否能够被接受和认同,关键是这种思维方式背后的价值观是否被认同。在具有人治价值观的人看来,法律就是统治者驾驭人民的工具,要把法律反过来约束权力是不可接受的。而对于认同民主价值观的人来说,把法律作为统治人民的工具是不可接受的。因此,只有首先接受法治价值观,才能逐渐接受并养成法治思维方式。

法治价值追求是法治思维形成的动力。一个社会的思维方式的转变首先由少数先进分子接受新的价值观念并加以弘扬和传播,逐渐影响社会上的其他人发生价值观念转变,进而转变思维方式和行为方式。当一个社会还是人治思维占据主导地位的时候,法治思维往往寸步难行。弘扬和传播法治思维方式刚开始会遇到重重阻力,只有意志坚定并把法治作为价值追求的先进分子的不断坚持,才能逐渐被更多的人所接受。要把法治思维坚决贯彻下去,仅仅靠对法治价值观的认同还是不够的,必须要把对法治价值观的认同提升到信仰的层次,成为一种价值追求,法治思维才会真正成为人的思维方式。

3. 民主、自由、公正:法治思维的价值基础

民主是法治国家的政治基础。民主与法治是不可分的,没有民主就没有法治,法治是实现民主的手段,没有民主的社会不可能实现真正的法治。

民主价值观在实践中的运用。首先,民主要求尊重公民的权利,落实在具体行为和实践活动中就要通过法律确认公民的权利,通过司法保护公民的权利,通过教育和宣传让公民树立法治思维,相互尊重各自的权利,这是法治思维的基本内容和要求。法治思维要求公民在法律面前人人平等,这是民主的前提,也是实现民主的基础,更是民主在社会法律中的具体体现。其次,民主的另一面是人民赋予政府管理国家和社会事务的权力,即只有通过民主授权,政府的权力才是合法权力。在法治思维中权力要来自于人民的授权,具体表现为法律的授权,制止权力的无限扩张。另外,权力的行使必须按照规定程序,制止权力的任性,而不是任由执法人员随意行使。第三,权力必须接受人民的监督,制止权力的骄横。公共权力要受到约束,要受到人民监督。不受监督的权力必然产生腐败,必然产生权力的滥用,仅仅靠法律的授权和规定的程序还不足以真正达到人民的权力不被滥用,不被用来为私人利益服务。要保证权为民所用,就必须让人民自己监督权力,以保证权力始终在人民的掌控之下。

自由是法治思维的内在价值追求。首先,自由的价值理念体现在法治思维对公民权利的保护中。我们说自由是法治思维的价值追求,主要体现在法治思维对于公民个人权利的广泛确认和保护。在法治思维中,公民的个人权利得到前所未有的扩大。列宁曾经说:"什么是宪法?宪法就是一张写着人民权利的纸。"①对于公民来说,"法无禁止即自由",当今宪法对公民权利做了详细的确定。在法治社会、法治国家和具有法治思维的公民观念中,公民的权利是神圣不可侵犯的。人的权利与生俱来,不可剥夺。在法治思维中,每个人都享有选举权和被选举权,享有言论、出版、集会、结社、示威和游行等政治权利和自由;享有宗教信仰自由;享有经济权利和自由;享有接受教育的权利和自由等。这些自由和权利在专制社会是不可想象的,在缺少法治思维的社会中,也只能写在纸上。其次,自由的价值理念体现在法治思维对政府权力的约束中。法治思

---

①　中央编译局.列宁全集[M].第12卷,北京:人民出版社,1987:50.

维认为,政府权力可以保护公民的权利,但往往也是侵害公民权利的最大威胁。要让政府保护公民权利而不是相反,就要采取相关措施,如:通过民选的方式产生政府,让政府真正从民众中产生;通过立法规定政府权力的边界,根据实际需要来赋予政府权力,而且尽量小的赋予政府权力,"法无授权不可为",通过司法活动约束政府权力的行使,鼓励公民依法行使监督政府,等等。

公正是法治思维的基本价值追求。公正是千百年来人类追求的价值目标之一,但公平正义的内涵却是一个历史范畴,在人类社会不同的阶段,人们对于公平的理解不一样,赋予的内涵不一样。在奴隶社会和封建社会,权力世袭是公平的、正义的。同时,处于不同社会地位的人,其对公平的看法不尽相同。

第一,法治思维主张良法之治,所谓良法就是经过民主讨论的立法,这是对程序正义的坚持和追求。民主立法程序就是在法律制定过程中让广大公民广泛参与并充分表达意见,只有让广大公民在立法环节上充分参与,充分考虑广大公民的要求和建议,充分考虑最大多数人的利益诉求,这样的法律才能最大限度地维护社会上最大多数人的利益,才能最大限度地符合正义的要求,才能称作良法。当然,法治思维还注意保护和尊重少数,不能借助维护多数人的利益而侵害少数人的正当利益。因此,法治思维其实就是追求正义的思维,是以追求广大人民的核心利益的思维。第二,法治思维主张"法律面前人人平等",这是对当今权利平等这一核心正义观念的确认和维护。法律面前人人平等是对特权的否定,没有人高于法律,没有人违法不受到法律的制裁。法律面前人人平等强调了人与人在一些基本权利方面的平等,例如生存权、个人尊严及意见表达自由等。法治思维主张法律面前人人平等,有利于维护每个人的合法权利不受非法侵害,这也是保证正义的核心内容和要求。第三,法治思维主张程序公正,这是对公平正义价值中形式正义的追求。法治思维主张规则之治,主张程序公正。在法治思维中,程序正义高于实体正义,如果程序出错,则结果无论怎样,皆为错! 法治思维就是通过程序公正来保证公平正义的实现。

(二)法治信仰:法治思维形成的精神动力

法律信仰中的法律不是一般意义上的法律,而是良法,是法治语义下的法律,是用来保护公民权利和限制公共权力的法律,因此,只有在法治语境下的法律,才会真正得到人们的拥护和遵守,才具备成为信仰的条件。法律信仰一定而且也必须是法治信仰,只有在法治意义上谈论法律信仰才具有现实意义,否则法律信仰便不可能成立。美国学者伯尔曼提出:"法律必须被信仰,否则它将形同虚设。"①同理,法治必须被信仰,否则法治思维则无从树立,法治社会也无法真正实现。只有真正信仰法治,人们才会自觉去追求法治,形成自觉践行法治,推动整个社会的法治进步。

1. 树立法治信仰对于法治思维培育的意义

任何一个树立了法治信仰的人,都会对法律有着更深的理解。在法治信仰者的理解中,法律成为社会正义和公平的代名词,法律具有至高无上的权威。

法治信仰是法治思维的组成部分。信仰这种人类独有的思维方式中,既有理性认识的一面,也有情感体验的一面。任何信仰活动中都有这两面,即使是讲求内心体验的宗教信仰,也掺杂着人们的理性思考。任何理性思考必然内涵一个人的好恶等价值判断,而任何非理性思维中也都有对一个事情的理性认识,当然这种认识可能有偏差。在极其蔑视理性的西方中世纪神学统治时期,也阻挡不住人们从理性的角度来思考神的存在问题。因此,信仰本身就是一种思维活动,而且是人独有的思维方式。

广义上来说,法治思维是作为主体的人对于法治这种社会现象的综合认识和体验,它既包括对法治的理性认识,也包括对法治这种社会制度的情感体验和认同,更包括落实到具体分析问题时的思维方式。因此,法治思维在广义上是包括知情意在内的统一体。法治信仰作为一种信仰,强调更多的是人的情感意志,但它不同于宗教信仰,它是建立在人的理性认识之上的一种价值情感体验,它掺杂着更多的理性思考。就具体内容来说,法治信仰是信仰主体对丁法治作为一种价值观和一种社会制度的认识和态度,是人在理智认识的基础之上对一种社会制度所给予的情感寄托和美好追求的向往。无论作为情感意志还是作为抽象的理论思考,法治信仰都属于广义的法治思维的一部分,法治信仰的培育属于法治思维培育内容中的一部分。

法治信仰为法治思维的养成提供支持。信仰一般是就价值观和世界观来说的,有什么样的信仰,就有什么样的思维方式和方法。法治信仰为法治思维提供了价值指引。法治信仰是对法治价值观的信仰,是对法治价值观念的认同和崇尚,是信仰主体对法治价值发自内心的坚定信任。任何思维都是在一定的价值观和理论指导下的思考,法治思维就是按照法治价值观念来判断对错的思维,是一种价值判断,具有法治信仰的人必然赞同符合法治价值精神的观念和

---

① 〔美〕哈罗德·J. 伯尔曼. 法律与宗教[M]. 梁治平,译. 北京:生活·读书·新知三联书店,1991:28.

做法,而具有人治观念的人必然对法治持不同意见。因此,让法治信仰成为当前社会公众的共同信仰,让法治成为大家心中共同的社会理想,是建立法治社会的前提和基础,更是培育公民形成法治思维的前提和基础。

法治信仰为法治思维的养成提供价值指引。法治信仰为法治思维提供合法性依据。一个人思考问题必然按照自己认为正确和合理的思考方式进行思考,而这就是自己思考问题的合法性问题,当一个人认为自己思考问题的方式方法具有合理性时,他便敢于坚持自己的意见,敢于同不同意见做斗争,也就是表现出自信。而如果对自己思考问题的方式方法都不确定,都感到不自信,那么他往往不敢于坚持自己的意见。只有一个人对自己的价值观达到了信仰的高度,才会在内心生成坚定的信念,才会坚定地认为自己思考问题的方式方法具有合法性,才会敢于坚持自己的意见。因此,只有具有了坚定的法治信仰,人们才会坚定地遵循法治的精神和价值原则来思考问题,才会表现出坚定的自信。

法治信仰为法治思维的养成提供方法指导。法治信仰是对法治理论的坚定信任,是对法治制度的坚定追求,是对法治内涵的价值观念的崇尚。同时,法治理论本身就是一种思维方式,法治的核心在于约束权力,保护公民的合法权利。这本身就是一种思考问题的方式方法。如果坚持人治,那么思考问题就必然从约束公民、维护统治者利益、压制公民当家作主的需要来思考问题。那么法律就变成了统治者手中驾驭民众的工具,一旦发生社会矛盾,具有人治思想的人必然是从维护统治者权力的角度来思考解决方式,而如果是具有法治思想的人,那么他对于社会矛盾的解决思路必然是维护公众利益的角度来思考问题。因此,法治信仰既是一种理论信仰,又是一种思考问题的方式方法,它为法治思维提供具体的方法指导。

2. 法治信仰的本质及结构层次

信仰是知情意行的统一,信仰必然要落实在行为上。人们信仰法治,就是相信尊敬法治,并以法治作为思维方式和行动指南。① 信仰不能仅仅停留在口头上,而是要落实在行动中,只有口头赞同而行动中得不到体现的不能算是真正的信仰。那么,法治信仰落实在行动中又是如何表现的呢?

法治信仰是一种政治信仰。首先,法治信仰者必然按照法治精神和原则思考问题。法治信仰者能够做到"在对法治的理性科学的认知的基础上对其所产

---

①　黄谋琛. 法治必须被信仰[J]. 理论月刊,2017(2):49.

生的一种发自内心的认同和期待，并且坚信法治所具有的价值和功能能够促成人类所追求的民主、自由、平等、人权、公平、正义、秩序、效益、幸福和以人的全面发展为核心的社会进步与发展的实现，从而把法治当作自己的理想追求，把法治理想的实践作为自己的一种生活方式，以一种自觉、主动、积极的态度真正参与其中，同时自觉地维护法律的权威和尊严并以之作为自己行动的指南。"①其次，法治信仰者必然积极宣传法治。法治信仰者不仅仅自己信仰法治，同时还积极地宣传法治，宣传法治的精神和价值观念，积极帮助人们树立法治信仰和法治理想，鼓励人们为建设法治社会和法治国家而努力。将宣传与法治实践结合，通过法治实践达到震慑犯罪分子，教育社会公众，逐步培养公众的法治信仰的神圣感。再次，法治信仰者必然积极参与法治国家的建设。法治信仰就是要积极建言献策，通过各种手段和积极利用一切机会为法治社会建设做出努力。最后，法治信仰者敢于同违反法治的行为作斗争，对于不符合法治建设要求的做法和行为给予舆论和行为上的批评和谴责。简单地说，法治信仰是指坚信只有通过良法之治，通过法律对公共权力的制约，社会正义才能得以实现，社会秩序才能得以有效维护，人民的权利才能得到有效保护。

对法治的坚定信念。对法治的信念包含两层含义，一是确信法治一定能够实现。二是确信法治能够保护公民的权利，实现社会公正、维护社会秩序。一般来说，信仰主要是依靠人们内心的个人体验获得，或者是出于逻辑论证，或者是被现实现象所折服，信仰是不能通过外力压迫或者压制树立的。

法治信仰坚信法治社会一定能够实现。法治信仰不同于宗教信仰，宗教信仰追求的不是现实生活，而是超现实的理想。法治信仰属于一种现实的社会理想，具有法治信仰的人坚信法治社会一定能够实现，而且愿意为这种社会理想的实现去付诸行动，做出努力。因此，具有法治信仰的人并不会因为当前社会中有一些不尽人意的地方就否定法治，就认为法治不能实现。相反，正是因为社会有许多不尽如人意的地方，所以才需要不断加强法治建设。

法治信仰坚信法治一定能够最大限度地保护公民的合法权益。法治核心的内涵和要求就是通过相应机构的设置和权力的配置，限制公共权力的滥用，让各权力机关的运行都在法律的控制之下，以保护公民权利和自由免受侵害。任何制度都有不尽如人意的地方，法治也不例外，法治有时候也不是一定能够伸张正义，法治的精神是限制权力，保护公民权利。法治追求的是宁可放掉一

---

① 陶爱萍．论我国公民法治信仰的构筑[J]．前沿，2007(3)：124．

个坏人,也不去诬陷一个好人,尽管有可能使罪犯得以逃脱惩罚,但它却最大限度地保护了人们的合法权利。

对法治的崇尚。在法治信仰者心目中,法律的权威不是来自外部的对违反法律所遭受到的惩罚,不是害怕法律的严苛,而是来自法治信仰者心中的自觉认同,来自法治信仰者对法律所具有的充分信任和神圣情感。法治信仰者还表现为自愿接受法律的治理,法律是法治信仰者自觉的行为准则。对法律能否被信仰而得到自觉遵守,有人提出异议,他们认为,法律永远不可能被信仰,永远不能被自觉遵守,否则法律就不成为法律了。法律是用来解决社会上"不可调和"的矛盾的,既然不可调和,那么依靠自觉和协商就不能解决问题,这时双方才会求助于法律,而法律之所以能够解决问题,关键是法律具有权威,而这种权威是国家强制力。如果法律成为人们的信仰而被人们自觉遵守,就等于说法律可以不依靠国家强制力而得到实施,法律离开国家强制力,就不成为法律了,法律和道德没有了区别。既然法律离不开强制力,法律就不能成为人们的普遍信仰。

然而,法律成为人们的信仰是一回事,法律离不开国家强制力是另一回事。首先,法律不能仅仅依靠国家强制力来实施,一部法律如果仅仅依靠国家强制力,而人们没有自觉遵守的意愿,这样的法律必然是恶法,不会真正长久地得以实施下去。因为要维护这样的法律成本太高,任何时候法律都是用来对付社会上的少数人的,如果一部法律是用来对付社会上的多数人,那么这部法律必然短命。其次,法律成为人们的信仰,人们一般会自觉按照法律来行事。但并不能保证所有的人都能信仰法律,都能按照法律行事(这同信仰宗教的人并不能都能做到遵守教规一样)。即使是在法治社会,也不能保证所有的人都能信仰法律,只要社会上绝大多数人信仰法律就是一个法治社会了。有一些人出于自身利益的考虑,或者存在侥幸心理而违法犯罪,特别是某些手中掌握权力的人。因此,法治信仰并不能完全制止犯罪,法律必须保留国家强制力作为后盾。也就是说,仅仅依靠法律信仰并不能解决所有问题,强制力还是必要的。但是我们始终相信,法治信仰不能解决所有问题,但能解决大部分问题。

法治信仰能够促进法治知识向法治思维的转变。具有法治知识是一回事,能否真正按照法治要求去思考问题和做事则是另一回事。关键就在于行为主体是否树立法治信仰,是否内心真正认同法治价值观念。只有具有了法治信仰的人才能真正愿意去按照法治的要求做事和思考问题,也就是形成法治思维。

法治信仰强化法治思维。一个人要形成法治思维,首先他必须认同法治精神,认同法治原则,如果一个人内心并不认同这种精神和原则,那么法治思维的形成也就无从谈起。同时,一个人对法治价值和法治原则内心认同越是坚定,那么他就会越是坚定地按照法治原则思考问题。特别是在一个缺少法治思维氛围和法治习惯的社会中,法治信仰对于法治思维的养成更具有重要意义。在一个人治观念严重的社会里,具有法治思维者有时会很孤立,会得不到周围人的理解和支持。这时就需要坚定的法治信仰支撑,没有坚定法治信仰的人会随波逐流。因此,法治信仰是法治思维能够真正形成的动力和支撑。

3. 树立法治信仰是建设法治国家的根本要求

法治国家是在每个个体树立坚定的法治思维并将其内化为自觉行为的基础上所达到的自然而然的结果。真正树立法治思维,行为主体必须具有法治信仰,法治信仰是树立法治思维的必然要求和结果。

树立法治信仰有利于法律的遵守,减轻国家管理负担。对于国家和社会正常秩序维护来说,没有比法律的自觉遵守更好的了。如果法律能够得到社会成员的自觉遵守和维护,那么政府治理的负担就会降到最低,真正实现无为而治。那么如何才能让绝大多数社会成员真正自觉遵守法律呢?"法不只是靠国家加以维持的,没有使法成为法主体的个人的法秩序维持活动,这是不可能的……大凡市民社会的法秩序没有作为法主体的个人的守法精神是不能维持的。"①要让法律得到遵守,最好的办法不是加大法律的惩罚力度,而是让公民真正信仰法律,真正认识到法律是社会公平公正的代表,只有遵守法律才能真正维护自己的利益,帮助公民树立法治信仰。只有树立了法治信仰的社会,法律才会得到真正的遵守,国家治理的负担也就会减少到尽可能的限度,国家治理现代化也就真正能够实现了。

树立法治信仰有利于社会自治。实现社会自治(又称公民自治)既是国家治理现代化的目标,也是实现国家治理现代化的途径。所谓社会自治,就是公民通过自己的社会组织和团体来实现自我管理、自我约束、自我服务,社会自治是在传统政府管理之外开辟的另外的维护社会秩序的途径。社会自治是适应社会发展变化而产生的一种新的社会管理模式,由于市场经济的深化,社会上利益分化严重,社会矛盾和纠纷增多,仅凭政府已经难以适应矛盾激增的当今社会的管理工作,于是公民自治成为政府必要的补充。社会自治组织通过承担政府的部分职能,参与到社会治理活动中来,从而使得传统政府的责任得以分

---

① 〔日〕川岛武宜. 现代化与法[M]. 王志安,等译. 北京:中国政法大学出版社,1994:19.

散和减少,政府的管理社会的方式也发生转变。政府由原来的直接的社会管理者变成了社会自治的监督者和政策的制定者。同时,社会自治还有利于人们对政府运行的监督,减少政府腐败的机会。

要实现社会自治,关键是要提高公民的法治意识,树立法治信仰。如果一个社会中产生利益矛盾和冲突的各方不遵守法律,不追求公平公正,只追求自身利益最大化,甚至不惜采取各种手段甚至包括非法手段,那么社会团体也就变成了"黑社会"性质的团体,社会自治也就成了社会"丛林法则",社会自治也难以真正形成。因此,树立法治信仰、维护法律权威是实现社会自治的前提和社会心理保障。

树立法治信仰有利于对政府权力的监督,减轻政府腐败。政府权力的最大危险是权力被滥用的天性,自国家产生以来,政府权力腐败的现象根本没有消失过,只是程度轻重不同而已。在市场经济条件下,在市场经济的巨大利益诱惑下,政府官员滥用权力、以权谋私的可能性大大增加。历史经验告诉我们,法治在限制权力被滥用方面确实具有其他制度无可比拟的优势。但徒法不足以自行,法治的精髓在于民众法治意识的提高,在于民众自身的法治信仰,没有被民众真正信仰的法治,没有民众真正参与的法治,法治很难发挥应有的作用。因此,树立法治信仰、提高民众的法治意识,让民众真正觉悟,是实现法治对权力约束、避免政府腐败的根本途径。

(三)法治文化:法治思维形成的主观营造

法治文化是法治建设的"灵魂",法治升华为法治文化就会成为约束全社会成员行为规范的强大力量。① 习近平总书记在党的十九大报告中指出:"要加大全民普法力度,建设社会主义法治文化。"②所谓法治文化是指以法治理念为核心而形成的一整套价值观的观念体系。不仅包括人们的理念,还包括制度和人们与法治相适应的道德观念、行为方式甚至风俗习惯等。从具体内容上来说,法治文化包括法治理念、法治制度及与法治精神相适应的道德和风俗习惯。

1. 坚持党的领导与人民民主和依法治国相结合

中国共产党的领导地位是历史形成的,在中国革命过程中,自从中国共产

---

① 庄蕾. 社会主义法治文化的建设之路[J]. 人民论坛,2018(8):102-103.
② 习近平. 决胜全面建成小康社会 夺取新时代中国特色社会主义伟大胜利——在中国共产党第十九次全国代表大会上的报告[N]. 人民日报,2018-10-28.

党成立以来,中国革命开始了新的局面,在中国共产党的领导和号召下,中国改变了过去一百多年来被动挨打的地位,并经过艰难曲折的探索,终于领导中国人民走上了改革开放的建设之路。历史一再证明,只有坚持中国共产党的领导,中国才能走向富强,走向中华民族复兴。人民民主是人类历史发展的潮流,是社会主义社会的根本价值追求。世界各国的历史和中国的社会实践证明,只有实现民主,才能真正激发人民的创造性和积极性,才能促进社会健康发展。而法治与民主是密不可分的,"法治是人民民主的要求,法治应是社会主义民主的形式化、程序化、规范化表现,是民主普遍实践化、操作化的落实形态"。① 必须坚持中国共产党的领导、社会主义民主和依法治国的有机统一。中国共产党是实现依法治国和人民民主的领导力量,没有中国共产党的领导,人民民主和法治建设就没有组织保障。而人民民主既是中国共产党的价值追求,也是中国共产党理想社会的要求,只有实现人民民主,才能让党的领导更加健康,党的领导才有群众基础。

以社会主义的平等、公平和正义引导社会主义法治文化建设。任何文化都是以某种价值观念体系作为支撑的,社会主义的法治文化必然以社会主义的法治价值观作为支撑和核心。我国的社会主义性质决定了我们必须以广大人民群众的价值观念作为根本价值观。人民最大的愿望就是实现平等,这也是马克思未来社会的理想。当然,我们现在还没有条件实现马克思所设想的平等,但我们应该在现有基础上尽最大可能给予人民以平等,这种平等首先是法律上的平等,因为只有通过法律上的平等才能保障人民的合法权益。正义是任何社会都需要坚持的价值,虽然不同社会对正义的理解不一致,实现最大多数人的利益、最大多数人的幸福应该是正义必然包含的实质内容。因此,中国特色社会主义的文化应该是以社会主义的平等、公平和正义为核心价值观念的文化,即以维护公平正义为核心理念,在立法执法司法过程中彰显公正、公平、公开原则,推动实现权利公平、机会公平、规则公平。

形成符合中国实际的法治制度文化。广义的文化包括物质文化、制度文化和精神文化,法治文化也相应地包含物质方面、制度方面和精神方面。因此,制度是法治文化的重要部分,完善法治制度对于法治文化的形成和发展具有重要的作用。

第一,法治制度反映市场经济的要求。任何社会制度都不是人们随心所欲

---

① 李德顺. 法治文化论纲[J]. 中国政法大学学报,2007(1):7.

的结果,都是社会实践活动的反映,其中经济基础是主要因素。当前我国正在进行社会主义市场经济建设,市场经济要求法律要保护公民的合法权益,保护公民的合法财产。同时市场经济要求保护每个公民在经济上的自由、平等。我国的法治制度应该体现市场经济的根本价值理念和要求。第二,法治制度要反映社会主义的要求。社会主义是人民当家作主的制度,因此社会主义制度是更加注重保护人民权益的制度。注重社会平等,注重保护每个公民自由发展的权利注重社会公平。第三,中国共产党的领导是我国的国情。党的领导是中国各项事业的领导核心,是取得胜利的坚强组织保障。党的十八届四中全会明确强调:"党的领导是中国特色社会主义最本质的特征,是社会主义法治最根本的保证。把党的领导贯彻到依法治国全过程和各方面,是我国社会主义法治建设的一条基本经验。"建设法治文化必须始终坚持党的领导这个根本原则,以保障中国共产党的领导和人民民主为根本目的。

继承和改造中国传统文化创立法治文化。中国传统文化博大精深,历史悠久。相比建立在商业经济基础上的法治文化,中国传统文化属于农业文化,具有注重道德伦理、强调等级、更加感性等特点。首先,我国由于长期处于封建社会,此时的文化主要是封建专治文化,这种文化以维护封建等级制度为宗旨,以维护封建专制皇权为核心。其次,从内容上来说,封建文化属于伦理文化。儒家占据主导地位,儒家道德文化成为传统文化的主流,追求的是修身齐家治国平天下。再次,从国家治理角度来说,传统文化是德治(或称为礼治)文化,传统文化把国家管理与道德修养联系起来,讲求"为政以德,譬如北辰,居其所而众星拱之"。此外,从思维方式来说,传统文化属于感性和经验文化,相比西方文化,传统文化中理性思考特别是逻辑思考的内容并不多,大多是从生活中的感悟和体验,传统社会的法治理想主要是通过个人的修身养性来实现的,是一个由内而外的过程,也是一个手段与目的的关系,即修身养性为手段,法治理想为目的。① 这一点在当今培育法治思维仍具有借鉴意义,即用修身养性的手段来培育法治信仰的依附感和神圣感,从而达至法治信仰的目的。

中国传统文化的这些特征是由当时的经济基础和生活环境决定的,现在,我国经济基础正在发生巨变,传统文化已经不能适应社会主义现代化的重要,也不能适应社会民主发展的需要,在继承中国优秀传统文化的基础上,必须对遗留下来的封建等级思想加以批判,以人人平等思想代替封建的等级观念。总

---

① 周军虎,何祥林. 法治信仰的培育探究[J]. 理论月刊,2017(2):105–110.

之，我们要以马克思主义为指导，在对传统文化继承和改造的基础上，借鉴和吸收世界先进法治文化，创造与我国社会主义现代化建设相适应的法治文化。

（四）法治政府：法治思维养成的表率

任何社会，公共权力都是社会关注的核心，而公共权力能否被限制在法律范围之内，也是一个社会是否建成法治社会的标志之一，用法律约束权力对法治思维的养成具有极为关键意义。

1. 政府在法治思维塑造中的主导作用

如果政府按照法治运行，必然会创造出一个讲法治的社会环境。人们在这样的社会中生活，必然也会自然而然接受法治思维，人们在社会交往中也会养成自觉遵守秩序，追求人与人之间的平等和公平公正。相反，如果仅仅是个人具有法治思维而政府仍是以人治思维为主导，则必然会产生矛盾。在这一矛盾中，个人是无法与政府抗衡的，于是大部分情况下会产生个人向政府屈服的情况。大部分人为了自己利益最大化，顺从政府的行为方式，久而久之，个人会放弃自己的原有价值观和思维方式。如果某一政府部门官员不秉公执法，而是收受贿赂，这样部分人就会为了达到个人目的而投其所好。当然也有部分人会独善其身，不去贿赂，甚至告发。但从某种利益来考虑，自己要付出很大代价与政府的违法行为对抗，于是大部分人便忍气吞声。法治观念得不到弘扬，而非法治思维占据主导。因此，进行法治政府建设，让政府的言行都限定在法律范围之内，这既是法治思维培育的目标，也是思维培育的条件。

2. 政府与公民在法治思维塑造中的互动共进

政府部门是人们关注的焦点部门，政府部门的一言一行对社会具有表率作用，其行为对社会影响很大。树立法治思维，政府的行为有不可替代的模范影响力。如果政府带头遵法守法，自觉接受法律约束和监督，那么公民必然以政府为榜样，自觉遵守法律。由于政府所掌握的权力具有自我膨胀的属性和倾向，一旦这些权力不受约束、失去控制，政府出台政策、做出决策不遵守法规程序，不遵守法律法规，就会导致肆意侵犯人民权利的后果。这种情况下，公民更不会信任法律能够保护自己，最终使政府丧失执政的合法性。而且，如果一个地方的政府不带头遵守法律，视法律为无物，而仅仅让民众去遵守法律，这无形之中就会使民众产生一种对法律的抵触情绪，也产生一种将法律视为约束自己的枷锁，因此，法治思维下必然要求政府首先树立并且运用法治思维，为全国上下做出表率。

政府与公民之间是相互影响的,有什么样的民众就有什么样的政府。如果人们养成了法治思维,那么就会在社会上形成一种社会风气和舆论氛围,对政府形成一种监督力量,"迫使"政府依规依法办事。

3. 在明确权责中建设法治政府

政府应该管什么而不该管什么,这是一个值得研究的问题。从20世纪90年代起,我国连续出台多项文件和措施,加强法治政府的建设。1999年,国务院发布《国务院关于全面推进依法行政的决定》,2004年《全面推进依法行政实施纲要》出台,2008年国务院出台《关于加强市县政府依法行政的决定》,随着这些文件的出台,我国政府依法行政水平取得了不小的进步。但是,对照十八届四中全会提出的法治政府的标准"职能科学、权责法定、执法严明、公开公正、廉洁高效、守法诚信",①法治政府建设总体说来依然存在着很大的完善空间。

中国共产党提出要把权力关进制度的笼子里,出台政府负面清单的制度来约束权力,这些都是良好的做法。但关键是如何约束,如何让政府真正受到权力清单的约束,如何把有关制度落实的方面还需更多的努力,让法律真正起到约束权力的作用,这些都需要从总体上进行顶层设计,仅仅强调权力清单和法律权威而没有相应机制的保障,权力约束也只能停留在文件上和口头上。

(五)法治实践:法治思维形成的基础

一种思维习惯的养成需要在社会实践中的不断应用,法治实践是法治思维形成的基础。法治思维不同于法律意识和法律观念,法治思维是知与行的合一,只有在行为中落实一种价值观和观念,并在行为中不断加强才能真正形成。

1. 知行合一:法治教育与法治行动相结合

首先,引导人们真知、真懂。法治思维必须首先要做到知。没有知,就没有后面的行。因此,在培育公民法治思维过程中,首先要真正了解法治,认识到"'法治精神'是一个融法治的善治精神、民主精神、人权精神、公正精神、理性精神、和谐精神等为一体的科学命题",②而不是仅仅告诉民众法律条文。告诉民众法治与以往的国家治理有什么区别,让人们真正认识法治,向往法治,以建立法治国家、法治社会和法治政府为理想,自愿为实现法治建设做出努力。其次,培养人们的法治行为自觉。法治思维作为一种科学认识而存在,它在形成后,

①　中国共产党第十八届中央委员会第四次全体会议公报[J].共产党人,2014(20):8.

②　张文显.弘扬法治精神[N].法制日报,2007 – 08 – 17.

必然要运用于法治实践,指导包括公权力的行使者在内的主体的行为。"法治主体要依据法治的要素判断自己的行为是否符合宪法和法律规定,是否符合宪法和法律追求的价值目标,继而做出合乎法治理性的行为,并以行为的结果检验自己思维、意识的正确性。"①具体而言,培养人们的法治实践自觉可以通过多渠道展开。例如评选和宣传具有社会影响力的法治事件、法治人物等;以身边人、身边事激发人们法治行为的积极性;推广正反典型经验,不断引导和激励领导干部及广大人民群众主动、自觉和善于运用法治思维和法治手段,等等。

2. 相信法律是法律至上思维的前提

法治思维是将法治价值观和法治理念用来解决具体问题的思路。传统思维中思考问题往往是从人情出发,或者从道德出发,或者仅仅从个人利益最大化的角度出发,而很少从是否合法,或者法律的角度来寻求解决问题。而法治思维并不要求人们不考虑自己的利益,但要求人们在考虑解决问题的途径时首先想到是否合法,首先想到通过法律途径来解决问题。

法律至上是法治的本质体现,法律在整个社会规范体系中具有最高权威,任何社会活动都必须服从法律、遵守法律的规定,而不能超越法律;任何权力都必须接受法律的约束,受到法律的制约。②确立法律至上思维,首要的就是要相信法律、信任法律。

相信法律反映了自己的利益诉求,因为法律是在民主参与的程序下制定的,反映的是广大人民的根本要求,是经过严格程序制定的,尽管有时候并不符合自己利益最大化的要求,但相信法律已经做了最大努力保护自己。只有相信法律,才能自觉遵守法律,愿意按照法律的要求去做。

3. 法治实践不断修正和发展法治思维

相信法律不仅仅是相信法律的条文反映了自己的利益诉求,还要相信法律能够得到公正的执行。传统思维的人往往有选择地相信法律,如果法律做出的裁决有利于自己,则相信并按照法律执行,如果法律做出的裁决不符合自己的利益,则往往拒绝执行法律或者不相信法律的公平公正。这种思维是从自身利益最大化出发,不是真正的法治思维。法治思维要求人们相信法律的裁决,在经过法律的多次裁决后,即使一次裁决没有达到公平公正,但依然相信只有法

① 李明娜,闫坤如. 法治思维视域下新时代"全面从严治党"路径探析[J]. 理论导刊,2018
(3):4 – 9.

② 何康,胡向阳. 努力建设中国特色社会主义法治文化[J]. 思想理论教育导刊,2017(5):
78 – 82.

律能够给予自己公正的答复,依然积极通过法律来维护自己权益。

　　法治实践在法治思维的形成与升华过程中起着关键作用。法治对于国家治理现代化至关重要,要高度重视法治实践。将法治思维运用于法治实践既可以巩固已有的适应实践变化的法治思维,使其在新的实践中继续发挥作用,也会发现一些既有的法治思维不适应新的实践需要,这时就会催生出新的法治意识、法治思维。现实的需要必将不断修正并产生新的思维方式,以更加丰富有力的法治思维,推进法治建设,进而促进国家治理现代化目标的顺利实现。

第六章

法治中国建设与国家治理能力的提升

2013 年,习近平总书记首次提出"建设法治中国"的宏伟目标。党的十八届四中全会发出"向着建设法治中国不断前进"和"为建设法治中国而奋斗"的重要号召。党的十九大进一步对法治中国建设做出战略部署。法治中国建设,实现国家治理能力的提升是党对国内外大局审慎分析、对历史与现实理性判断及对自身建设现状充分考量的前提和基础上做出的战略选择,迎合了历史发展的必然趋势,展现了中国共产党的政治能力和政治智慧,是当前我国政治发展的重要任务,是有效应对不断发展着的社会现实、迎接各类风险和挑战的必然要求。充分把握法治中国建设与国家治理能力提升的基本趋势,厘清二者的相互关系,进而不断推进法治中国建设,促进国家治理能力的提升是当前治国理政面临的重要课题。

一、国家治理能力提升要求加强法治中国建设

新时代社会主要矛盾呈现出前所未有的新特点,处理和化解社会矛盾的能力是国家治理能力的重要体现,依法化解社会矛盾是新时代维护社会稳定的根本举措。要不断构建和完善中国特色国家治理现代化的法治基础,在依法治国中展现中国智慧。

(一)中国特色国家治理现代化的法治基础

现代化国家治理包括现代化治理体系和治理能力。国家治理体系就是国家治理的制度体系,治理能力就是建立、管理治理体系的能力,以及依托治理体系治理国家的能力。治理体系和治理能力都必须建立在全面依法治国的基本

精神上。这样才能使得社会公平有稳妥的法治基础保障体系,使得人权得到切实保障,各种社会矛盾解决有了可靠的制度依托。这关系到在国家治理中深化改革、推动发展、化解矛盾、维护稳定,维护社会和谐。到 2020 年中国共产党建党一百周年时,我国将全面建成小康社会。中国法治建设战略目标是全面建成小康社会战略目标的一部分。届时,中国也必然建成基本法律体系更加完善,司法公信基本确立的国家治理体系的法治基础构架。

1. 完善"国家治理体系和治理能力"双层模式的法治基础构架

恰当地应对社会矛盾层出不穷的局势,打铁必须自身硬。可是目前我们还面临着国家在多方面的制度供应匮乏、干部依法治国的能力不足,尚未形成全国统一的市场和公平竞争的发展环境等问题。面对这些问题,必须要从源头下手,在顶层设计上搭建公平正义的"国家治理体系和治理能力"法治基础,从而预防社会冲突,将矛盾纠纷的解决控制在法治轨道之内。法治体系基础构架的形成是一个国家的现代化治理体系和治理能力走向成熟强大的重要标志。法治体系由多个层面叠加构成,总体上可以分为国家治理体系的法治基础构架和国家治理能力的法治基础构架。

国家治理体系的法治基础构架是指依据宪法的精神不断完善上层建筑各个层面(包括经济、政治、文化、社会、生态文明和党的建设等各领域)的制度、机制、组织机构、政策措施的法律依据。立法机关必须广泛深入地开展社会调查,深入了解中国社会转型期矛盾的特点。立足人民群众,问需于民,问计于民,未雨绸缪,大力推动立法工作与时俱进。通过完善法律的工作,切实针对社会的现实特点和百姓的实际需要。在经济层面上保障多种经济成分有序公平竞争,促进各行业、各地区群众在收入分配上形成公平的格局,在社会保障层面力图为社会稳定守住民生的红线。为人民群众的生育、教育、住房、基本养老、基本医疗、失业等方面的切身问题在国家治理体系层面搭建成熟稳定的法治框架。还要努力改善缺乏表达诉求的正规渠道的状况。目前因对民众的社会纠纷问题,某些公共权力部门仅采取回避压制的态度,久而久之就使得矛盾和冲突激化。解决方式要重在依法疏导和排难,抓住问题实质才是解决问题根本。从宏观政策上预防和减少因争夺稀缺资源而引发的社会矛盾纠纷,保障人民共同建设和谐社会,并有尊严地共享改革发展成果。

国家治理能力的法治基础构架指的是国家机关动态层面的法律运行体系构架,是由立法、执法、司法、守法、法律监督等一系列环节构成的动态系统。各个环节必须有序、有效,每一环节彼此衔接、相互促进。如果有法不依、执法不严、司法不公,法治运行各个环节之间的关系不够协调,必定会影响整体法治强国的道路。

这个动态系统必须以维护好群众合法权益为出发点、落脚点。要有畅通多元诉求的表达渠道,妥善解决纷繁复杂的社会矛盾的能力。其中公正执法是这个系统的中心环节。执法机关要立足"以人为本,执政为民"的基本精神,坚持"法定职责必须为"的原则。"人民,只有人民,才是创造历史的动力。"建设国家治理体系和治理能力现代化的法治格局,同样离不开人民群众的广泛参与。在当前社会中,执法的重点是要解决诱发群众不满情绪的各种民生问题:食品药品安全问题、生产安全问题、环境保护,等等。各个部门要破除相互"踢皮球"的弊政,肩负使命,勇于担责。深入开展多层次、连贯性、相互衔接的执法活动。执法机关还必须要坚持"法无授权不可为",不得越权做出侵犯公民权益或者增加义务的决定。以法治方式化解社会矛盾维护社会稳定,司法工作是至关重要的环节。习近平总书记指出:"司法机关是维护社会公平正义的最后一道防线。"①必须坚持司法公正,让人民群众在每一个司法案件中都能感受到公平正义,不偏不倚地裁断利益争执。

2. 中国特色现代化多元治理格局的法治保障

现代化国家治理方式既有继承发扬优秀历史传统和西方优秀政治文明的部分,又有共产党领导社会主义建设的特点和经验。经过长期的探索,形成了有中国特色的治理理论和治理方式。国家制度体系由根本政治制度、基本政治制度、基本经济制度、中国特色社会主义"五位一体"、党的建设等各个领域的体制机制构成。但是制度体系的构建和制度的执行还面临着需要在当前诸多风险和挑战中不断创新的问题。当今中国面临的突出问题是众口难调的困境,既要保障底线,又要鼓励竞争,既要尊重差异,又要凝聚共识。在这种局势下,政府、企业、市场,没有哪个主体拥有单独处理国家事务的能力和资源。因此,正确处理国家与社会的关系,转变国家治理主体格局是国家治理现代化转型的关键。

过去以统治和管理为特征的传统治理模式下,等级式的科层制使得权力集中在单一主体政府手中。而在治理的模式下,国家、政党、基层自治组织、社会、企业、社区构成一个互相支撑、互相监督,主动承担责任的多元化的治理网络。国家治理方式由传统向现代转型需要权力运行从自上而下变为上下互动,并且

---

① 习近平在中央政法工作会议上发表的重要讲话[N]. 人民日报,2014－01－09.

增加横向维度,激发权力运行的效率,并且形成权力制衡的结构。而要完善这个"强社会—强国家"共同治理结构,多元主体参政议政的制度法律是全局性的。

政府采取协商对话的方式,引导多元治理网络的健康发展。"强国家"以提供公共产品和服务的方式和"强社会"契合在一起,要求更多领域向私营部门和社会开放。公共权力必须站在超脱的立场来协调各种矛盾,并且政府也不再是公共权力的唯一来源,政府将还权于社会,真正实现"强国家—强社会"强强联手的现代化治理方式。这样重大的转型,离不开稳定的法治保障。现在的问题是法治的能力是否能跟上。唯有加快推进全面依法治国的进程,为多元治理结构搭建完善的法律体系,不断提升多元主体全面依法治国的能力,才能使"强国家—强社会"多元治理格局的转型进程与法治建设的进程不至于失衡,使得国家和社会陷入危险之中。因此,对于构建"强国家—强社会"共同治理,多元主体参政议政的现代化治理格局,全面依法治国是根本性的。

面对当今纷繁复杂的社会变化,不断创新,制定合理、科学、符合客观规律制度是国家治理现代化的前提条件,这就需要依靠"强国家—强社会"协同的力量,发挥人民群众、社会团体、民主党派等多元国家治理主体的智慧,创新工作方法,调动各方资源,在不断解决改革开放中出现的各种新问题的过程中形成国家治理的综合效能。充分发扬民主,一切依靠人民,要始终保持同人民群众的血肉联系,识民情、接地气,把立党为公、执政为民落实到全部工作中,认真贯彻党的群众路线,坚持人民主体地位,发挥人民首创精神,把中国特色社会主义制度优势充分释放出来。以保障人民群众根本权益为根本宗旨的社会主义法律体系是多元主体创新治理方式的基础,激发创新活力必须在有序的制度下依法进行。

优良的国家治理体系必须使各组成部分及部分与整体相互协调,并且趋于相对定型。缺乏协调性的制度体系是不可能稳定的,而翻云覆雨、朝令夕改、反复无常的治理恰恰是人治的特征,是官吏滥用权力的温床。必须要不断利用科学立法,把成熟的做法制度化、法制化、程序化,从而上升为国家意志,并且通过严格的执法、守法和监督进行保障,只有这样才能从根本上保证科学治理方式的稳定性和长期性,从而保障行政体制改革的推进并巩固改革成果。

3. 依法深化政府管理体制改革

"国家治理体系和治理能力"的现代化转型离不开政府管理体制改革。在党的十五大前后,中国就曾经进行过大规模的政府机构改革,目的是为了更加适应市场经济发展的要求,建设服务型政府和法治政府。党的十九届三中全会又提出要坚决破除制约使市场在资源配置中起决定性作用、更好发挥政府作用的体制机制弊端,围绕推动高质量发展,建设现代化经济体系,加强和完善政府经济调节、市场监管、社会管理、公共服务、生态环境保护职能,调整优化政府机构职能。由于社会结构和利益格局也不断在变动,政治大局的稳定性与连续性至关重要,所以,政府管理体制改革的过程必须坚持创新和有序相结合。

怎样把人民当家作主原则与现代政治文明有机地结合在一起,是一个历史的挑战。社会主义的政治原则体现为,把国家的力量从政治压迫、阶级统治的方面收回来,用在服务社会、服务人民上,让国家的力量被人民群众所掌握。人类政治文明的普遍共性要求更多的人能够在合理的制度安排下自由平等地享受到人类文明进步的成果,任何国家具体的政治制度都是从该国独特的历史文化中内生出来的,也必然以独特的面貌来体现着社会发展的规律和人类政治文明的规律。我国亦是如此,面对如今中国社会的政治制度改革,必须在坚定道路自信、理论自信、制度自信的基础上有计划有步骤地清除传统积习、文化惯性等非体制因素和各种体制因素,切实增强道路自信、理论自信、制度自信和文化自信。这个过程是一个有机物不断在新陈代谢中适应环境、主动迎接挑战的过程。这个过程必须与我国现有的文化环境、道德状况、经济基础等因素结合起来,实事求是地稳妥进行。盲目移植西方做法,不切实际追求理想化目标,都会给政府管理体制的改革带来致命的伤害。

保障政府管理体制改革的顺利实施,就必须在全面依法治国的基础上有序进行。国家治理的制度安排离不开保障"主权在民"的宪法和法律的最高权威。现代化国家治理的核心是民主与法治。只有坚持民主与法治才能保障国家权力运行机制转型的稳妥,把各方面制度优势发挥出来。政府职能转变是一项复杂的系统工程,如果没有法律规范的保驾护航,转型的过程会让整个社会陷入混乱的局面,只有通过法律确定职能转变的具体方向、具体内容、具体程序、具体方法。有章法、有尺度才能保证转变后的职能更符合经济社会发展的规律,从而有效避免政府职能错位、越位和缺位的情况。

(二)坚持在全面依法治国中弘扬中国智慧

现代化国家法治作为上层建筑,是为经济基础服务的。我国的基本经济制度是以公有制为主体的多种所有制经济共同发展的中国特色社会主义经济制度,市场经济体制是其具体体现。相应地,我们的现代化国家治理体系与治理能力应该与之相适应,司法体制改革的方向应该与之相适应。因此,必须从我国当前的社会实际出发,树立坚定的战略定力,利用理论创新驱动进步。同既得利益的障碍做斗争,同陈旧的意识形态阻力做斗争,不断释放国家治理现代化的效能。在全面深化改革中使得上层建筑更加适应经济基础,进一步解放和发展生产力。只有这样才能够使复杂的社会关系和各方利益格局得到调节,使社会经济能够高效稳定地运转。

1. 审时度势破解司法改革领域深层次难题

当今中国,改革进入攻坚期和深水区,全面依法治国在党和国家工作全局中的地位更加突出、作用更加重大,也深刻关系到能否建成现代化的国家治理体系和治理能力。党的十八届四中全会通过的《中共中央关于全面推进依法治国若干重大问题的决定》,法治中国建设的任务包括:完善以宪法为核心的中国特色社会主义法律体系,加强宪法实施;深入推进依法行政,加快建设法治政府;保证公正司法,提高司法公信力;增强全民法治观念,推进法治社会建设;加强法治工作队伍建设等。① 加强和改进党对全面推进依法治国的领导,其中部分内容已纳入司法改革的范畴。

全面依法治国战略作为现代化的法治战略,不仅应当是形式上的法治,更应当是良法之治。这种形态的法治同现代社会的政治文明密不可分。要建立良法,离不开司法体制改革。司法体制改革是政治体制改革的重要组成部分,是全面深化改革的重点。深化司法体制改革是推进国家治理体系和治理能力现代化的重要手段。深化司法体制改革是全面推进依法治国、加快建设社会主义法治国家的关键举措。党的十八大以来,随着全面深化改革与全面推进依法治国战略的部署与实施,法治中国建设迎来了崭新气象,作为其中重要的组成部分,司法体制改革涉险滩、闯难关,沿着正确的方向稳步前行,做成了想了很多年、讲了很多年但没有做成的改革,司法公信力不断提升,对维护社会公平正义发挥了重要作用,努力弘扬、培育社会主义法治精神和法律意识,牢固树立宪法和法律的权威。

新一轮司法改革是以问题为导向的改革。破解影响司法公正和制约司法能力的诸多因素,需要厘清传统文化中"人情重于理性""德治重于法治"的思维惯性与顶层设计中的制度漏洞之间的诸多关联,全球化进程中,司法改革既要立足中国传统文化和既成现实扭结而成的各种客观条件,又必须放眼世界,

---

① 中共中央关于全面推进依法治国若干重大问题的决定[N]. 人民日报,2014 – 19 – 29.

吸收运用各国先进经验,与国际化趋势接轨。在思路上、理论上、实践上形成实事求是,管用有效的改革举措。

第一,司法改革要在全民守法上下功夫。全面守法就是各政党和各社会团体、各企业事业组织、一切国家机关、全国各族人民都必须以宪法和法律为根本活动原则。任何组织或者个人,都不得有超越宪法和法律的特权。确保司法机关依法独立公正行使职权,确保司法公正高效廉洁,切实有效地提高。一切违反宪法和法律的行为都要被禁止,给予教育和相应的惩罚。第二,确保人民法院、人民检察院依法独立公正地行使审判权、检察权。切实推进司法体制改革的去地方化和去行政化方向。党的十八届三中全会《决定》把去地方化作为司法改革的首要任务,利用一系列司法机制的独立公正,包括推动"推动省以下地方法院、检察院人财物统一管理""探索建立与行政区划适当分离的司法管辖制度"①等。要保证人民法院依法独立公正行使审判权为要义。司法改革不能以牺牲或弱化审判权为代价,不能不适当地压缩审判权的运行空间。第三,推进司法权力运行制度机制创新,优化司法职权配置。司法的职能在于权利救济、定分止争、制约公权,从而使得人民群众在每一个司法案件中都感受到公平正义。在党的十九大报告中,也提出了深化司法体制综合配套改革,全面落实司法责任制,努力让人民群众在每一个司法案件中感受到公平正义,只有这样才能提高司法公信力。公信力的提高关键就要在司法职权配置上形成在党的领导下,在宪法法律范围内,司法机关之间互相制约、互相监督,同时又要协同配合的工作局面。十八届三中全会《决定》指出:"优化司法职权配置,健全司法权力分工负责、互相配合、互相制约机制,加强和规范对司法活动的法律监督和社会监督。""健全司法权力分工负责、互相配合、互相制约机制。"②

2. 通过法治强国道路塑造大国形象

当前,中国提出建设人类命运共同体,是基于对全球化进程中各个国家相互依赖程度日益加深,共同利益交汇点日益增多的局势提出的。在这个过程中,一方面中国通过一系列引人注目的项目彰显了自己以世界第二经济体的身份立足于民族之林的地位,另一方面却在国际政治经济体系中却缺乏话语权,在各类国际组织中释放出了作为一个脆弱的发展中国家的信号。中国形象的二分化是有害的,韬光养晦不是逃避责任的借口,中国应该把自己明确定位为

---

① 中共中央关于全面深化改革若干重大问题的决定[N]. 人民日报,2013–11–16.
② 中共中央关于全面深化改革若干重大问题的决定[N]. 人民日报,2013–11–16.

"和平发展的实践者、共同发展的推动者、多边贸易的维护者、全球经济治理的参与者"。①

"命运共同体与合作共赢扩大了中国外交政策的基础。"②中国对国际格局和国际秩序的贡献在于倡导把传统外交中的攻守关系、意识形态敌对关系、大国间的争霸关系转化为合作、共赢、互利、共惠、包容有序的新型国际秩序。

新型外交关系的深化发展离不开法治强国的基本国策。要克服中国形象的二分化,提高中国在世界上的话语权,首先就要在全国人民和国际社会树立法治的中国形象。这意味着法律的基本原则——人民主权原则、人权原则、正义原则、公平合理等得到切实的执行。自由、平等、人权、理性、文明、秩序、正义、效率等良法善治的社会价值在政府职能转变的过程中得到具体的体现。针对我国当前面临的政府公信力下降、群体上访数量上升、维稳代价高,少数民族暴力事件激增等问题,坚持"全心全意为人民服务"的宗旨,用社会主义性质的法律维护社会公平,实现社会的和谐稳定和长治久安。在推进法治进步的道路上把革除体制的弊端与坚持道路自信、制度自信,坚持社会主义方向有机结合起来。全球化的过程中,我们发展经济的目的归根结底是为实现共同富裕的社会主义优越性。用老百姓的满意、国家的进步来诠释这种优越性才能从根本上提高国际话语权,让世界上其他国家承认中国已经由"人治模式"转型为"法治模式",中国有能力在全球化进程中依托强大的国内实力承担更多的国际社会责任,推动全球的进步。

在全球治理中顺势而为,积极妥善地统筹国内法治和国际法治两个大局。在当今全球化时代,必须正确处理国内法治与国际法治的关系,努力维护国际法治的立场,树立法治中国的良好形象。中国要不断地探索国际法在中国的适用与实施并且依据国际社会公认的法治精神不断推动中国法治与国际接轨,使世界了解中国、认同中国,在中国话语体系构建中善于运用法治话语表达中国的立场和观点,建立我国法治国家的形象,在积极促进全球命运共同体在各个方面形成国际法治的局面。中国还要积极参加国际公共事务的商讨,参与全球治理中的对话、协商,不断为中国国内的发展合法地争取外部有利的条件和空间。

全面推进依法治国和法治强国的国家治理现代化转型对全球化合作中弘

---

① 刘丰. 国际体系转向与中国的角色定位[J]. 外交评论,2013(2).
② 陈须隆. 2013 年中国外交总结与未来展望[J]. 领导科学,2014(下).

扬中国智慧,树立大国形象是必经的道路。这是一项宏大的系统工程,当前法治中国建设中,各种要素、各个环节、各个领域、各个方面,牵一发而动全身,改一制而触全局。必须立足顶层设计与摸着石头过河相结合的方法论,运用战略思维、辩证思维、历史思维和创新思维有组织、有步骤地稳妥推进司法体制改革。必须立足国内与国际两个大局,让法治上层建筑不断适应经济基础的变化,让国家在全球治理中不断发挥出现代治理能力的效能。

3. 全面依法治国与国家治理现代化双驱动打造国家核心竞争力

为了打造核心竞争力,实现强国梦,中国共产党自新中国成立以来提出了一系列"强国战略"——工业强国、科技强国、国防强国、教育强国、文化强国、海洋强国、信息化建设强国,等等。党的十八大以来,根据国内国外瞬息万变的形势和国家发展中出现的新问题新矛盾,以习近平同志为核心的党中央与时俱进地提出了中国特色的国家治理现代化的强国方略。

邓小平曾要求:"每年领导层都要总结经验,对的就坚持,不对的赶快改,新问题出来抓紧解决。"①时至今日,我们用了40多年的时间,使得我国的国家治理体系已经初具规模,并焕发出勃勃生机。在这个过程中,我国走过一些弯路,历经了艰难险阻。与世界上一些国家和地区动荡混乱的情况对比来看,我们目前政治稳定、经济发展、社会和谐、民族团结。可以说现代化的国家治理转型是卓有成效的。但是,时代在发展,在新的时代条件下,我们还要继续实事求是地研究现实给我们提出的各种问题和挑战。中国特色的社会主义现代化进入了一个新的发展阶段,社会中不同的利益群体的各种利益冲突日益明显,生态环境急剧恶化,社会不公平现象突出,不稳定因素急速增多,党和政府公信力下降,维稳的代价不堪重负。邓小平在1992年初的南方谈话中提出,恐怕再有30年的时间,我们才能在各方面形成一套更加成熟、更加定型的制度。

20多年过去了,如今我们已经到了倒计时的阶段。党的十八大以来对国家治理转型的探索,正是基于在国家治理体系和治理能力上面临诸多新的难题和矛盾而进行的。通过全面深入的改革实现国家治理体系和治理能力的现代化,并提供长效之策,能够切实解决社会矛盾,显示出社会主义制度相比资本主义制度的优越性所在,因此,只有中国特色的社会主义制度才能在国际社会拥有无可比拟的竞争力。

---

① 中共中央文献研究室. 改革开放三十年重要文献选编:上[M]. 北京:中央文献出版社,2008:634.

习近平总书记在主持中央政治局第十一次集体学习的讲话时说："只有把生产力与生产关系的矛盾运动结合起来观察，才能全面把握整个社会的基本面貌和发展方向。"①社会基本矛盾总是在不断发展的，所以调整生产关系、完善上层建筑需要相应地不断进行下去。改革只有进行时，没有完成时。"现行的社会不是结晶体，而是一个能够变化并且经常处于变化过程中的有机体。"②因此，一个国家的核心竞争力要得到提升，离不开全面深化改革，从而使得上层建筑更加适应经济基础，经济基础更加有利于推动生产力的发展，让整个社会焕发出无限的蓬勃生机。这个过程必须全面依法治国中不断国家治理体系和治理能力的进步。

作为后起工业化国家，针对经济落后的现实，在过去很长一段时间，我们党提出的改革目标，大多集中在经济方面。其实国家治理体系则包括内政外交国防、治党治国治军各方面完整的国家制度体系，是一个动态平衡的有机系统，如果造成经济发展与其他几个方面失衡，就会导致严重的社会后果。这项工程极为宏大，零敲碎打和修修补补都不能满足形势变化的需要，必须进行全面系统的改革和改进，形成整体的联动和互动。而改革的每一个环节都必须做到于法有据。有的改革受到现行法律法规的制约。如果现行法律法规确实是有脱离实际的地方，要在充分论证的基础上，依法进行修改和完善，先立后破，有序进行，这个完善立法的过程要坚持稳定性和适应性相结合，不能影响社会秩序的连续和稳定；改革中如果涉及非常重要的改革措施，中央一定要从顶层统一部署，首先要按法律程序得到法律授权，再一步步地有序推进改革。在整个改革过程中，都要高度重视运用法治思维和法治方式，发挥法治的引领和推动作用，加强对相关立法工作的协调，确保在法治轨道上推进改革。全面依法治国与国家治理现代化相辅相成共同为人民当家作主保驾护航，让中国在国际竞争中形成中国特色的核心竞争力。

二、法治中国建设与国家治理能力的互动共进

实现法治中国建设与国家治理能力现代化的互动共进由国家和社会发展

---

① 习近平在主持中央政治局第十一次集体学习的讲话[N]. 人民日报,2013－12－5.
② 马克思恩格斯全集:第5卷[M]. 北京:人民出版社,2009:10.

的根本目标决定,由我国社会发展的基本状态和发展的主要趋势决定,由法治国家建设和国家治理能力现代化自身的特点决定,符合国家治理发展规律的选择。实现法治中国建设与国家治理能力现代化的互动共进,首先要准确把握依法治国战略思想,认识到依法治国战略思想是社会主义国家治理能力提升的理论支持,进而充分发挥法治中国建设对国家治理能力提升的促进作用,并在国家治理能力的提升中不断推进法治中国建设的进程。

(一)法治中国建设与国家治理能力提升的现实契机

建设法治中国、不断提升国家治理能力是可能的、必要的也是必然的。社会主义市场经济、民主政治、法治文化等的发展为法治中国建设及国家治理能力现代化的实现提供了基础条件,与此同时,国家发展中出现的种种矛盾又对法治中国建设及国家治理能力的提升提出了迫切要求。法治中国建设及国家治理能力的提升是历史发展的必然,但法治中国建设及国家治理能力提升仍旧面临现实挑战,其实现过程必定是前进性和曲折性的统一。

1. 法治中国建设与国家治理能力提升的驱动力量

把握法治中国建设与国家治理能力提升的基础条件。法治中国及国家治理能力建设均属于上层建筑的范畴,建立在一定的经济基础上。只有用法治思维和法治手段规范和调节交易过程,经济活动才能持续稳定进行,其结果才能公正合理。因此,从本质上讲,市场经济是法治经济。市场经济的不断完善和发展从根本上使法治中国建设与国家治理能力现代化的实现得以可能,市场经济的发展为法治建设和治理能力建设提供物质基础,同时,市场的主体必定是懂法守法的个人,这就为法治中国建设与国家治理能力的提升提供了思想和人才保障。社会主义民主政治的发展内含法治建设的内容和理念,以实现国家治理能力现代化为目标,是国家治理能力现代化实现的前提条件和外在表现。法治文化是当前中国特色社会主义文化的重要组成内容,也是法治中国建设的重要层面,主要包括法治理念、法治价值观、法治思维、法治信仰等多层次的要素。党的十八大以来,法治文化建设不断推进,人民群众法治意识不断增强,法治观念逐渐深入人心。继续大力推进法治文化建设,推动全社会尊法学法守法用法,需要注重培育法治的社会土壤,厚植思想根基,使法律为人民所掌握、所遵守、所运用,努力形成守法光荣、违法可耻的社会氛围。这些都是国家治理能力现代化所需的基本价值理念,为国家治理能力现代化的实现提供精神支撑。

正视国家建设进程的主要矛盾,以张力促发展。法治中国建设与国家治理能力现代化内含以法治思维和法治方式处理社会发展中各种问题的要求,而现实中政治治理领域权力色彩浓与法治色彩淡的矛盾仍旧存在。"官本位"、以权谋私、贪污腐败等种种失范行为的产生都是权力色彩浓的表现,进而致使群众"怕法不信法",甚至对政府和国家失去信心。要正视这一矛盾,将法治贯穿于政治社会发展的方方面面,实现依法治权、依法用权、依法赋权,真正实现"权为民所用、情为民所系、利为民所谋",构建清明的政治生态。法治呼声高和法治素质低的矛盾是国家社会建设中的又一重要矛盾。一方面,人们对法律和司法的要求也日益增加,渴求通过法律切实保障自身利益和权益,另一方面,法治素质总体较差,普通民众法治知识匮乏,法治思维还未形成,遇事未能有效运用法律武器,相关公职人员未能依法履行职权,知法犯法、权力干法、舆论扰法的现象时有发生,法律未能得以充分落实。这些都是国家治理能力提升的制约因素,是法治中国建设中的突出问题。我国是法治大国,但还未成为法治强国,法治大国与法治强国间的矛盾同样是促使法治中国建设和国家治理能力现代化实现的动力源泉。我国已有的法律条文数量众多,内容覆盖较为全面,但从整体上讲,法律条文内容涉及仍有诸多不完善不合理之处,例如对一些问题的规定不够完善,一些制度条文的刚性不足,难以实现制约引导和惩处作用,一些制度条文弹性不足,难以应对多变的形式,难以针对各地多变的情况做出合理的阐释等。因此,要立足现实问题,不断加强法治国家建设,着力于国家治理能力的提升,使改革得以顺利推进。

2. 法治中国建设及国家治理能力提升的趋势指向

法治建设及国家治理能力的不断提升是历史发展的必然,是中国共产党顺应历史发展趋势做出的理性选择。从普遍意义上讲,伴随着人类社会不断发展、社会分工不断深化、社会领域不断扩展,人交往的频率和广度都大幅增加,以及人的需要不断发展,需要不断加强规则和制度建设,提高统筹协调调控的能力,以最大限度地平衡和保障个体利益,推进社会各系统、各领域协调、有序、持续、健康运行。聚焦当下,我国社会发展不断深入,出现了诸多新的领域,面临多种新挑战,整合和推进社会各领域的同向发展,发挥各领域的相互支撑和相互促进作用,有效应对发展中的多重问题都对党和政府的统筹协调和防范转化风险的能力提出了更高要求,也对制度的设立和运行提出了新期待。可以说,现代社会从根本上讲是法治社会,法治是现代政治的重要保障和主要特征。这种要求和期待在全球化深入发展、国际竞争日趋激烈的条件下显得更为迫切。

　　法治中国建设与国家治理能力的提升是一项长久工程,是长期性和曲折性的统一。长期性由法治国家建设及国家治理能力培育的根本性质决定。法治建设不可能一蹴而就,这由法治建设的性质、内容及我国法治建设的现状决定。法治建设属于上层建筑部分,服务于社会发展的方方面面,社会发展处于不断的变化中,新问题、新矛盾层出不穷,这就要求法治建设不断回应变化着的实际,实现自身持续发展。同时,法治建设是一项系统工程,法治中国建设包括法治政治、法治经济、法治文化、法治社会、法治生态文明建设等诸多方面。建设法治中国,既是立足解决我国改革发展稳定中矛盾和问题的现实考量,也是着眼长远的战略谋划;既是全面推进依法治国、建设社会主义法治国家的目标,也是全面建成小康社会、实现中华民族伟大复兴中国梦的重要内涵和法治保障;要结合社会各领域自身的特点,立足各领域发展的问题和需求,把握各领域发展的交叉点,成为各领域发展的助力器。经过几十年的努力,我国的法治建设取得很大成就,法律体系基本形成,法治国家建设的雏形基本形成。值得注意的是,我国缺乏法治传统,有法不依的问题仍会出现,公民的法治素质有待提高,这些都决定了法治建设的长期性和曲折性。中国特色社会主义实践前无古人后有来者,没有成熟的经验可供借鉴,而人的真理性认识的形成需要长期不懈的努力才能形成,这就决定了国家治理能力提升的长期性和曲折性。

　　3. 法治中国建设与国家治理能力提升的现实境遇

　　在我国,建设法治国家、实现国家治理能力现代化面临着极大的挑战。历史传统的影响及现实中法治建设进程的滞后致使严格执法在我国不能彻底落实,个人意志超越法律法规的现象时有发生。在一定程度上,国家治理带有鲜明的非理性特征,甚至演化成以人治为本质的"官治",各种忽视法律触碰底线的行为层出不穷:"现实生活中,不懂法、不尊法,以身试法、知法犯法;搞变通、打折扣,以言代法、以权压法;视法律为儿戏,藐视、践踏法律等现象和行为依然存在。"①同时,我国各类社会矛盾仍然比较突出:政治领域中民主选举、民主决策、民主管理和民主监督制度还不健全;经济领域中产业结构不均衡,经济效益与社会效益存在冲突;文化领域中社会主义核心价值观有待培育,文化管理体制、文化市场体系和服务体系还未成熟;生态领域中自然资源利用水平、生态环境的保护力度、生态环境的补偿方式仍受社会的质疑。这些问题的存在,有的是因为体制不健全,有的是因为治理能力还有待提高。这些都使政治绩效大打

----

　　① 郑剑. 法治,必须且必行[N]. 人民日报,2014 – 10 – 20.

折扣,影响了政府及政党的公众形象。

建设法治中国,实现国家治理现代化要准确把握切入点和着力点。首先,理论引领实践,建立健全法治理论为国家治理能力现代化的实现提供方向指引和理论底气。要以建设中国特色社会主义法治理论为重要任务,这种理论应是源于中国需要、尊重中国实际的内生性的理论。理论建设应是全面系统的,集原理和方法论于一体,具有开放性、动态性和总括性。其次,要推进平衡有序的法治实践,法治实践是立法执法司法和守法的统一。法治实践的失衡主要体现在:"立法在内容上缺乏科学性、实用性、操作性;司法在过程中缺乏公开性、公正性、公平性;执法在实践中缺乏严肃性、严格性、文明性;守法在行动中缺乏诚信性、主动性、自觉性;监督在落实中缺乏实效性、实质性、具体性。"①推进法治实践,要实现立法、执法、司法及守法的科学化、公正化和常态化,实现法治刚性、弹性和柔性的统一,确保法治既积聚上层智慧又反映基层民意,避免法治实践与法治理论脱节,筑牢法治根基,使法治实践取得切实成效,在法治实践中推进和实现国家治理能力的现代化。再次,重视法治权威的树立。树立法治权威,实现法治认同是当前法治中国建设与国家治理能力现代化实现的迫切要求,只有树立法治权威,民众才能自觉监督国家政权,才能参与到民主政治进程中来,国家权力才能得以依法行使,国家治理的制度化、规范化和程序化才有实现的可能。法治的权威意指民众对法治发自内心地认同,是相信法治、热爱法治、推崇法治的统一。现实生活中,"中国法治力量在民众心目中的权威远未树立起来,人们在遇到社会纠纷与社会矛盾时往往寄希望于'托熟人政治''找关系''走后门儿'等非法治途径的'潜规则',而对司法、执法等法治力量缺乏起码的信任与依赖"。② 树立法治权威,实现法治认同是当前建设法治中国,实现国家治理能力现代化的重要着力点之一。

4. 法治中国建设与国家治理能力提升的价值指向

以坚持正确的前进方向为前提。法治中国建设与国家治理能力的提升以坚持正确的前进方向为前提。法治中国建设与国家治理能力的发展方向直接决定整个国家的发展方向。坚持方向性原则的维度之一即充分学习和理解新时代中国特色社会主义理论体系,深入了解中国特色社会主义法治理论并在此基础上实现国家治理的制度化、规范化和程序化,把握国家治理能力提升的基

---

① 贺电. 推进法治中国建设的若干思考[J]. 净月学刊,2014(5):7.
② 贺电. 推进法治中国建设的若干思考[J]. 净月学刊,2014(5):8.

本趋势和努力方向。同时,要在把握国家治理能力发展方向的前提下,不断推进法治体系和法治理论的完善。其次,把握方向性,要始终立足不断变化着的现实,回应现实中出现的新需要、新问题,在对现实的把握中找到法治建设及国家治理的薄弱点和切入点,真正实现法治建设和国家治理能力提升的与时俱进。再次,把握方向性要始终坚持党的领导,党有能力对国家和社会的发展形势做出正确的判断。坚决落实党的各项方针政策,促进法治国家的建设及国家治理能力的提升。

实现理论与实践的真正结合。法治中国建设与国家治理能力的提升最终要面向实践,实现理论与实践的真正结合。理论必不可少,但理论只有转化为实践其力量才能得以真正外现。自新中国成立以来,我国的法治理论建设取得了很大的成就,社会主义法律体系基本形成,中国特色社会主义法治理论不断完善,对中国特色社会主义法治道路的探索不断推向前进。但法治实践的发展与法治理论的发展间仍存在落差,法治理论的落实现状不容乐观,"有法不依"的现象仍然存在。同时,由于多种主客观条件的限制,公职人员及普通民众对法律的熟悉及理解程度不够,法律的执行受限,未能真正发挥其权益保护和正义维护的功能。国家治理能力的提升更是如此,国家治理能力现代化的实现必然要从实践中汲取动力,国家治理必然要在实践中才能得以开展,可以说,国家治理及国家治理能力现代化的实现本身即是一项实践活动。也只有在实践中,才能构建法治与国家治理结合的桥梁,真正实现法治与国家治理的双向驱动。

5. 法治中国建设与国家治理能力提升的功能定位

法治中国建设与国家治理能力现代化相互渗透,互为条件,不可分割,二者共享价值理念,共同为中国特色社会主义建设保驾护航。

法治中国建设与国家治理能力的提升有利于实现社会发展的根本目标。一个国家的竞争力和发展活力,很大程度上取决于其国家治理的表现。一般而言,世界上法治发达的、社会制度定型成熟的国家,其国家治理表现大多也较为成熟。法治中国建设的核心即使国家治理进一步规范化制度化,治理能力是一个国家的制度执行能力的集中体现。在坚定中国特色社会主义理论自信、制度自信、道路自信和文化自信的同时,必须看到,只有瞄准社会制度发展的制高点,加快推进社会主义民主法治进程,以党的执政能力建设为重点,全面提高国家机关依法履职的水平和人民群众依法参与国家和经济社会事务管理的水平,国家治理体系才能更加完善,全面建成小康社会和社会主义现代化的目标才能实现。

法治中国建设与国家治理能力的提升使中国特色社会主义制度的进一步发展完善成为可能。在全球化的今天,各国之间的竞争涉及经济贸易、教育科技、国防军事、宗教等,多种多样,难以一概而论。但显而易见的是,更深层次的竞争是社会制度和意识形态的,国家安全很大程度体现在制度安全上。这种安全需要以法治国家建设作为支撑,需要提高国家治理的能力才能成为现实。而要"完整理解和把握十八届三中全会提出改革的总目标,是两句话、一个整体,即完善和发展中国特色社会主义制度、推进国家治理体系和治理能力现代化"。"这两句话是互为表里的关系,静态的制度表达,是完善和发展中国特色社会主义制度,而动态的运行机理,是推进国家治理体系和治理能力现代化,前者为后者提供理论指导,后者为前者提供实践动力。"①邓小平曾强调领导制度、组织制度问题更带有根本性、全局性、稳定性和长期性。改革开放以来,我们党高度重视制度建设问题,视制度建设为最大的政治,不断完善法治,将法治作为制度建设的重要内容和基本保障。在多年的制度建设里程中,我们形成了中国特色社会主义制度,在新的历史条件下,开始推动中国特色社会主义制度的内涵发展,使之更加成熟、趋于定型,并以法律保障各项制度的落实。从根本上讲,制度的健全及落实需要我们全面审视社会运行的内在机理和现实矛盾与困境,以法治思维为指导,进行系统性改造。国家治理体系和治理能力看似是新生的事物,其实就是这一改造历程的主体力量,离开主体力量自身的现代化,社会制度的现代化就是空谈。

(二)法治中国的逐步实现为国家治理能力建设创造条件

一个国家真正的发展不仅仅在于经济上的富足,更在于各方面制度上的完善,尤其是法律制度方面的不断发展。法治和治理并非简单的从属关系,一切有效治理的前提是依法守法,"法治是治国理政的基本方式"。因此,国家治理体系和治理能力现代化必须紧紧围绕法治中国建设这一核心。2013 年 11 月,党的十八届三中全会通过的《中共中央关于全面深化改革若干重大问题的决定》指出:"坚持依法治国、依法执政、依法行政共同推进,坚持法治国家、法治政府、法治社会一体建设。"②将"法治中国建设"列为新时期社会主义法治建设的新的伟大目标。坚持"三个共同推进"和"三个一体建设",就把社会主义法治

---

① 郝洪伟. 推进治理体系和治理能力现代化的理论意义[EB/OL]. 理论网,2014 – 04 – 08.
② 中共中央关于全面深化改革若干重大问题的决定[N]. 人民日报,2013 – 11 – 06.

国家建设上升到了党和国家全局的高度。党的十九大报告指出："坚定不移走中国特色社会主义法治道路，完善以宪法为核心的中国特色社会主义法律体系，建设中国特色社会主义法治体系，建设社会主义法治国家，发展中国特色社会主义法治理论，坚持依法治国、依法执政、依法行政共同推进，坚持法治国家、法治政府、法治社会一体建设。"①法治中国与社会主义国家治理能力现代化的建设，就要着眼于中国当下的经济社会发展实际，坚定不移地走中国特色社会主义法治道路。

1. 充分认识依法治国是国家治理实践的深刻革命

我国有几千年的人治历史，其中存在过许多盛世时期，如文景之治、贞观之治、康乾盛世等，并创造了灿烂的文化，在世界上产生了深远的影响。从历史发展的惯性规律来讲，这种社会治理模式中有不少可援用的经验。但是，人类社会已经进入现代化时期，过去的一些做法已经不合时宜。在现代化进程中遇到了一些前所未有的新的矛盾和挑战，传统的农业社会和计划经济时代的治理结构很难应对这些矛盾和挑战，以法治为中心的规则之治对于社会的治理和发展至关重要。在现代中国，由于工业化、城市化的进程加速，人的个体性大大增强，交易方式日益复杂化，传统的治理手段对人的控制大大弱化，必须通过法治来加强对人的保护和对个人行为的规范。而且，随着社会经济的发展，市民社会已逐渐培育和建立起来，社会各个阶层也有了比较明显的分化，要保证国家和社会之间的良性互动，在社会各阶层之间建立良好的关系，也需法治予以调整。这在一定程度上就需要通过法治合理地规范权力和控权。要处理好各种利益关系，解决好各种利益冲突，只能借助法治的力量。

依法治国是依照体现人民意志和社会发展规律的法律来治理国家，而不是依照个人意志、主张治理国家。一个完备的国家治理体系是一个国家生存发展的基础。国家治理体系杂乱无章，必然导致国家发展秩序的混乱。推进国家治理体系和治理能力现代化是一个长期的不断完善的过程。党的十八届四中全会制定的《中共中央关于全面推进依法治国若干重大问题的决定》再次重申了依法治国的重要性和紧迫性："全面推进依法治国是一个系统工程，是国家治理领域一场广泛而深刻的革命。"②"法治"作为其中的核心精神，始终贯穿在推进

<hr>

① 习近平. 决胜全面建成小康社会 夺取新时代中国特色社会主义伟大胜利——在中国共产党第十九次全国代表大会上的报告[N]. 人民日报,2017－10－28.

② 中共中央关于全面深化改革若干重大问题的决定[N]. 人民日报,2013－11－6.

国家治理体系和治理能力现代化建设的众多举措之中。实现国家治理体系现代化,提升国家治理能力现代化的根本路径还是在于改革,努力做到敢字当头,敢于向一切不科学的治理理念、不合理的治理方式、不完善的治理体系的痼疾沉疴开刀,大胆冲破各种既得利益集团设置的阻力和障碍,敢于触碰各种既得利益集团编制的关系网,敢于踏破各种大量复杂的影响法治建设的雷区,不以特定群体的利益机会得失作为判断改革成败的标准。否则,中国的改革之路和法治建设就很难走下去。

2. 依法治国是国家治理能力现代化建设的前提条件

习近平总书记指出:"国家治理体系和治理能力是一个国家制度和制度执行能力的集中体现。"①衡量一个国家的治理体系是否实现了现代化有诸多标准,其中最为重要的就是法治化建设水平,即"宪法和法律成为公共治理的最高权威,在法律面前人人平等,不允许任何组织和个人有超越法律的权力"。②

依法治国是国家治理能力现代化的体现,治理能力现代化建设不能离开依法治国这个根本保障,提升国家治理能力现代化的建设水平关键是要认真学习和贯彻落实党的十八届四中全会精神,科学分析和正确认识当前影响社会稳定的突出问题,把思想统一到党的十八届四中全会精神上来,把力量凝聚到实现党的十八届四中全会确定的各项任务上来,学习贯彻党的十九大精神,进一步提高国家治理工作的质量和水平,为经济建设与社会发展中所出现的不稳定因素的排除和创造良好的社会环境提供可行性的政策依据和解决方案。

依法治国是现代化国家治理体系的组成部分,也是现代化的国家治理能力的体现。"推动法治中国建设是推进国家治理体系和治理能力现代化的重要内容和重要保障。只有建立法治中国,才能实现国家治理体系和治理能力的制度化、规范化和程序化;建立法治中国,国家治理体系和治理能力现代化也会有制度性保障。"③如果社会动荡不安,秩序混乱,经济建设不可能进行下去,人民群众也不可能过上幸福安康的生活。这个问题不彻底解决,依法治国就落不到实处。

实现现代化与民族复兴是中华儿女的共同梦想,而推进国家治理体系与治理能力现代化建设是把梦想变成现实的举措,将使人们离梦想更近一步。毫无

---

① 习近平. 切实把思想统一到党的十八届三中全会精神上来[N]. 人民日报,2014 – 01 – 01.

② 俞可平. 推进国家治理体系和治理能力现代化[J]. 前线,2014(1):6.

③ 赖早兴. 国家治理体系和治理能力现代化的法治内涵[N]. 光明日报,2014 – 05 – 14.

疑问,国家治理体系与治理能力的现代化有利于中国梦的实现,只有实现国家治理体系和治理能力的现代化,落实依法治国的方略,才能促进社会的公平正义,增进人民的福祉。

3. 法治国家为国家治理能力现代化的实现奠定社会基础

社会主义国家的依法治国,在价值目标上强调保证人民的幸福生活,控制权力、保障人权是法治中国建设的精神内核与价值追求,这个目标能够使广大人民群众在各领域的权力和自由得到保障和实现,符合社会主义国家的本质,符合人民的期待。只有维护人民权利,坚持群众路线的法治才具有事实上的权威,才能得到人民的拥护。依靠广大人民群众的力量,以代表人民根本利益的党和国家的政治权威作为国家治理的主导,调动社会各方面积极参与国家治理活动的积极性,主动性、创造性。十八届四中全会前夕历时一年多的"党的群众路线教育实践活动"为依法治国和反腐制度化做足了充分的准备,这是一场发动群众、相信群众、依靠群众的思想教育活动,在这场教育实践活动中,明辨是非,统一思想,认清形势,教育全体党员不忘宗旨,提高责任意识,真正把党的宗旨和党的群众路线落到实处,形成一种常态。法律和我们的生活息息相关,我们需要了解法律,遵守法律,学会使用法律武器维护自己的合法权益。对于每一位社会成员来说,都需要有社会责任感和时代意识,培育高度自觉的法治观念,营造良好的法治氛围,提高法治中国建设水平。不仅要学习法律知识,增强法律意识,还要树立法治理念,培养法治思维,维护法律权威。

具有良好法治素养的个人不仅为法治中国建设提供了深厚的社会基础,也为国家治理能力现代化的实现提供可能。国家治理能力的现代化是一项系统工程,需要社会各方面的协同努力。不仅对公职人员的素质提出要求,也对每一位社会成员基本的法治素质和能力提出了较高的要求。现代化的国家治理方式必定具有开放性,国家治理只有实现社会成员的广泛参与,才能广泛集中民智、真实反映民意、准确反映民情,国家治理能力现代化的实现才有可能。

(三)国家治理能力现代化中法治中国建设进程的推进

国家治理能力现代化内在地蕴含法治化的价值要求,从一定程度上说,实现国家治理能力现代化的过程,就是不断提高立法能力、司法能力和守法能力的过程。实现国家治理能力现代化,必然会为法治中国建设提供合格的主体及政治保障,并以不断发展着的要求为法治中国建设提供源源不断的动力。

1. 国家治理能力体现法治建设水平

国家治理能力的提升必定意味着宪法和法律的权威得以进一步树立,宪法和法律对权力和人们行为的导引作用进一步实现。宪法和法律的权威不足是长期以来制约法治中国建设的重要问题,是法治中国建设要解决的难点。国家治理能力的提升,一方面表现为国家权力的配置依照宪法和法律变得更加科学、合理,权力的分工和制约更加合理,权力运行的效率更高。党政关系的处理更加科学合理,党和政府各司其职,社会活力得以充分激发。另一方面,也意味着公民的法律权利得到进一步保障,民生得到进一步保障。因为,民权得不到切实保障的治理从根本上讲是失败的治理,治理能力及治理的现代化更无从谈起。同时,国家治理能力的提升也从一个方面体现为立法水平和司法水平的提升,立法的科学合理及司法的公正有效与国家治理能力的提升是呈正相关的。

2. 不断推进国家治理能力现代化,为法治中国建设提供保障

不断推进国家治理能力现代化,使法治中国建设得以可能。其一,国家治理能力现代化为法治中国建设提供合格主体。国家治理能力现代化的实现内在地包含国家治理的体制机制、法律法规及治理方式的现代化,与此相适应,国家治理能力现代化的实现的首要前提即有现代化思想观念和行为能力的民众。这种现代化的思想观念和行为能力主要体现在具有规矩意识和按规矩行事的能力;具有良好的政治素养,能够积极参与到政治生活中,遵守政治运行的基本规则和规律等方面。法治中国建设的顺利开展同样需要具有规矩意识和良好政治素质的主体,同时,民众的规矩意识与政治素质也从一个方面反应法治中国建设的成效。其二,国家治理能力的提升为法治中国建设提供基本的政治保障。国家治理能力现代化建立在完备的制度体系上,这是法治中国建设的重要内容,同时也为法治中国建设的持续进行提供基本保障,使法治中国建设成为当前一项重要的政治任务,以国家的力量不断将法治中国建设推向前进。

3. 不断推进国家治理能力现代化,为法治中国建设提供动力

其一,国家治理能力建设的不断推进对法治中国建设提出了更高的要求。国家治理能力现代化的实现需要有序的外界环境做保障,法治中国建设为国家治理能力现代化的实现提供稳定的政治环境、有序的经济环境和和谐的社会环境。国家治理实践的不断推进必然对外界环境提出更高的要求,这就为法治中国建设提出了更高的要求。建设法治中国,要密切关注国家治理中出现的新问题、产生的新需要,为国家治理能力现代化的实现提供基本保障。

其二,国家治理能力的提升内在地要求树立法律至上的思维理念及完善的

法律法规制度体系,"治理现代化要求完善法律体系,妥善处理党规、国法、社会公德、风俗习惯之间的关系。现代化治理需要一个多元化的治理规则体系,有机地处理复杂的社会关系。一切与社会关系现状相适应的社会规则都可能成为处理纠纷、维持秩序的依据,都应该得到尊重,纳入治理的规则体系之中"。①

其三,国家治理能力现代化的实现与法治中国建设是一个同向的过程,从一定程度说,国家治理能力现代化的过程本身就是一个不断实现国家治理法治化的过程。国家治理能力现代化的主要表现之一即有效运用法律制度实现治理的民主化、科学化和程序化,而民主化、科学化、程序化中内在地蕴含了法治化的基本内容、基本要求和基本价值取向,必然要以法治化作为基础。

要正确认识国家治理能力现代化与法治中国建设的相互关系,在不断推进国家治理能力现代化的过程中,汲取法治中国建设的动力、丰富法治中国建设的内容、优化法治中国建设的基础条件,不断推进法治中国建设。

三、实现法治中国构建与国家治理能力提升的基本理路

国家治理能力的提升和法治国家的建设意味着党的执政能力和政府行政能力的提升,也意味着民众有能力有机会参与到国家治理中来。中国共产党是国家建设的领导核心,把握着国家发展的根本方向和命脉,提升国家治理能力,建设法治国家,要以完善党的建设,加强党的领导为前提。我国是人民当家作主的国家,人民是国家的主人,公民的法治能力的强弱直接决定法治中国建设的进程和效果,增强公民的法治能力是实现国家治理现代化的重要驱动。要将法治建设贯穿于国家治理的方方面面,真正实现国家治理的制度化、规范化和程序化。

(一)坚定党的领导,完善党的建设

中国共产党作为中国特色社会主义事业的领导核心,承担着引领社会发展方向、化解社会发展问题、攻克社会发展难题的重任。按照中国政治发展的历史逻辑来看,毫无疑问,中国共产党领导人民建立了新中国,建设了新中国,发展了新中国,国家治理现代化的推动也必然要在党的领导下才能实现。"政党

---

① 齐卫平,姜裕富.国家治理现代化的法治思维[J].河南师范大学学报,2015(4):3-4.

是治理国家不可缺少的工具。"①党和依法治国的关系是国家治理现代化中的关键问题,国家治理现代化在中国的生成本来就是遵循"党建国家"的路径来实现的。实践表明,只有坚持中国共产党的领导,才能够凝聚起全国人民的力量,这是我们的政治根本,否则,国家治理现代化就无从谈起。中国共产党有实力、有能力、有魄力承担起历史使命。建设法治国家、实现国家治理能力现代化必定要以坚持党的领导为前提,以准确把握发展的风向标。

1. 牢固树立"四个意识",坚定维护党的领导地位

坚定地维护党的领导地位,需要广大党员干部从根本上认同党的领导。认同的实现内在地要求广大党员干部提高党性修养,牢固树立政治意识、核心意识、看齐意识、大局意识。树立"四个意识"是党对当前党内的基本形势全方位考察后做出的决定,是当前党的思想建设的重要切入点和着力点。政治意识是党员干部的政治思想、政治观点、政治立场及政治态度的总称。我们党作为马克思主义政党,讲政治是突出的特点和优势。树立正确的政治意识要求党员干部能够在复杂多变的政治形势下仍坚定政治信仰和政治立场,做出正确的政治选择。政治意识是增强党性修养的中心内容,贯穿于党性教育的始终。核心意识要求始终维护以习近平同志为核心的党中央的主张,坚持对党忠诚老实,坚定的落实党中央的一切指示。看齐意识指党员干部要始终向党的思想、理论、路线、方针、政策看齐,努力把握其中的精神实质和价值指向,使党的政策得以真正落实,避免执政执行中"走样""变形"等问题的出现。大局意识指广大党员干部要有长远眼光和战略意识,能立足国家、各地方、各领域的整体情况,从总体局势出发做决策,将维护整体利益作为决策的出发点和落脚点。"四个意识"是一个整体,以坚定党的领导地位为核心价值导向。其中政治意识是核心,决定着核心意识、看齐意识、大局意识的性质和发展方向,"四个意识"相互促进,共同构成党员干部党性修养的主要内容。

"四个意识"的树立为法治中国建设的实现提供了思想基础。"四个意识"内在地要求党员干部树立规矩意识,这与法治国家建设的价值要求相契合。从根本上讲,党员干部是否能做到依法用权和行事,能否从心底认同和接受制约权力运行的法律法规是建设法治中国的首要条件,也是衡量法治中国建设成效的重要指标。"四个意识"的树立为法治中国建设的实现提供了方向保障。树

---

① 〔美〕罗杰·希尔斯曼. 美国是如何治理的[M]. 曹大鹏,译. 北京:商务印书馆,1986:327.

立"四个意识",必然以坚持正确的政治方向为前提,并在坚持正确政治方向的前提下重视党的凝聚力和向心力建设,这就为法治国家建设提供了强大的动力支持。法治中国建设与国家治理能力现代化的实现紧密相关,一方面,法治中国建设为国家治理能力现代化的实现提供保证;另一方面,国家治理能力现代化的重要内容之一即实现国家治理能力的法治化,因此,"四个意识"的树立在促进法治国家建设的过程也为国家治理能力现代化的建设提供了思想支持和方向保障。

树立"四个意识"是一项长期系统的工程,在国内外形势日益严峻的今天,四个意识的树立任重而道远。只有牢固树立"四个意识",使"四个意识"真正成为广大党员干部思想体系的重要组成部分,法治国家的建设才有保障,国家治理能力现代化的实现才能落到实处。

2. 建设法治型政党,树立良好政党形象

中国共产党作为执政党,是国家治理的承担者,国家治理能力现代化的实现即执政党执政能力提升的过程。国家治理能力现代化内在地要求执政党有能力依据法规制度处理国家发展各领域中出现的突出问题,实现国家治理的高效化、民主化和科学化。这与法治中国建设的价值要求相契合。中国共产党是法治中国建设的推动者,党员干部的行为在全社会有着重要的影响力,党员干部是否能做到依法依规办事,直接关系到社会的整体风气及党自身的政治形象,影响着法治中国建设进程。在党的领导下全面推进依法治国,必须加强党自身的法治化建设,就是让党成为像习近平总书记所要求的"有规矩"的政党。

《中国共产党章程》规定:党必须在宪法和法律的范围内活动。在依法治国的大背景之下,政党在执政过程中必须受到法律限制和约束。我国宪法不仅肯定了中国共产党在治国中的领导地位,也明确规定了任何组织或者个人都不得有超越宪法和法律的特权。正如柏拉图所说:"在法律服从于其他某种权威,而它自己一无所有的地方,我看这个国家的崩溃已为时不远了。但如果法律是政府的主人并且政府是它的仆人,那么,形势就充满了希望。"①因此,必须增强依法执政本领,建设法治型政党,树立良好的政党形象。坚持党按照法治原则对国家和社会事务进行管理和领导,使党的主张通过法定程序成为国家意志,善于通过国家政权机关实施党对国家和社会的领导,支持国家权力机关部门依照宪法和法律独立负责、协调一致地开展工作是建设法治中国,实现国家治理能

---

① 柏拉图. 法律篇[M]. 张智仁,译. 上海:上海人民出版社,2001:123.

力现代化的前提。

3. 依法正确处理党群关系，激发社会活力

法治型政党的建立一方面要求党内建设的法治化，另一方面要求依法正确处理党与社会其他方面的关系。正确处理党与其他方面的关系在当前社会节奏不断加快、社会矛盾更加多样、社会利益分化日益严重的条件下显得更为重要，这种关系的处理集中体现在依法正确处理党政、党群的关系上。党政、党群关系的处理情况直接关系到党执政的合法性，处理党群关系的能力直接反应执政党治理国家的能力，是实现国家治理能力现代化的重要内容，是建设法治国家的要求，体现法治国家建设成效。

随着全面深化改革的不断推进，党群关系出现了种种问题，主要表现为党群之间的矛盾冲突数量增多、对抗性程度加深、群体性及突发性的趋势增强，党群矛盾的表现形式更加多样，矛盾的成因更加复杂的同时，矛盾的解决也更加困难。有效协调党群关系是党面临的重要挑战，直接关系到党在人民群众心中的形象及党执政的成效。党群矛盾一方面源于思想隔阂，另一方面源于具体的利益冲突。依法正确处理党群关系，首先要正视市场经济条件下人民群众利益多元化的现状，认识到人们追求个人利益是正常的，维护人民群众的合法权益是党执政义不容辞的责任。要用法治理念和法律手段解决党群关系中存在的问题，始终坚持站在人民群众的立场，将实现广大人民群众根本利益作为处理党群关系的价值追求。其次，要把握党群关系的实质，党群关系本质上是党与公共权力的关系，处理好党群关系的本质即处理好党与公共权力的关系。因此，要规范党的权力设置，划清权力范围，任何时候都在法律的范围内运行权力，实现权力运行的制度化和规范化，构建完备的权力监督体系，拓宽人民群众参与渠道，形成能够实现党群有效互动的体制机制。

4. 依法正确处理党政关系，提高党的领导效率

推进国家治理现代化，绝对不能放弃党的领导。我国以宪法的形式明确了中国共产党的领导地位。依法治国，简单地说就是党领导人民在宪法和法律范围内治国理政。全面推进依法治国，绝不是要虚化、弱化，甚至动摇、否定党的领导，而是为了进一步巩固党的执政地位、改善党的执政方式、提高党的执政能力，保证党和国家长治久安。习近平总书记强调，党的领导是中国特色社会主义最本质的特征，是社会主义法治最根本的保证。党的十九届三中全会通过了《中共中央关于深化党和国家机构改革的决定》，明确提出改革的指导思想是"以加强党的全面领导为统领，以国家治理体系和治理能力现代化为导向，以推

进党和国家机构职能优化协同高效为着力点,改革机构设置,优化职能配置,深化转职能、转方式、转作风,提高效率效能"。新时代,推进国家治理现代化要优先加快执政党自身的现代化建设,加强党对各领域各方面工作的全面领导,把党的领导贯彻到全面推进依法治国的全过程,使党的治国理政活动制度化、规范化和法律化,约束和规范权力,提高党的执政水平和执政能力,进一步巩固党的执政地位。

正确处理党政关系是执政党建设的一个重要课题。和谐的党政关系是一个国家政治成熟的重要标志,考验执政党的国家治理能力。事实证明,政治制度较为完善、政治发展稳定的国家,党政关系一般都较为规范稳定。中国共产党成为执政党以来,一直在探索正确有效处理党政关系的路径和模式。党政关系构建要以实现政治高效有序运行为目标。构建合理的党政关系,根本上要求合理约束党权,"公权力的组成和运行有自己的逻辑和规律。政党按照这些逻辑和规律,努力把本党的纲领和主张体现在政府的运行中,但不应越过权力运行的边界"。[①] 切实实现党政分开,使党行使该行使的权力,充分实现领导职能,避免以党代政等问题的出现。约束党权并不意味着削弱党的领导,相反,这是进一步加强党的领导的需要,也为党的领导的进一步巩固和加强提供条件。

总之,正确处理党群关系和党政关系是依法执政的重要体现,是建设法治中国的维度之一,同时为法治中国建设的推进提供条件。科学处理党政关系和党群关系不是一件易事,是对党的执政能力的考验。

(二)在提高公民的法治能力中促进国家治理能力的提升

所谓法治能力,是指参与主体具有的法治思维认识水平,以及运用法治方式处理相关问题的本领,其中法治思维作为认识法治方式运用的前提,决定着法治方式的策略和具体内容。法治方式作为法治思维实际作用于人的行为实践,既受法治思维的支配,也是法治思维的体现。[②] 提升公民的法治能力是建设法治中国的重要目标,公民法治能力的提升为国家治理能力现代化的实现提供良好的法治环境和法治秩序,推动国家治理体系的建设进程。公民法治能力的提升一方面有赖于制度的力量,另一方面依靠公民自身的内部力量,即实现法治认同,进而提升法治能力。

---

① 　王长江. 关于改革和梳理党政关系的思考[J]. 马克思主义与现实,2014(3):11 – 12.
② 　姜小川. 法治能力及其提升的理论与实践[J]. 哈尔滨市委党校学报,2018(4):9.

1. 公民的法治能力在促进国家治理能力提升中的价值呈现

为国家治理提供良好的法治秩序。国家治理不仅是对社会各领域的管理，也是一个全面有效协调社会关系的概念，它包括正确处理国家机关之间的关系、国家与公民之间的关系，以及公民与公民之间的关系。提高公民法治能力，使公民在国家治理的过程中以法律的观念和方式处理与国家、社会及与其他公民之间的关系，可有效保障公民权利，提高公民对权利的行使水平，防止国家机关对公共权力的滥用等。将法治渗透到公民的生活方式，以法治协调社会关系，不仅能够为国家治理提供良好的社会秩序，更能促进更高级的法治秩序的形成。党的十六届六中全会通过的《中共中央关于构建社会主义和谐社会若干重大问题的决定》，提出了到 2020 年构建社会主义和谐社会的目标和主要任务，其中，关于依法治国的目标和主要任务是："社会主义民主法制更加完善，依法治国基本方略得到全面落实，人民的权益得到切实尊重和保障。"①对于保障国家长治久安，构建社会主义和谐社会具有极其重要的现实意义。党的十八大报告指出："扩大社会主义民主，加快建设社会主义法治国家，发展社会主义政治文明。要更加注重改进党的领导方式和执政方式，保证党领导人民有效治理国家。"②党的十九大报告指出，"我国是工人阶级领导的、以工农联盟为基础的人民民主专政的社会主义国家，国家一切权力属于人民。我国社会主义民主是维护人民根本利益的最广泛、最真实、最管用的民主。发展社会主义民主政治就是要体现人民意志、保障人民权益、激发人民创造活力，用制度体系保证人民当家作主。"③实现国家治理体系的法治化，既是建设社会主义的本质规定和内在要求，也是社会主义的特色和优势之一，国家治理体系的建设必须形成坚实的思想基础和理论基础并发挥出巨大的威力，并使之成为全体人民普遍认同并共同遵守的行为规范。

法治的力量在于人民，人民群众发自内心地拥护社会主义制度建设，自觉自愿地投身到推进国家治理体系法治化的实践中去，就能够使法治中国建设产生不竭的力量源泉。这种蕴藏在人民群众心中的觉悟和行动会更加唤醒越来

---

① 中共中央文献研究室. 十六大以来重要文献选编:下［M］. 北京:中央文献出版社,2008:651.

② 胡锦涛. 坚定不移沿着中国特色社会主义道路前进 为全面建成小康社会而奋斗——在中国共产党第十八次全国代表大会上的报告［N］. 北京:人民出版社,2012:18－19.

③ 习近平. 决胜全面建成小康社会 夺取新时代中国特色社会主义伟大胜利——在中国共产党第十九次全国代表大会上的报告［N］. 人民日报,2017－10－28.

越多的公民自觉遵守国家的法律制度,形成维护社会秩序的意识。任何一个能够参与正常社会生活的公民,都可以通过不同的渠道,获得国家治理体系法治化的相关信息,良好的社会风尚不是只靠法制宣传日就可以养成,它需要全社会每一个人的持之以恒的努力。列宁指出:"一个国家的力量在于群众的觉悟。只有当群众知道一切,能判断一切,并自觉地从事一切的时候,国家才有力量。"①国家治理正是如此,自上而下的法治建设不是真正的法治化推进,国家科学立法、依法行政和公正司法,只能是推进国家治理法治化的一部分,全民法治能力的提升才是在一定程度上推进国家治理的法治化进程的决定因素。只有全民树立法治观念,自觉运用法律思维看待和分析社会问题,自觉认同国家法治建设,并能有意识地对权力进行监督时,才能真正实现国家治理的法治化。

依法治国与国家治理现代化同公民法治能力的提高紧密相关,一方面,公民法治能力提升有助于国家治理方式的现代转型。另一方面,依法治国与国家治理现代化的推进也为公民法治能力的提高创设环境。公民法治能力提高是人的全面发展的一个重要方面。理解依法治国与国家治理现代化实质上是人的现代化,就有必要从人的全面发展这个角度深入剖析依法治国与国家治理现代化的根本价值追求。

2. 在法治认同中促进国家治理能力的现代化

伴随着法治中国建设的不断推进,法治认同的重要性日益凸显。法治认同是法治中国建设的内容组成之一,同时也是法治中国建设要解决的核心问题和关键难题。法治认同的实现需要长期的努力,这由中国的文化传统和法治认同本身的特点决定。当前,法治中国建设的重要任务就是要整合培育法治认同的各方面力量,形成国家、社会、个人的法治共识,在政府引导、社会形塑、群体建构和个人认知的共同努力下培育和营造法治文化,形成法治认同。

法治认同的内核及结构。传统的中国社会,人治是国家管理的主要方面,法律对民众而言,是镇压不法行为的暴力武器,对于法律,人们更多的是畏惧,因为怕犯法而守法。这样的条件下,法治认同的实现几乎没有可能。同时,传统社会中,统治阶级的利益与民众的利益没有根本上的一致性,有时甚至出现对立的情况,法律本质上是用来维护统治阶级利益的,民众的利益难以通过法律得到切实的保护和实现。相反,人们更愿意相信"关系",传统社会在一定程

---

① 中共中央马克思恩格斯列宁斯大林著作编译局. 列宁选集:第3卷[M]. 北京:人民出版社,1995:347.

度上就是人情社会、关系社会。关系思维根深蒂固并传承下来,成为当前法治认同培育的主要阻碍因素。法治认同属于人的认识范畴,其生成本身就是一个漫长的过程,这由人的认识的特点决定。当前法律设立的不健全、法律执行的不到位等都是影响人们对法治认识的重要因素。

法治认同是一个系统的概念,指人们发自内心地对现有法律及法治治理方式的赞成和拥护,表现在实践中即积极用法治思维思考并以法治方式行事。它所表达的是人们对法治的一种赞许性态度和确认性行为,具体表现为人们真正地接受法治理念、崇尚法治精神、服从法治规范,进而在社会上形成需要法治、尊重法治、尊奉法律的文化氛围,使法治建设与发展具有良好的文化心理基础和社会心理根基。法治认同的生成是建成法治国家的前提,也是法治社会运行的基础。法治认同的内容由多种要素构成,是法治认知、法治情感、法治信念、法治行为的统一。其中,法治认知是前提,法治行为的形成是归宿。法治认同的主体可分为两大类型,其一是普通民众,其二是公职人员。公职人员的法治认同是国家治理能力提升的基本要求,只有公职人员秉公办事,才能公正协调国家发展中出现的利益冲突,才能科学处理各种棘手问题,才能在任何时候都不为个人利益所困做出公正合理的决策。这也是法治中国建设的基本要求和重要内容。法治国家的建设需要全体社会成员的共同努力。普通民众法治认同的实现是法治中国建设的根本推动力,为国家治理能力的提升提供外在驱动力。

法治中国建设的主体是具有法治思维能力的"法治人",有在法治思维的指引下做出行为选择的能力。这种法治思维能力综合体现为法治认同,即在法治认知的前提下形成的法治自觉、法治自信和法治自强的统一体。法治自觉是指遇事能够自觉用法治的思维和方式思考和解决,将法治的理念、精神、思想融为个人思想观念和价值体系的一部分,法治自信是指遇事相信法律,坚信法律能从根本上保护民众的合法权益,法治自信是在法治自觉的基础上生成的,是法治自觉的升华。法治自强是更高层次的概念,强调国家层面的意义。国家因法治而强,只有切实将我国建设成法治国家,才能从根本上实现经济社会的有序持续发展,融入国际社会大潮中。法治中国建设以实现人民的权益,提高国家的综合国力和国家竞争力为最终目标。新时代开启法治中国建设新征程,必须立足全局和长远来统筹谋划,将法治中国建设融入我们党进行伟大斗争、建设伟大工程、推进伟大事业、实现伟大梦想的历史洪流中。要把法治中国建设与完成新时代党的历史使命紧密结合起来、深度融合起来,使法治中国建设成为统筹推进"五位一体"总体布局、协调推进"四个全面"战略布局、开启全面建设社会主义现代化国家新征程的基石。

在法治教育与法治文化培育中实现法治认同。当今中国处在社会转型、矛盾凸显的时期,社会环境中各种矛盾、社会问题层出不穷。要引导人民群众在出现问题时,能够通过法律程序正当地来表达诉求、维护权利、解决纷争。"大闹大解决、小闹小解决、不闹不解决"的方式一方面是因为人民群众的法治素养的培育还有差距,另一方面也是由于政府依法行政还不成熟。因此,一定要努力培育社会主义法治文化,在全社会形成学法、守法、用法的良好氛围,培养法治素质,让法治化解问题的方式作为人民群众参政议政的基本模式。通过法定的利益冲突协调机制的反复磨合,能够逐渐培养出列宁所说的人们头脑中"思维的格式",使中国历史上几千年的传统"人治"思维向现代化的"法治"思维进行转化。从社会矛盾化解的过程中培养公民的法治信仰,将极大地提高政府的公信力。当公民切实体验到国家法律保障公平正义的实际效果,就会主动热情参与公共事务的管理和依法治国的过程,从而让全社会发挥出巨大的潜能,促进国家的发展和社会的进步,才能把社会矛盾由威胁稳定大局的隐患转化为促进社会进步的契机。

普法工作是宣传工作的重中之重,整个社会知法、懂法、信法的良好文化环境的培育离不开普法工作的有序进行,必须把法治宣传教育工作提升为基础性、常态性工作。法治宣传一定要做到全方面推进和有针对地展开。对党和国家机关的领导干部进行系统深入的法律培训,从而引导党员和干部用法治思维和法治方式解决社会生产生活中的矛盾冲突。加强对青少年的法治教育,家庭、学校、社会是一个立体的层面,必须整合各方力量,打好青少年的法治素养的基础,为下一代成长创造一个良好的法治环境,为我国未来发展培养合格的高素质公民而努力。

要创新工作方法,在自媒体时代的信息传播方式有新传播特点,主动利用微信公众平台、微信朋友圈等新的网络传播媒介,占领传播法治正能量的阵地。把严肃的法治教育变成各种喜闻乐见的、更加亲民的形式,主动融入人们的日常生活交往。培育使用法律方式解决纠纷的文化氛围和心理氛围,让公民主动摒弃"法不责众""哭闹孩子有奶吃"的社会痞气。破除普遍存在的人治思维和人治陋行,从而为其运用法治方式化。应对和引导舆情的过程中,树立公民对核心价值观的主动认同。

在法治认同中促进国家治理能力的提升。在法治认同中促进国家治理能力的现代化,是对我国国家治理的基本现状和主要问题权衡后得出的结论。随着社会的发展,国家治理日益呈现出治理主体多元化,治理形式多样的特征。法治认同的实现有利于充分调动各类治理主体的积极性、规范治理主体参与国家治理的动机和行为,从而为多元主体有序有效参与国家治理提供保障。同时,只有保证各类治理主体都能依法参与国家治理,多种治理形式的效果才能真正实现。

法治认同为国家治理能力的提升提供环境支撑。法治认同外在地表现为以法治的方式行事,国家治理能力的提升体现在一项项具体的治理活动中,以法治的方式行事,才能体现国家治理能力提升的效果,使国家治理能力的提升成为可能。国家治理能力的提升需要良好的软环境,包括舆论环境、思想环境、有序的社会环境等多个方面。法治认同通过规范人的职业行为、日常交往活动为国家治理能力现代化的实现提供环境支持。最后,法治认同一方面指对现有的法律及法治治理方式的认同,另一方面又内在地包含了对法治的新期待,具有良好法治素养的人必然会对法治有独到的见解和看法,这是进一步完善法治体系,推进国家治理能力现代化的动力所在,有利于从整体上提高国家治理能力和治理水平。

对权力的限制减少失范行为的产生。在法治认同中促进国家治理能力的提升,另一个重要的方面即通过对权力的限制减少失范行为的产生。国家治理能力的提升一方面体现为处理复杂事务能力的提升上,另一方面也体现为各类失范行为发生频率的降低上。具体而言,法治认同对于减少贪污腐败、政治不作为等问题的出现有直接的促进作用,真正实现了党员干部不敢腐、不能腐、不想腐的效果,实现有权必有责、有权必担责的目标。总之,法治认同是实现国家治理能力提升的重要推动力量,要将法治认同培育作为法治中国建设的重要内容,实现法治认同的社会价值。

法治认同为国家治理能力的提升提供基本动力。国家治理能力提升的本质即国家公职人员能够依照规范有效处理国家发展中出现的种种问题。法治认同的内涵对各种法律法规内容的熟知和价值内涵的认可,这是正确有效运用法律规范处理问题的前提和基础。同时,国家治理能力的提升需要长期不懈地努力才能实现,认同是一种具有稳定性的思想倾向,只有实现对法治的认同,才能在任何时候、任何情况下都坚持用法治思维思考和判断,才能真正实现国家治理能力的规范化和程序化。

3. 在推进制度建设的过程中培育公民法治能力

国家治理必须坚持正确的政治方向。党的十九大报告中不仅提出："必须坚持和完善中国特色社会主义制度，不断推进国家治理体系和治理能力现代化"，而且将"坚持全面依法治国"作为新时代坚持和发展中国特色社会主义的十四条基本方略之一提了出来，强调要"完善以宪法为核心的中国特色社会主义法律体系，建设中国特色社会主义法治体系"。① 宪法为国家治理规定了最根本的政治方向，国家治理必须切实保障人民当家作主、切实保障人民的根本利益，必须坚持中国特色社会主义道路，必须坚持党的领导、人民当家作主和依法治国三者的有机统一，要按照宪法所确立的社会主义制度体系治国理政，正确处理党群关系、党内关系、党际关系、民族关系、中央和地方的关系等，这样才能形成安定团结、生动活泼的政治局面。

宪法和法律是执政党执政地位合法性的依据。就我国的情况而言，中国共产党的执政党地位是由宪法和其他一些相关的法律明文规定的，而它之所以能够获得并保持这种执政地位，就是因为它坚持全心全意为人民服务的根本宗旨，这是它的根本宗旨的集中体现，这一宗旨是中国共产党取得并巩固执政地位的合法性前提。正是由于这一点，使党赢得了人民群众的广泛拥护，从而使它获得并保证了执政的政治合法性。

社会主义国家政治合法性问题的解决离不开法治建设，对于社会主义国家来说，工人阶级和广大劳动人民群众通过公共权力的活动获得了最广泛的正义基础，社会主义民主为广大人民享有最广泛的平等的政治权利提供了可靠的前提，人的全面发展成为最高政治理想。即使是这样，但也同样需要对全体社会成员进行政治规范和法治约束，因为人的思想意识不是自发地产生的，"这种意识只能从外面灌输进去"。② 发展社会主义民主政治为政治价值理想来完善具体的政治制度和规范，体现了社会主义民主政治的价值理念，是社会主义国家解决政治合法性问题、赢得社会成员广泛认同的根本途径。从历史唯物主义立场出发，只有社会主义民主才有可能使政治合法性问题得到完全的解决，因为在社会主义国家里建立的是人类历史上绝大多数人对极少数人的政治统治的政权，建立的是实现绝大多数人利益的政治统治和社会管理的组织。但这并不

---

① 习近平. 高举中国特色社会主义伟大旗帜，为决胜全面小康社会实现中国梦而奋斗[N].
人民日报，2017 - 07 - 28.

② 中共中央马克思恩格斯列宁斯大林著作编译局. 列宁选集：第1卷[M]. 北京：人民出版社，1995：317.

意味着社会主义国家可以忽视社会成员对公共权力的认同,相反,社会主义国家仍然需要高度重视政治合法性问题。从政治合法性的角度来分析,我们就会得出这样一个结论,国家治理体系的建设对于政治生活是必要的,公共权力实施治理活动来完善国家治理体系的建设是具有合理性的。

推进国家治理体系的法治化是时代发展的要求,推进国家治理体系的法治化是符合广大人民的意愿。公民参与国家治理,增强自身法治能力,并非仅仅依靠公民的自觉意识,它需要社会的全面推进,特别是相关制度的配合。在党的十八届三中全会公报中,全面深化改革的总目标除了第一次提出了推进国家治理体系和治理能力现代化,还依然包括完善和发展中国特色社会主义制度。二者是相互包含,又相互促进的,在国家治理体系中鼓励公民和社会组织参与国家治理,就要建立相应的社会制度加以保障,使公民的权利落到实处。同样,只有在制度匹配和相对健全的环境下,公民法治才能真正践行,比如通过建立信访制度、舆情监督制度等,才能保证公民进行权力监督,切实培育公民的法治能力。

(三)将法治建设贯穿于国家治理能力建设全过程

国家治理是一个系统,全面深化改革是当前国家治理的关键词,将法治贯穿于国家治理的全过程,在科学立法、严格执法、公正司法与全民守法的有机统一中,以法治引领改革的方向,为全面深化改革提供保障,为民主政治和市场经济建设的持续有力发展提供支持。

1. 实现科学立法、严格执法、公正司法与全民守法的有机统一

社会主义国家的法治能力提升包含多个方面,但最主要的还是完善立法、加强司法等内容。因为无论是在大的变革,还是小的转型中,法律都是最重要的环节。完善法律是法治的源头和重中之重,是社会主义国家法治能力提升的最重要的体现。同时,法律的完善很大程度都是为了实现"法治国家"的理念做出的努力。中国是最大的社会主义国家,具有典范性和代表性。

立法方面的转变和提升。法的存在是法治的前提,中国法治建设的首要前提条件是科学立法。马克思指出:"如果认为在立法者偏私的情况下,可以有公正的法官,那简直是愚蠢而不切实际的幻想!"①良法是依法治国的基础和前提。立法,是中国具有立法权力的机关制定法律、法规和规章的全过程。现代

---

① 中央编译局. 马克思恩格斯全集:第 1 卷[M]. 北京:人民出版社,1956:178.

意义上的国家是用法治国家,是结合本国经济社会发展的实际情况建立起来的拥有完备的法律体系的法治国家。从"科学立法"到"有法可依"表明的是实现国家治理具有了法律的依据。美国著名法学家克里斯认为:"法律制定者如果对那些促进非正式合作的社会条件缺乏眼力,他们就可能造就一个法律更多但秩序更少的世界。"①无论是在西方发达国家还是在后发国家,完全的、完备系统的法律体系都是一个需要解决的问题。2010年年底,社会主义法治建设取得了里程碑式的成果,中国特色社会主义法律体系已经正式形成。在此前提下,这标志着社会主义法治国家建设的阶段性任务的完成,同时,这个基础正是现代国家建设完备的法律体系的开始,逐步过渡到深层次法治建设的思考。在中国特色的社会主义法律体系已经形成的这样一个基础上,我们不仅要有法律体系,而且还要有科学的、可行的、高质量的相关法律。

我国在立法上完成了由零散粗放到系统化制度构建的转变。一方面,立法的技术和理论日趋成熟,这包括法的内部结构、外部形势的完善,法律的规范化,立法的创意、决策、预测、规划、起草、修改、补充、解释、废止都讲求科学化。立法的依据、汇编,以及其他环节,都被赋予了极大的重视。另一方面,法律体系化。其一,我国确立了市场经济体制,根据市场经济体制的规定制定市场主体、市场运行、宏观调控的法律。其二,为了与国际社会接轨,更好地实现"法治中国"目标,中国建立了适应国际化规则的法律体系,从理论和实践上解决社会主义国家国情与其他性质国家的区别。值得一提的是立法的民主化,中国在立法方面形成了一系列广泛吸取民意的工作程序和做法,并表现在立法当中。要按照科学立法、民主立法的原则,不断改进立法技术,提高立法质量,使立法能够真正反映立法的公正性,立法程序真正贯彻程序正义,保证法律的合理性、合法性和可行性,为法治国家的建设提供制度保证,确保国家发展、重大改革有法可依。

执法和司法方面的提升。在法律实施方面,社会主义国家也体现出了治理能力的提升。法律的实施包括两方面内容:一是执法和司法,即国家公职人员严格依据法律规范执行任务;习近平总书记在中央政法工作会议上的讲话中指出:"政法机关要完成党和人民赋予的光荣使命,必须严格执法、公正司法。"②

①〔美〕罗伯特·C. 克里斯. 无需法律的秩序——邻人如何解决纠纷[M]. 苏力,译. 北京:中国政法大学出版社,2003:354.

② 习近平. 坚持严格执法公正司法深化改革 促进社会公平正义保障人民安居乐业[R]. 人民日报,2014 – 01 – 09.

要严格执法,执法为民,因为一个完备的国家法律体系是一个国家生存发展的基础,执法的随意性必然导致国家发展秩序的混乱。司法公正意味着任何组织和个人,都不具有超越宪法和法律以上的特权。"一次不公正的(司法)判决比多次不公平的举动为祸尤烈。"①改革司法体制不仅是建设社会主义法治国家的必需,而且也是稳定社会的必需。做到严格执法、公正司法,执法机关就要用职业道德约束自己,对损害人民利益的事情零容忍。"现代政治的使命就是对国家的权力施加制约,把国家的活动引向它所服务的人民认为是合法的这一终极目标上,并把权力的行使置于法治原则之下。"②严格执法和司法有利于防止权力的缺失和滥用,保障人民的合法权益。只有严格执法和司法,才能让人们感受到"法治中国的氛围,才能自觉地守法"。普法和守法,让人民知道各种形式的法律,并且严格遵守。

在法律遵守方面的提升。法律必须被遵守、被信仰,这是法治建设的一条铁律,否则法律就形同虚设,法律的权威也得不到维护。"一切国家机关和武装力量、各政党和各社会团体、各企业事业组织都必须遵守宪法和法律。一切违反宪法和法律的行为,必须予以追究。"法治国家中,一切人都必须服从法律,法律的意志是最高的意志,有法律而无法治的时代已经彻底结束。

人民知法懂法,有利于人民积极配合相关部门的工作。"法律秩序已经成为一种最重要的、最有效的社会控制形式。其他所有的社会控制方式,都从属于法律方式,并在后者的审察之下运作。"③也只有人民遵纪守法,共同努力,才能实现"法治中国"的目标,才能体现出社会主义国家的优越性。最重要的一点是树立起人们对法律的尊重。法治的力量在于每一个人对于法律的遵守,"如果要使法律作为社会的秩序的源泉和手段,人们必须对法律有足够的尊重,以使人们在守法并不合他们的直接利益时也遵守法律"。④ 人民树立起尊重法律的信仰,才会让社会更有秩序,有利于"法治中国"目标的实现,和社会主义国家法治能力的提高。

2. 将法治融入政治经济建设的方方面面

以法治推进经济建设。社会主义市场经济本质上是法治经济。以法治规

---

① 〔英〕弗兰西斯·培根. 培根论说文集[M]. 北京:商务印书馆,1983:193.

② 〔美〕弗朗西斯·福山. 国家构建:21世纪的国家治理与世界秩序[M]. 黄胜强,等译. 北京:中国社会科学出版社,2007:1-2.

③ 〔美〕罗斯科·庞德. 法律与道德[M]. 陈林林,译. 北京:中国政法大学出版社,2003:37.

④ 裴文睿. 依法治国:当代中国的法治和法律角色[M]. 北京:法律出版社,2004:160.

范和引领市场经济的发展,一方面要维护市场秩序,充分激发市场经济活力,另一方面要规范权力行使,防止经济发展中的腐败现象和市场主体的失范行为的出现。

以法治推动经济建设。其一,充分发挥市场在资源配置中的决定作用,实现资源配置的最优化,就"必须以明晰产权、保护产权、维护契约、统一市场、平等交换、公平竞争为基本导向,完善社会主义市场经济法律制度。必须以法治为依托,健全以公平为核心原则的产权保护制度,加强对各种所有制经济组织和自然人财产权的保护"。① 可以说,要想真正保证市场经济建设的社会主义性质,就必须坚持以法治规范和引领经济发展。其二,规范市场经济中的权力运行。权力滋生腐败。因此,当权力与经济利益相遇时,若不对权力加以限制,普遍性和塌方式的腐败便难免会出现。因此,要建立权力制约经济体系,实现市场经济的纯洁发展。其三,以法治规范市场主体的行为。纵观现实,市场主体各项失范行为产生的重要原因之一即法律法规的不健全,对不法行为无法做出及时、有效的处置,很多也只是事后补救,因此,要将对市场主体规范的法规建设摆在市场经济建设的重要位置,实现市场经济的有序和谐运行。

以法治推动民主政治发展。民主政治的发展情况直接反应国家治理能力的强弱,是法治中国建设的重要价值追求。民主是中国特色社会主义政治建设的重要内容,法治是民主得以实现的根本保障,脱离法治的民主是伪民主,其本质是不加限制的自由主义。自由主义根本上不是自由的,因为自由是有条件的。在这样的条件下,人民的真实意志无法得到表达,根本利益无法得以实现,最终甚至会发展成为暴民政治。因此,建设社会主义民主政治,要做到法治先行,以法治规定民主的内容、程序,使民主始终在法治的轨道中运行,使我国的民主真正成为具有广泛性和真实性的民主。

3. 以法治引领全面深化改革进程

全面深化改革是法治中国建设的助力器,在考验国家治理能力的同时促进国家治理能力的提升。以法治思维全面深化改革进程,使全面深化改革有据可依。全面深化改革是四个全面战略布局的重要组成内容,决定着国家社会发展的基本趋势,是实现全面深化改革的科学化、规范化是改革得以持续深入推进的根本要求。当前我国处于全面深化改革的攻坚期,改革的推进面临着前所未有的困难,对法治的引领和规范作用的要求更为迫切。如何在法治的引领下实

---

① 叶小文. 建设法治政府 完善法治经济 推进依法治国[N]. 光明日报,2014 - 10 - 25.

现使全面深化改革既生机勃勃又井然有序是当前处理法治与改革关系的核心内容。

实现改革决策与立法决策的互动共进。"所谓改革决策和立法决策相结合,包含三层意思,一是谋划改革决策时,要考虑与法的关系,保证改革措施的合法性;二是立法时,要考虑与改革的适应性,为改革提供法律依据或可供试验、试点的空间;三是改革决策与立法决策能够同步的一定要做到同步进行,无法同步的也要做到不违反现有法律法规。"①实现改革决策与立法决策的互动共进,要求实现立法的针对性、及时性与系统性,突出立法的科学性,实现破与立的统一,使改革不脱离法治的轨道,使法治坚持正确的方向。要以法治的方式推进改革。改革过程要依法开展,加强对改革过程的监督力度,严格规范改革者的行为,使改革真正以维护人民群众的合法正当利益为准则,真正实现改革成果由人民共享,获得人民的支持。

坚持依法行政,在全面深化改革中实现国家治理能力现代化。"奉法者强则国强",政府是全面深化改革各项任务的执行者,政府是否能做到依法行政,直接关系到全面深化改革的进程,只有政府做到依法行政,才能不为各种利益所干扰,将各项改革举措落到实处。其一,依法明确政府职能,2013 年起,新一届的政府将"清权、减权、制权"作为行政体制改革的重要内容,对政府权力做了明确规定,正是在明确政府职能上做出的努力。党的十九大报告中也明确提出要转变政府职能,深化简政放权,创新监管方式,增强政府公信力和执行力,建设人民满意的服务型政府。其二,在严格执法中提高行政能力。地方政府承担了大量地方性法规和行政法规的制定和落实工作,能否将所制定的法律真正落实,关系到政府在民众心中的形象及对改革的信心。要严格制定执法的依据、标准及具体流程,使执法过程更加透明化和公开化,使政府真正成为法治型政府,提高其治理能力,不断推进法治中国建设进程。其三,法治中国建设及治理能力提升的重要目标和主要表征之一即建设法治型政府,实现简政放权,使政府权力设置更加科学合理,权力运行更加规范高效。推进依法行政,严格规范公正文明执法。

总之,在以法治规范改革本身的同时也要对改革执行主体的行为做出规定,以在不断推进全面深化改革的进程的同时促进法治中国建设及国家治理能

---

① 丁祖年. 运用法治思维和法治方式推进全面深化改革——兼论增强立法引领和推动作用的路径[J]. 法治研究,2014(2):7.

力的提升。要充分发挥法治中国建设对国家治理能力提升的促进作用,也要通过国家治理能力的提升为法治中国创造更好的条件,在二者的互动共进中实现国家治理的现代化。

(四)在国家治理现代化进程中依法治国与以德治国并举

在《中共中央关于全面推进依法治国若干重大问题的决定》中提出"依法治国和以德治国相结合"进行社会主义法治国家建设的战略构想,丰富了国家治理现代化的内涵,为国家治理现代化建设指明了方向。依法治国和以德治国都是维护社会秩序、规范人们思想和行为的重要手段,依法治国和以德治国两者隶属的范畴不同、作用的领域和方式也有所区别。从国家治理方略的角度来看,依法治国与以德治国是一个紧密结合的整体,强调法治建设不是排斥道德建设,强调道德建设也不是排斥法治建设,而是要使二者紧密结合起来,相互配合,有机统一于国家治理现代化的伟大实践中。因此,提高国家治理能力现代化水平必须正确处理以德治国与依法治国之间的相互关系,合理运用依法治国和以德治国的手段。

1. 以德治国为法律的制定和遵守奠定基本的社会要求

道德是人们心中衡量善恶、是非的准则,内在地制约和自觉地引导人们的行为,是社会稳定有序的第一道屏障。"一切以往的道德论归根结底都是当时的社会经济状况的产物。"①就道德对法律的影响而言,社会需要法律作为人们利益的调节器、行为的规范和行动的指南,但并不是无论什么样的法律都能够适用社会的要求,现代社会需要的是符合社会发展规律、体现公平、正义的道德准则的"良法",是社会公众能够接受并从内心产生共鸣的法律。在这个意义上,不仅立法,执法及守法都要受道德的影响。有法不依、贪赃枉法、司法腐败等都是道德沦丧的必然结果。一个社会如果没有道德基础,制定出的法律不为多数人认同和信仰,那么再健全再强有力的法律也只能是一纸空文,根本控制不了社会秩序。因为法律毕竟是一种外在的东西,它不可能是万能的,它总需要人们的内在自律的道德来配合。因此,法律不可能脱离道德而孤立存在,不难设想,在一个缺少道德基础的社会里,不可能会产生公正的法律和严明的法治。

法治的渐进与社会成员道德法律意识的觉醒和成熟是两条并行的曲线。

---

① 马克思恩格斯选集:第3卷[M]. 北京:人民出版社,2012:471.

普遍而持久的以德治国,可以提高公民遵纪守法的自觉性,提高维护法律尊严的积极性。因为法律不能仅仅写在纸上,更要写在每个公民的心里。"道德不兴,人心浮动,法律的社会根基就不牢靠;反之,法律松弛,奖惩不明,道德就会失去国家保障。"①在什么情况下适合运用哪一种治理手段,需要建立一个充分协调机制。各种手段的选择得当,运用准确,就能够充分发挥各种道德规范和法律法规"各就各位"的制度驱动力。在建设法治中国的今天,只有把依法治国和以德治国有机结合起来,才能更好地解决全面深化改革过程中遇到的各种问题。

2. 道德是法律的精神基础,法律是道德的升华

以德治国是逐步积累的过程,需要一系列的宣传、教育、感化和引导,但要使以德治国活动富有成效,还必须有章可循、依法进行。以德治国的目的是培养人们高尚的道德品质,但对不道德却未违反法律的行为,只能是在道德的范围内解决;对不道德的人和不道德的事的惩处,也必须在法律规定的范围内进行;一个社会基本道德观念的生成和弘扬离不开法律强制力的保障。正如古人云:"礼者禁于将然之前,而法者禁于已然之后。"(《汉书·贾谊传》)以德治国在于先,而法治的惩治作用在于违法犯罪之后,法律所具有的强制性是用来制止正在发生造成伤害事实的违法犯罪行为,而以德治国的先见性和预见性能够有效防范尚未发生的违法犯罪行为。法治是调整社会关系的重要方法,但不是唯一的方法。对于法律不能调整,或法律还没有做出规定的问题,就需要用以德治国的手段。

法律必须体现社会道德的内在要求,在根本上具有合法性和正义性,这样的法律才能得到广泛自觉的遵守。法律的实施和实现主要依靠两种基本方式:一般社会成员的自觉遵守和国家机关公职人员的严格执法。从表面上看,守法是一种外在的行为,但实际上却是人们内心思想和外在行为的统一。许多外在行为很可能要受到内在的思想、感情等主观因素的影响和制约,其中道德因素在很大程度上影响到外在行为。一般来说,在社会占主导地位的道德规范的要求和法律规范的要求往往是一致的,一个道德意识很强的人违法的可能性比道德意识淡薄的人要小得多。道德反映了人们对善恶是非的基本态度,相对于法律的调整范围,道德的调整范围则广泛得多,以德治国对法治的不足部分可以起到弥补的作用。由于以德治国的外延大于依法治国的范围,它涉及社会的各

---

① 怀效锋. 德治与法治研究[M]. 北京:中国政法大学出版社, 2008:218.

个方面,对于法律条文暂时未能涉足的部分,以德治国可以弥补并促其更加完善。因为法律的调整领域是有限的,不能也不可能解决所有社会问题,不会脱离人们的法律行为而过问人们行为的动机和内心世界。因此,在许多不适于或不完全适于用法律调整的领域,法律的作用是有限的。即使在许多法律所调整的领域,如果没有以德治国的支持,法律调整的效果也会不尽如人意。以德治国的内容中包含了对社会成员的法律教育和守法要求,道德规范的要求高于法律,如果人们都能够自觉地实践以德治国的要求,就可以达到法治所期盼的目标。

3. 以德治国的有效实现需要依法治国的保障

一个社会基本道德观念的生成和弘扬离不开法律强制力的保障。各种法规本身也是一种道德规则,道德走向法律的过程是把内在的"应当如此"转化为外在的"必须如此"的过程,这是逻辑发展的必然。只有当道德通过内化成为个人的信念和习惯时,才能成为个人行为的内在控制力。法律是将道德中最基本最普遍的要求转变成刚性规则,并通过强制力量确保这些规则的正常运用,也就是把部分道德规范外在化。现实表明,如果法律离开道德,则无从建立,即便建立也常常脱离实际。唯有道德的法治,才能给社会带来真正的秩序。

道德通过制度化的途径外化为社会规则,并逐渐形成社会风气。道德中的许多内容和要求需要在通过特定程序上升为法律之后,才能获得更大范围的普及,才会具有更强的约束力,只靠道德的力量显然是不行的。所以,必须通过法律惩治严重的不道德的行为,弘扬社会道德,引导公民道德生活的健康发展。法律对道德中重要问题的调整是对道德力量的强化,以强制性来补充和保障道德规范。当然,以德治国的目的并不是要把全部道德规范上升为法律条文,可以上升为法律的道德规范,需要具备这样特点:"性质上它们是有益于人类社会共同的生存与发展的道德;形式上它们只能是社会道德、客观道德,而不是个人道德、主观道德;它们只能是基本的社会道德,而不是理想的社会道德;它们只能是涉及人的行为层面的道德,而不是涉及人的思想层面的道德。"①事实证明,道德行为规范离不开良好的法律环境,尤其是在道德的约束力无法产生效力的时候,再好的道德规范人们也可以不去遵守。但法律却因其具有国家强制力而迫使人们遵守,法律通过这种方式,把道德准则变为社会共识,使道德准则这种非强制性的规范变为具有强制力的法律规范,为人类社会提供精神理想和

---

① 程秀波. 道德法律化的根据与界限[J]. 河南师范大学学报,2005(7).

情感关切的信念力量。在国家治理活动中,以德治国对于社会治理的作用是一直存在着的,只有恰当地发挥以德治国的作用,才能够完成公共权力自身所担负的维护社会秩序,推动人类发展的历史使命。

4. 以道德理念涵养依法治国,实现彼此良性互动

习近平总书记强调,把法治中国建设好,必须坚持依法治国和以德治国相结合,使法治和德治在国家治理中相互补充、相互促进、相得益彰。① 从这个意义上讲,遵循法治与德治相结合的治理逻辑,既是走向国家治理现代化的双重保障,又是中国特色与现代化相适应的国家治理方式,更是国家治理现代化能够超越西方治理的一个重要优势。

实现道德理念涵养依法治国,一方面,要弘扬中华民族传统文化,向历史借智慧。党的十八届四中全会《决定》指出:"加强公民道德建设,弘扬中华优秀传统文化,增强法治的道德底蕴。"②习近平总书记在参加纪念孔子诞辰 2565 周年国际学术研讨会时再次强调:"中国优秀传统文化中蕴藏着解决当代人类面临的难题的重要启示。"在建设社会主义法治中国的大背景下,我们必须认识到中华民族优秀传统文化为今天的国家治理提供的治理思路。要进一步将社会主义核心价值观全面融入法治建设,不断推进治理能力和治理体系现代化、实现善治。另一方面,法律要蕴含公平、正义、责任、担当的道德要求。实现法治中国建设,法律的制定首先要合理,法律的精神内核是立法、执法、司法所体现出来的公平、正义精神。法律应当照应人们朴素的真善美的道德情怀,法律不应该是冷冰冰的,法律也可以有温度,只有法律本身蕴含了基本的人文关怀才能使其保持基本温度,从而避免人们在"情"与"法"之间纠结与失望。属于道德领域的问题要运用以德治国手段进行教育,不能把属于道德领域的东西不加区分地上升到法律层面,能用教育、引导方式解决的问题就少用法律手段,减少法律运行成本及时解决问题。属于法律领域的问题就要毫不犹豫地使用法律手段,坚持"违法必究""执法必严"和严厉惩治的态度,用法律伸张正义,为以德治国创造条件。

习近平总书记指出:"现在,我们遇到的问题中,有些是老问题,或者是我们长期努力解决但还没有解决好的问题,或者是有新的表现形式的老问题,但大

---

① 何鼎鼎. 让法治与德治相得益彰[N]. 人民日报,2016 - 12 - 26.
② 中国共产党第十八届中央委员会第四次全体会议通过. 中共中央关于全面推进依法治国若干重大问题的决定[R]. 2014 - 10 - 28.

量是新出现的问题。""不论是长期存在的老问题还是改变了表现形式的老问题,要认识好、解决好,唯一的途径就是增强我们自己的本领。"①应对时代的挑战,新问题的不断出现,提高解决问题的能力才能成功应对问题的倒逼,从"人治"向"法治"的转化势在必行。通过依法治国为全面建成小康社会提供良好的法治环境和有效的法治保障,建立秩序良好、和谐富裕的法治国家。在价值层面上,自由平等、民主法治、公平正义,人民群众的人权得到充分的实现。在制度层面上实现宪法和法律至上、依宪治国、依法执政、公正司法、走法治强国的道路。

---

①　习近平. 习近平谈治国理政[M]. 北京:外文出版社,2014:401－402.

结语

　　社会的平稳转型发展与大国责任的践履内在要求高效的治理体系及科学的治理方式,国家治理现代化正是基于时空条件和历史使命的转变提出的,充分展现了中国共产党的政治眼光和责任担当。国家治理现代化以坚持社会主义制度为前提,以坚持党的领导为保证,能够充分发挥"强国家—强社会"模式的政治优势,具有突出的超越性,是治国理政理论与实践的重要创新,标志着治国理政进入新的发展阶段。

　　全面依法治国符合执政需要和治国规律,是全面深化改革的重要目标,与国家治理现代化具有内在同一性,能够保证国家治理现代化的顺利推进及国家利益的切实实现。在依法治国中实现国家治理现代化,表征着我国社会由传统向现代的转型,标志着"四个全面"战略布局的基本落实,进一步铸牢了党执政的合法性根基。国家治理现代化的实现是一项艰巨的工程,需要强有力的领导力量。依法全面从严治党能够在强化国家治理现代化的主体力量,稳固国家治理现代化的合法性基础,把握国家治理的核心要求,为国家治理现代化提供坚实的政治保障。

　　法治思维是蕴于心底的深层精神力量,能够在促进人的现代化中为国家治理现代化提供动力、基础条件及社会环境,要在法治价值观塑造、法治信仰培育、法治文化弘扬、法治政府建设及法治实践强化中为国家治理现代化的实现提供社会基础。国家治理能力现代化对法治中国建设提出了更高的要求,与法治中国建设互动共进,在法治中国建设中推进国家治理能力现代化是实现国家治理现代化的又一重要抓手。必须坚定党的领导、完善党的建设、提高公民的法治能力、将法治建设贯穿于国家治理体系建设全过程,实现依法治国与以德治国的有机结合,才能在建设法治中国的同时推进国家治理能力现代化的实现。

　　国家治理现代化是一项系统的过程,不是轻而易举能够实现的,反观现实,国家治理现代化的标准更高要求更严,其实现更为任重道远。新时代,必须将全面依法治国推向纵深发展,充分夯实法治对国家治理的基础保障,发挥国家治理现代化实现的政治优势,谱写国家治理新篇章。

后记

党的十八大以来,以习近平同志为核心的党中央对依法治国方略进行了全面升华,更加重视法治在国家治理中的作用。党的十八届四中全会开创性地以依法治国为主题,提出了全面推进依法治国,建设中国特色社会主义法治体系,建设社会主义法治国家,与党的十八届三中全会提出的完善和发展中国特色社会主义制度,推进国家治理体系和治理能力现代化共同构成了中国共产党治国理政的"姊妹篇",标志着国家治理模式正式步入现代化阶段并将国家治理现代化纳入法治轨道。依法治国与国家治理现代化是相辅相成的内在同一体,依法治国包含的法治思维和法治方式与国家治理现代化具有内在统一性,国家治理现代化意味着治国理政的方式法治化。依法治国与国家治理现代化的内在逻辑就是在党的领导下,依靠社会主义法治,走中国特色社会主义法治道路,实现国家治理体系和治理能力的现代化。

本书的研究内容为教育部人文社会科学研究规划基金项目"国家治理现代化中法治思维的现实价值及培育策略研究"(17YJA710019)的最终成果和北京市习近平新时代中国特色社会主义思想研究中心项目–北京市社会科学基金重点项目"新时代国家治理现代化与法治建设研究"(19LLKDA003)阶段性成果。作为课题的前期研究成果,书稿的部分内容融合了已经正式发表的几篇论文并做了进一步的修改。在书稿的写作过程中,马克思主义学院的博士研究生们,有已经毕业的也有在读的,王勇军、孙留萍、修丽、蒋雪莲、马金祥、莫俊峰、刘隆、杨礼荣、张明霞、庞伟、赵萍、吕幸星、黄冰风等人参与了书稿的资料收集、写作、校稿等工作。成果的完成得到了北京师范大学马克思主义学院领导和老师们的指导和帮助,得到了北京市高校中国特色社会主义理论研究与协同创新中心(北京师范大学)的大力支持。书中参考和借鉴了国内外专家学者的研究成果,注明或没注明的均表示衷心的感谢,书中一定还有许多不足之处,敬请专家学者和广大读者们给予批评指正,多提宝贵意见。

参考文献

（一）文献著作类

1. 马克思恩格斯选集：第1－4卷[M]. 北京：人民出版社，2012.

2. 十六大以来重要文献选编：下[M]. 北京：中央文献出版社，2008.

3. 十七大以来重要文献选编：上中下[M]. 北京：中央文献出版社，2009.

4. 十八大以来重要文献选编：上[M]. 北京：中央文献出版社，2014.

5. 十八大以来重要文献选编：中[M]. 北京：中央文献出版社，2016.

6. 习近平谈治国理政[M]. 北京：外文出版社，2014.

7. 习近平总书记系列重要讲话[M]. 北京：人民出版社，2016.

8. 习近平总书记系列讲话精神学习读本[M]. 北京：中共中央党校出版社，2013.

9. 习近平. 在首都各界纪念现行宪法公布施行30周年大会上的讲话[M]. 北京：人民出版社，2012.

10. 习近平. 认真学习党章 严格遵守党章[N]. 人民日报，2012－11－20.

11. 习近平. 携手合作 共同发展[N]. 人民日报，2013－03－28.

12. 习近平在中央政法工作会议上发表的重要讲话[N]. 人民日报，2014－01－09.

13. 习近平. 切实把思想统一到党的十八届三中全会精神上来[N]. 人民日报，2014－01－01.

14. 习近平. 改进完善国家治理体系 我们有主张有定力[N]. 人民日报，2014－02－18.

15. 习近平. 主动把握和积极适应经济发展新常态 推动改革开放和现代化建设迈上新台阶——在江苏调研时的讲话[N]. 人民日报，2014－12－15.

16. 习近平. 高举中国特色社会主义伟大旗帜，为决胜全面小康社会实现中国梦而奋斗[N]. 人民日报，2017－07－28.

17. 习近平. 决胜全面建成小康社会 夺取新时代中国特色社会主义伟大胜利——在中

国共产党第十九次全国代表大会上的报告[N]. 人民日报,2017 – 10 – 28.

18. 中共中央关于全面深化改革若干重大问题的决定[N]. 人民日报,2013 – 11 – 06.

19. 中共中央关于全面推进依法治国若干重大问题的决定[N]. 人民日报,2014 – 10 – 29.

20. 中共中央宣传部. 习近平总书记系列重要讲话读本[M]. 北京:学习出版社,人民出版社,2016.

21. 中共中央文献研究室. 习近平关于全面依法治国论述摘编[M]. 北京:中央文献出版社,2015.

22. 中共中央文献研究室. 习近平关于协调推进"四个全面"战略布局论述摘编[M]. 北京:中央文献出版社,2015.

23. 加强对改革重大问题调查研究 提高全面深化改革决策科学性[N]. 人民日报, 2013 – 07 – 25.

24. 本书编写组. 党的十九大辅导读本[M]. 北京:人民出版社,2017.

25. 刘延东. 历史必然性·伟大独创性·巨大优越性——论中国共产党领导的多党合作和政治协商制度[J]. 求是,2006(13).

26. 司法部司法研究所编. 依法治国基本方略文集[M]. 北京:法律出版社,1999.

27. [美]哈罗德·J. 伯尔曼. 法律与宗教[M]. 梁治平,译. 北京:生活·读书·新知三联书店,1991.

28. [美]弗朗西斯·福山. 国家构建:21世纪的国家治理与世界秩序[M]. 黄胜强,等译. 北京:中国社会科学出版社,2007.

29. [美]罗伯特·A. 达尔. 论民主[M]. 李风华,译. 北京:中国人民大学出版社,2013.

30. [美]罗伯特·C. 克里斯. 无需法律的秩序——邻人如何解决纠纷[M]. 苏力,译. 北京:中国政法大学出版社,2003.

31. [美]罗斯科·庞德. 法律与道德[M]. 陈林林,译. 北京:中国政法大学出版社,2003.

32. [美]塔玛纳哈. 论法治——历史、政治和理论[M]. 陈林林,译. 武汉:武汉大学出版社, 2010.

33. [美]英格尔斯. 人的现代化[M]. 殷陆君,译. 成都:四川人民出版,1985.

34. [美]约瑟夫·R. 斯特雷耶. 现代国家的起源[M]. 华佳,王夏,宗福常,译. 北京:格致出版社,2011.

35. [美]詹姆斯·N. 罗西瑙. 没有政府的治理——世界政治中的秩序与变革[M]. 张胜军,等译. 南昌:江西人民出版社,2001.

36. [美]格里·斯托克,华夏风. 作为理论的治理:五个论点[J]. 国际社会科学杂志, 1999(1).

37. [英]鲍勃·杰索普,漆芜. 治理的兴起及其失败的风险:以经济发展为例的论述 [J]. 国际社会科学杂志,1999(1).

38. [法]玛丽-克劳德·斯莫茨,肖孝毛. 治理在国际关系中的正确运用[J]. 国际社会科学杂志,1999(1).

39. Commission on Global Governance. Our Global Neigh-borhood. Rreport of the Commission on Global Governance[M]. Oxford University Press,1995.

40. [英]哈耶克. 自由秩序原理:上[M]. 邓正来,译. 北京:三联书店,1997.

41. [英]格博格·普珀. 法学思维小学堂[M]. 蔡圣伟,译. 北京:北京大学出版社,2011.

42. [法]C. L. 孟德斯鸠. 论法的精神[M]. 彭盛,译. 北京:当代世界出版社,2008.

43. 陈明明. 转型危机与国家治理[M]. 上海:上海人民出版社,2011.

44. 韩春晖. 社会管理的法治思维[M]. 北京:法律出版社,2013.

45. 江必新. 领导干部的法治思维与法治方式·十八大与法治国家建设丛书[M]. 北京:中国法制出版社,2014.

46. 蒋传光. 中国特色法治路径的理论探索[M]. 北京:中国法制出版社,2013.

47. 蒋立山. 法律现代化——中国法治道路问题研究[M]. 北京:中国法制出版社,2006.

48. 柯卫,朱海波. 社会主义法治意识与人的现代化研究[M]. 北京:法律出版社,2010.

49. 李步云. 中国法治之路[M]. 北京:中国社会科学出版社,2013.

50. 李昌庚. 社会转型与制度变迁:国家治理现代化的法治思维[M]. 北京:中国政法大学出版社,2014.

51. 李贵连. 法治是什么?从贵族法治到民主法治[M]. 桂林:广西师范大学出版社,2013.

52. 李林,冯军. 依法治国与法治文化建设[M]. 北京:社会科学文献出版社,2013.

53. 刘常春. 新中国法治建设的历程[M]. 上海:华东师范大学出版社,2002.

54. 刘金国,蒋立山. 中国社会转型与法律治理[M]. 北京:中国法制出版社,2007.

55. 刘锐. 领导干部决策必备的法治思维[M]. 北京:中国法制出版社,2013.

56. 刘旺洪. 国家与社会——现代法治的基本理论[M]. 哈尔滨:黑龙江人民出版社,2004.

57. 马长山. 法治的社会根基[M]. 北京:中国社会科学出版社,2003.

58. 潘伟杰. 法治与现代国家的成长[M]. 北京:法律出版社,2009.

59. 宋春香. 法治文化论:一个法治话语的视角[M]. 北京:中国政法大学出版社,2013.

60. 汪波. 中国法治政府建设的基本逻辑——跨国比较与制度设计[M]. 北京:北京师范大学出版社,2010.

61. 王晨. 司法公正的内涵及其实现[M]. 北京:知识产权出版社,2013.

62. 王称心. 依法治理评价理论与实践研究[M]. 北京:中国法制出版社,2006.

63. 王敬波. 法治政府要论[M]. 北京:中国政法大学出版社,2013.

64. 王诗宗. 治理理论及其中国适用性[M]. 杭州:浙江大学出版社,2009.

65. 王增收. 论自由主义正义的限度及超越[M]. 北京:中国社会科学出版社,2014.

66. 王志龙. 法治的天空 中国公民的法治常识[M]. 北京:中国检察出版社,2005.

67. 吴志成. 治理创新——欧洲治理的历史理论与实践[M]. 天津:天津人民出版社,2003.

68. 吴志攀,刘俊. 中国法制建设研究[M]. 北京:中国人民大学出版社,2009.

69. 谢岳. 法治与德治:现代国家的治理逻辑[M]. 南昌:江西人民出版社,2003.

70. 许传玺. 中国社会发展转型期的法律发展[M]. 北京:法律出版社,2004.

71. 杨海蛟. 新中国法制建设历程[M]. 北京:世界知识出版社,2011.

72. 杨鸿台. 制度反腐实证探析[M]. 上海:上海人民出版社,2014.

73. 杨伟东. 领导干部法治思维和法治方式案例读本[M]. 北京:法律出版社,2013.

84. 俞可平. 治理与善治[M]. 北京:社会科学文献出版社,2000.

74. 俞可平. 敬畏民意:中国的民主治理与政治改革[M]. 北京:中央编译出版社,2012.

75. 俞可平. 论国家治理现代化[M]. 北京:社会科学文献出版社,2014.

76. 袁曙宏. 十八大报告辅导读本[M]. 北京:人民出版社,2012.

77. 曾宪义. 中国法制史[M]. 北京:北京大学出版社,高等教育出版社,2000.

78. 张万洪. 法治、政治文明与社会发展[M]. 北京:北京大学出版社,2013.

79. 张文显. 法治与法治国家[M]. 北京:法律出版社,2011.

80. 周大伟. 法治的细节[M]. 北京:北京大学出版社,2013.

81. 朱景文. 全球化条件下的法治国家[M]. 北京:中国人民大学出版社,2006.

82. 卓泽渊. 法治国家论[M]. 北京:法律出版社,2003.

(二)学术期刊和报纸类

1. 包心鉴. 论现代政治发展中的主体意识[J]. 求索,1989(3).

2. 常绍舜. 对依法治国对象的系统思考[J]. 系统科学学报,2019(1).

3. 陈桂蓉. 论国家治理现代化中的道德话语[J]. 福建师范大学学报(哲学社会科学版),2018(5).

4. 陈江波. 习近平新时代中国特色社会主义现代化思想[J]. 云南民族大学学报(哲学社会科学版),2018(9).

5. 陈金钊. 对"法治思维和法治方式"的诠释[J]. 国家检察官学院学报,2013(2).

6. 陈金钊. "法治思维和法治方式"的意蕴[J]. 法学论坛,2013(5).

7. 陈振明. 走向一种"新公共管理"的实践模式——当代西方政府改革趋势透视[J]. 厦门大学学报(哲学社会科学版),2000(2).

8. 楚向红. 党的十八大以来依法治国的新进展、新特点、新成就[J]. 学习论坛,2017(11).

9. 丁志刚. 论国家治理能力及其现代化[J]. 上海行政学院学报,2015(3).

10. 丁祖年. 运用法治思维和法治方式推进全面深化改革——兼论增强立法引领和推动作用的路径[J]. 法治研究,2014(2).

11. 封丽霞. 全面推进法治中国建设[J]. 瞭望(新闻周刊),2013(11).

12. 冯留建. 马克思主义国家理论与中国国家治理现代化[J]. 马克思主义研究,2014(3).

13. 傅政华. 贯彻全面依法治国新要求 推进法治国家、法治政府、法治社会建设[J]. 行政管理改革,2018(7).

14. 韩升. 权利概念的政治哲学理解——基于和谐共同体生活视角的考察[J]. 长白学刊,2016(2).

15. 何增科. 理解国家治理及其现代化[J]. 马克思主义与现实,2014(1).

16. 何勤华. 大陆法系变迁考[J]. 现代法学,2013(1).

17. 何涛,刘翔. 公民社会视域下的人的现代化发展理路[J]. 理论观察,2014(12).

18. 胡建淼. 全面依法治国是习近平新时代中国特色社会主义思想的重要内容[J]. 行政管理改革,2017(11).

19. 黄谋琛. 法治必须被信仰[J]. 理论月刊,2017(2).

20. 黄文艺. 对"法治中国"概念的操作性解释[J]. 法制与社会发展,2013(5).

21. 黄亚果,周希贤. 新时代国家治理的法治逻辑[J]. 重庆社会科学,2018(7).

22. 贾永健. 法治信仰:"法律信仰"之重构[J]. 河北法学,2018(6).

23. 江必新. 推进国家治理体系和治理能力现代化[J]. 红旗文稿,2013(22).

24. 江必新. 法治思维——社会转型时期治国理政的应然向度[J]. 法学评论,2013(5).

25. 蒋传光. 法治思维与社会管理创新的路径[J]. 东方法学,2012(5).

26. 姜明安. 法治、法治思维与法律手段——辩证关系及运用规则[J]. 人民论坛,2012(14).

27. 姜明安. 再论法治、法治思维与法律手段[J]. 湖南社会科学,2012(4).

28. 姜小川. 法治能力及其提升的理论与实践[J]. 哈尔滨市委党校学报,2018(4).

29. 井琪. "四个全面":引领民族复兴的战略布局[J]. 思想理论教育导刊,2016(1).

30. 柯卫. 法治与人的现代化关系刍论[J]. 河北法学,2009(11).

31. 李海,贾绘泽. 国外学者论中国特色社会主义民主的优势与走向[J]. 毛泽东邓小平理论研究,2015(5).

32. 李梅,张红扬. 论领导干部法治思维和法治方式的养成[J]. 毛泽东思想研究,2013(6).

33. 李明娜,闫坤如. 法治思维视域下新时代"全面从严治党"路径探析[J]. 理论导刊,2018(4).

34. 李先波,李娜. 全面推进依法治国 开启法治中国建设新征程[J]. 湖南社会科学,2018(2).

35. 李雅云. 善用法治思维化解社会矛盾[J]. 中国党政干部论坛,2013(1).

36. 刘长秋. 依规治党之"规"的外延研究——兼论党内法规制度建设应坚持的三大思维[J]. 理论与改革,2019(1).

37. 刘建明. 协调民主在化解社会矛盾中的价值导向与对策思考[J]. 学海,2016(5).

38. 刘俊杰. 推进国家治理体系和治理能力现代化的基本问题[J]. 中共哈尔滨市委党校学报,2014(1).

39. 刘俊祥,杨志红. 我国政治文明建设的制度取向[J]. 西南政法大学学报,2003(4).

40. 刘秀伦,庞伟. 超越西方治理与走向中国特色的国家治理现代化[J]. 重庆邮电大学学报(社会科学版),2015(2).

41. 刘振江. 论习近平国家治理思想的内在逻辑[J]. 马克思主义研究,2017(3).

42. 鲁春霞. 培育法治信仰,推进法治中国建设[J]. 前沿,2014(2).

43. 罗志坚,万高隆. 领导干部要以身作则带头具备和运用法治思维[J]. 求实,2012(8).

44. 马振清. 新时代继续坚定不移地全面从严治党的现实意蕴[J]. 北京教育(德育),2017(10).

45. 孟根其其格. 全面深化改革推进国家治理体系和治理能力现代化[J]. 理论研究,2014(1).

46. 彭莹莹,燕继荣. 从治理到国家治理:治理研究的中国化[J]. 治理研究,2018(3).

47. 齐卫平,姜裕富. 国家治理现代化的法治思维[J]. 河南师范大学学报,2015(4).

48. 申华. 西方治理理论的方法论转向及其实践难题[J]. 理论月刊,2017(7).

49. 沈佩萍. 反思与超越——解读中国语境下的治理理论[J]. 探索与争鸣,2003(3).

50. 宋惠昌. 从人治到法治——现代政治文明的历史发展[J]. 吉首大学学报,2002(12).

51. 佟德志. 当代西方治理理论的源流与趋势[J]. 人民论坛,2014(14).

52. 汪习根. 论法治中国的科学含义[J]. 中国法学,2014(2).

53. 王长江. 关于改革和梳理党政关系的思考[J]. 马克思主义与现实,2014(3).

54. 王诗宗. 治理理论的内在矛盾及其出路[J]. 哲学研究,2008(2).

55. 王向民. "没有政府的治理":西方理论的适用性及其边界——以明清时期的南方社会组织及其公共服务为例[J]. 学术月刊,2014(6).

56. 王钰鑫. 国家治理现代化必须始终坚持方向与道路的统一[J]. 理论导刊,2018(9).

57. 魏崇辉. 当代中国国家治理现代化的理论指导、基本理解与困境应对[J]. 理论与改革,2014(2).

58. 魏海安. "以德治国"与"依法治国"关系探究——评《依法治国与以德治国》[J]. 中国教育学刊,2018(2).

59. 吴汉东. 国家治理现代化的三个维度:共治、善治与法治[J]. 法制与社会发展,2014(5).

60. 吴敬琏. 2014年改革走势[J]. 中国改革,2014(1).

61. 辛向阳. 中国特色社会主义新时代与"四个全面"战略布局新要求[J]. 思想理论教育导刊,2018(2).

62. 熊光清. 治理理论在中国的发展与创新[J]. 兰州学刊,2018(6).

63. 徐详明. 大陆法系与中华法系的相近性[J]. 中国海洋大学学报,2005(5).

64. 许耀桐. 大力加强公民意识教育[J]. 求是,2009(5).

65. 严书翰. 我国意识形态工作的纲领性文献——深入学习和全面把握习近平总书记"8·19重要讲话"的要点[J]. 中共中央党校学报,2013(5).

66. 杨建军. 法治思维形成的基础[J]. 法学论坛,2013(5).

67. 杨茂林. 在深化改革中推进国家治理体系和治理能力现代化[J]. 前进,2013(12).

68. 杨在平. 全面依法治国之"全面"阐释[J]. 理论探索,2018(4).

69. 殷啸虎. 法治思维内涵的四个维度[J]. 毛泽东邓小平理论研究,2014(1).

70. 王匡夫,殷冬水.何为现代国家——基于与传统国家对比的规范政治分析[J].江汉论坛,2018(5).

71. 燕继荣.中国治理体制的特点及其优势[J].人民论坛,2016(15).

72. 俞可平.推进国家治理体系和治理能力现代化[J].前线,2014(1).

73. 俞可平.沿着民主法治的轨道推进国家治理现代化[J].求是,2014(8).

74. 虞崇胜.党、民、法三者关系的政治逻辑[J].理论与改革,2019(1).

75. 虞崇胜,张静.科学设定和全面推进国家治理现代化[J].学习与实践,2013(12).

76. 虞崇胜.坚持"三者有机统一":新时代国家治理现代化的黄金法则[J].当代世界与社会主义(双月刊),2018(4).

77. 于浩.当代中国语境下的法治思维[J].北方法学,2014(3).

78. 袁曙宏,杨伟东.我国法治建设三十年回顾与前瞻——关于中国法治历程、作用和发展趋势的思考[J].中国法学,2009(1).

79. 章荣君.利益固化的形成机理及其突破路径[J].行政论坛,2016(6).

80. 曾祥明,李春成.习近平新时代治国理政思想初探[J].兰州学刊,2018(9).

81. 张德森,高颖.新媒体对中国公众法治认同的消解及其应对[J].云南社会科学,2018(3).

82. 张康之,张乾友.论精英治理及其终结[J].北京行政学院学报,2009(2).

83. 张恒山.论法治思维的观念基础[J].理论与改革,2013(4).

84. 张文显.论中国特色社会主义法治道路[J].中国法学,2009(6).

85. 张文显.法治与国家治理现代化[J].中国法学,2014(4).

86. 张文显.中国法治40年:历程、轨迹和经验[J].吉林大学社会科学学报,2018(5).

87. 赵中源,杨柳.国家治理现代化的中国特色[J].政治学研究,2016(5).

88. 周军虎,何祥林.法治信仰的培育探究[J].理论月刊,2017(2).

89. 朱大鹏.社会主义正义观视阈中的国家治理[J].当代世界与社会主义,2014(4).

90. 庄蕾.社会主义法治文化的建设之路[J].人民论坛,2018(8).

91. 蔡永飞.推进国家治理能力现代化的重要意义[N].东方早报,2014-01-01.

92. 何鼎鼎.让法治与德治相得益彰[N].人民日报,2016-12-26.

93. 赖早兴.国家治理体系和治理能力现代化的法治内涵[N].光明日报,2014-05-14.

94. 江必新.推进国家治理体系和治理能力现代化[N].光明日报,2013-11-15.

95. 孙志勇.不敢腐、不能腐、不想腐——"三不腐"有效机制探析[N].中国纪检监察报,2014-12-16.

96. 王浦劬. 科学把握"国家治理"的含义[N]. 光明日报,2013 – 12 – 29.

97. 魏伟新. 从"管理"到"治理":治国理念新跨越[N]. 南方日报,2014 – 02 – 24。

98. 温宪元. 实现国家治理体系和治理能力现代化[N]. 南方日报,2013 – 11 – 18.

99. 叶小文. 建设法治政府 完善法治经济 推进依法治国[N]. 光明日报,2014 – 10 – 25.

100. 郑剑. 法治,必须且必行[N]. 人民日报,2014 – 10 – 20.

101. 周康成. 用分权破解一把手"说一不二"[N]. 人民日报,2014 – 12 – 24.

（三）学位论文类

1. 陈珺. 我国行政法治精神及完善研究[D]. 上海:华东师范大学,2013.

2. 莫红梅. 新中国法治进程的反思与前瞻[D]. 长春:吉林大学,2008.

3. 王继. 法治政府:中国政府建设的目标[D]. 长春:吉林大学,2012.

4. 王会军. 中国特色社会主义法治理念研究[D]. 长春:东北师范大学,2014.

5. 吴丹梅. 法治的文化解析[D]. 哈尔滨:黑龙江大学,2003.

6. 武小川. 论公众参与社会治理的法治化[D]. 武汉:武汉大学,2014.

7. 张卫海. "国家—社会"关系视野下的中国社会建设研究[D]. 苏州:苏州大学,2014.

8. 张岩. 转型时期中国法治特点研究[D]. 北京:中共中央党校,2013.